U0451277

中国社会科学院创新工程学术出版资助项目

国家间信任与东亚区域经济合作

INTER-STATE TRUST AND
EAST ASIAN ECONOMIC COOPERATION

蒋芳菲　著

中国社会科学出版社

图书在版编目(CIP)数据

国家间信任与东亚区域经济合作 / 蒋芳菲著. —北京：中国社会科学出版社，2023.12
ISBN 978-7-5227-2599-4

Ⅰ.①国⋯　Ⅱ.①蒋⋯　Ⅲ.①东亚经济—区域经济合作—研究　Ⅳ.①F131.054

中国国家版本馆 CIP 数据核字 (2023) 第 178467 号

出 版 人	赵剑英
责任编辑	张　玥
责任校对	李　莉
责任印制	戴　宽

出　　版	中国社会科学出版社
社　　址	北京鼓楼西大街甲 158 号
邮　　编	100720
网　　址	http://www.csspw.cn
发 行 部	010-84083685
门 市 部	010-84029450
经　　销	新华书店及其他书店
印　　刷	北京明恒达印务有限公司
装　　订	廊坊市广阳区广增装订厂
版　　次	2023 年 12 月第 1 版
印　　次	2023 年 12 月第 1 次印刷
开　　本	710×1000　1/16
印　　张	17
插　　页	2
字　　数	266 千字
定　　价	99.00 元

凡购买中国社会科学出版社图书，如有质量问题请与本社营销中心联系调换
电话：010-84083683
版权所有　侵权必究

序　言

张宇燕[*]

蒋芳菲所著《国家间信任与东亚区域经济合作》一书，以东亚区域经济合作面临的"信任赤字"问题为出发点，围绕"国家间信任如何影响东亚区域经济合作"这一核心问题，尝试结合理性主义与社会心理学两种研究路径，从宏观和微观两个层面构建理论分析框架，并探究了信任影响区域经济合作的主要作用机制，具有一定的理论深度。同时，该书试图突破西方主流理论研究范式的束缚，将"信任"这一中介变量引入区域经济合作研究，既为阐释东亚区域经济合作的形成与演变提供了一种新视角，也为破解东亚"信任赤字"问题、走出东亚区域经济合作困境提供了一些新思路。

该书是芳菲进入我所工作后在其博士论文的基础上修改完善而成的。相较于博士论文，现在的书稿删减了对东亚"信任赤字"问题的原因分析及对策建议部分，并进一步深化了对国家间信任及其与合作关系的理论探讨，因此内容更为聚焦，思路更为清晰，理论价值也有所提升。在我看来，博士论文往往在一个人的学术生涯中扮演着举足轻重的角色。通过平时与芳菲的交谈，在阅读该书初稿后，我了解到她对"国家间究竟是否存在/能否建立信任""信任与不信任之间是什么关系""如何判断国家间信任程度的差异和变化""信任与合作之间是什么关系""信任如何影响合作，合作又如何影响信任"等一系列问题进行了认真思考，也更加了解了

---

[*] 张宇燕，中国社会科学院学部委员，世界经济与政治研究所研究员，中国社会科学院大学教授。

她的研究兴趣和学术追求。相信她会继续沿着这条学术探索之路走下去，并在此基础上搭建和完善自己的认知结构。

如何搜寻有价值又有意思的学术问题，从相当意义上决定了学术研究所能够达到的高度或质量。合作问题可以说是社会科学中的"元"问题，也是我长期以来高度关注的研究领域。正如马克思与恩格斯在《德意志意识形态》中明确指出的那样，"社会关系的含义是指许多人的合作。"无论是规则还是习惯，正式制度或非正式制度，归根到底无非是鼓励合作或惩罚不合作的群体共识和集体安排，目的无一不是实现分工与专业化带来的效率改进和市场规模扩大带来的贸易收益。为什么会出现"三个和尚没水吃"？"三个臭皮匠顶个诸葛亮"？这两个问题本质上都指向了合作这一本源性问题。三十多年前我曾经尝试运用"搭便车""交易成本""重复博弈"等概念对其进行分析。后来我又精读了谢林、奥尔森、阿克塞尔罗德、鲍尔斯等学者的相关文献，进一步深化了对"人们为什么形成集体行动""人们为什么遵守规则"等一系列问题的认识，在进行相关研究的过程中更加深刻地意识到双边合作、区域合作和全球治理等不同层面合作问题的重要性。

在很大程度上，该书的研究也使我看到了芳菲在跨学科视角下进行国际合作理论创新的努力和潜力。不同于经济学理性主义的经典文献，该书认为国家参与区域经济合作的决策行为既包含了"经济理性"，也包含了"社会理性"和"非理性"因素。与阿克塞尔罗德的"信任对于合作的进化无足轻重"这一观点截然相反，芳菲试图从宏观和微观两个层面论证了信任在合作形成与演变过程中的重要性，从而有利于进一步厘清信任与合作之间的复杂关系。从某种意义上说，该书也在一定程度上继承和发展了鲍尔斯等学者的强互惠理论，不仅论证了人类可能采取超越"利己"动机的合作行为，还将国家间合作进一步细化为直接互惠、间接互惠、群体选择性互惠、群体普遍性互惠四种主要机制，强调不同层次合作机制的建立需以成员之间相应层次信任类型的形成为基本前提，认为信任层次越高，国家越可能采取"利他"动机更强的合作行为，进而形成更高层次的合作机制。此外，该书对于制度信任的分析与我关于"制度非中性"的探讨也有一定相通之处，即同样的制度对于不同的国家或群体通常意味着不同的结果，其所能够形成的系统性信任水平与激发的合作水平由此会有差异。

学无止境。鉴于信任与区域经济合作问题本身的复杂性，该书构建的理论框架仍有进一步提升的空间，一些概念及其之间的逻辑关系也需要进一步界定与探讨。在此，我希望芳菲今后能够持续深耕这一领域，不断提升自身理论素养，并结合国际和地区最新形势开展更多理论和政策研究，取得更多高质量研究成果。同时我也希望该书能激发更多青年学者开展国际信任与合作理论研究的兴趣，为中国国际关系理论建设添砖加瓦。最后，我愿用汤因比在《我的历史观》中的一句话结束这篇序言，并与芳菲共勉："一个学者的毕生事业，就是要把他那一桶水添加到其他学者无数桶水汇成的日益增长的知识巨流中去。"

2023 年 9 月 15 日于北京东城四书斋

目 录

导论 ……………………………………………………………… (1)
  第一节　研究背景与研究意义 ……………………………… (1)
  第二节　文献综述 …………………………………………… (9)
  第三节　研究目标、研究方法与创新点 …………………… (50)
  第四节　基本假设、理论框架与结构安排 ………………… (52)

第一章　国家间信任：概念界定与理论辨析 ……………… (58)
  第一节　信任的定义与基本内涵 …………………………… (58)
  第二节　信任与其他相关概念的联系与区别 ……………… (65)
  第三节　国家间信任的主要来源及类型 …………………… (75)
  第四节　判断信任程度及其变化的观测指标 ……………… (100)
  本章小结 ……………………………………………………… (102)

第二章　区域经济合作与区域一体化：概念界定与理论辨析 ……… (104)
  第一节　区域经济合作与区域一体化的定义 ……………… (104)
  第二节　区域一体化进程中的主要合作机制 ……………… (107)
  第三节　判断区域经济合作变化的观测指标 ……………… (121)
  本章小结 ……………………………………………………… (122)

第三章　国家间信任与区域经济合作的关系 (123)
- 第一节　信任影响区域经济合作的宏观机制 (123)
- 第二节　信任影响区域经济合作的微观机制 (132)
- 第三节　区域经济合作中的"信任赤字" (140)
- 本章小结 (142)

第四章　国家间信任与东亚区域经济合作的形成和演变 (143)
- 第一节　东亚区域经济合作的范围与阶段划分 (143)
- 第二节　东亚区域经济合作的萌芽(1967—1989) (149)
- 第三节　东亚区域经济合作的兴起(1989—1997) (156)
- 第四节　东亚区域经济合作的发展(1997—2008) (164)
- 第五节　东亚区域经济合作的滞缓(2008—2017) (173)
- 第六节　东亚区域经济合作的突变(2017—2020) (181)
- 本章小结 (193)

第五章　国家间信任与东亚区域合作机制的演进困境 (195)
- 第一节　萌芽期(1967—1989):"雁型模式" (195)
- 第二节　兴起期(1989—1997):东亚经济集团 (198)
- 第三节　发展期(1997—2008):东亚共同体与东亚峰会 (201)
- 第四节　滞缓期(2008—2017):区域全面经济伙伴关系 (207)
- 本章小结 (211)

第六章　结论与展望 (212)
- 第一节　基本结论与启示 (212)
- 第二节　信任与区域经济合作研究展望 (216)

参考文献 (218)

后记 (260)

导 论

第一节 研究背景与研究意义

一 研究背景

"第二次世界大战"后,在政治因素和市场因素的双重推动下,区域经济合作组织在欧洲等各个地区不断涌现,区域经济一体化逐渐成为世界性的发展趋势。[①] 东亚地区自20世纪60年代便开始了区域经济合作的尝试,但直到1997年亚洲金融危机后才逐步走上政府间合作的轨道。在各成员的共同努力和务实合作下,各种类型的区域贸易安排(FTA/RTA)大量衍生,贸易投资自由化和便利化程度不断提高。东亚不仅逐渐形成了以东盟为中心的多层次、多框架合作机制并存的局面,也逐渐成为全球经济最活跃的地区和世界经济增长的主要引擎。[②] 然而,2008年全球金融危机以来,东亚区域经济合作开始日益陷入重重困境,地区内不确定性、不稳定性因素骤增,一体化进程也开始出现严重

[①] 参见蒋芳菲《"特朗普冲击"下的亚太区域经济合作:挑战与应对》,《经济论坛》2019年第11期。

[②] Norman D. Palmer, *The New Regionalism in Asia and the Pacific*, Toronto, MA: Lexington Books, 1991;参见张蕴岭《在理想与现实之间——我对东亚合作的研究、参与和思考》,中国社会科学出版社2015年版,第1—58页;参见刘重力等《东亚区域经济一体化进程研究》,南开大学出版社2017年版,第1—44页。

滞缓。①

鉴于东亚地区对国际政治经济秩序的重要影响,对东亚区域经济合作历史进程与现实困境的剖析和阐释已成为当前国内外区域经济合作研究的重点与热点。近年来,除了经济、权力、制度、文化等解释路径,一些专家学者在研究中强调了"增强互信"对于促进国家间政策协调、减少国际冲突、推进区域经济合作、稳定地区秩序的重要作用。② 甚至有不少学者明确指出,成员之间的"互信不足"或"信任赤字"问题已成为阻碍东亚区域经济合作的主要障碍。③

这些研究一方面使笔者更加认识到信任因素可能在东亚区域合作中的作用十分重要,另一方面也使笔者产生了一系列更深层次的疑惑:

其一,国家之间存在信任吗?在东亚区域经济合作中,信任因素究竟是常量还是变量?

古典现实主义、进攻性现实主义、安全困境理论等西方主流国际关系理论都认为国际无政府状态强化了国家间关系的复杂性与国家对彼此意图和行为上的不确定性,国家需遵循自助原则以确保生存,因此国家之间不

---

① 参见魏玲《东亚地区化:困惑与前程》,《外交评论》2010 年第 6 期;李巍《东亚经济地区主义的终结?——制度过剩与经济整合的困境》,《当代亚太》2011 年第 4 期;刘重力等《东亚区域经济一体化进程研究》,南开大学出版社 2017 年版,第 3—4 页;张鸿《区域经济一体化与东亚经济合作》,人民出版社 2006 年版,第 3 页。

② Ioannis Lianos and Okeoghene Odudu, eds., *Regulating Trade in Services in the EU and the WTO: Trust, Distrust and Economic Integration*, Cambridge: Cambridge University Press, 2012; C. Barnard, *The Substantive Law of the EU*, Oxford: Oxford University Press, 2010, pp. 189 – 190; 参见朱立群《信任与国家间的合作问题——兼论当前的中美关系》,《世界经济与政治》2003 年第 1 期;黄海涛《不确定性、风险管理与信任决策——基于中美战略互动的考察》,《世界经济与政治》2016 年第 12 期;黎尔平《大湄公河次区域经济合作政治信任度研究》,《东南亚研究》2006 年第 5 期。

③ Kevin G. Cai, *The Politics of Economic Regionalism: Explaining Regional Economic Integration In East Asia*, Palgrave Macmillan, 2010; Makoto Taniguchi, *The East Asian Community*, Tokyo: Iwanami Co., 2004; Kuik Cheng-Chwee, "Opening a Strategic Pandora's Jar? US-China Uncertainties and the Three Wandering Genies in Southeast Asia", *National Commentaries of the ASAN Forum*, July 2, 2018; 参见 [韩] 具天书《东北亚共同体建设阻碍性因素及其超越——韩国的视角》,北京大学出版社 2014 年版;张蕴岭《推动中国—东盟关系要靠智慧与创新》,《中国—东盟研究》2017 年第 1 期;王玉主、张蕴岭《中国发展战略与中国—东盟关系再认识》,《东南亚研究》2017 年第 6 期;李星《归因理论视角下中国——东盟区域经济合作中的信任问题研究》,硕士学位论文,中共江苏省委党校,2013 年。

可能建立相互信任。① 也有不少东亚区域经济合作研究者指出，历史遗留问题、领土争端、政治制度差异等因素使得东亚主要成员，尤其是中日两国之间始终缺乏互信。② 然而，如果中日等东亚成员之间完全不可能建立信任或始终缺乏互信，那么"不信任"便只能看作一个"常量"，又如何能解释东亚区域经济合作进程的变化？但如果信任的确是能够影响区域经济合作的一个变量，那么国家之间的信任究竟从何而来，又为何变化？信任和不信任之间又是什么关系？

其二，合作的建立与发展究竟是否需要信任？

尽管不少东亚区域经济合作与国际关系研究都强调了信任对合作的重要性，但信任与合作理论研究者们似乎并未对此达成共识。例如，罗伯特·阿克塞尔罗德（Robert Axelrod）在其经典著作《合作的进化》中指出，在重复博弈中，合作的基础不是信任，而是关系的持续性，合作的进化并不需要信任，友谊和预见性对于合作也都不是必要的。③ 卡伦·S. 库克（Karen S. Cook）、拉塞尔·哈丁（Russell Hardin）和玛格丽特·利瓦伊（Margaret Levi）等学者也都试图论证"没有信任也可以合作"。④ 乔恩·埃尔斯特（Jon Elster）和卡尔·莫恩（Karl O. Moene）则认为，信任应是一个良好的经济体系的副产品，是合作的结果而非前提。⑤ 然而，也有学者提出了截然相反的观点。他们认为信任是经济交换的润滑剂，是合

---

① Hans J. Morgenthau, *Politics among Nations: The Struggle for Power and Peace*, New York: Alfred A. Knopf, 1961; John J. Mearsheimer, *The Tragedy of Great Power Politics*, New York: W. W. Norton & Company, 2001; Ken Booth, Nicholas Wheeler, *The Security Dilemma: Fear, Cooperation and Trust in World Politics*, Macmillan, 2008.

② Kevin G. Cai, *The Politics of Economic Regionalism: Explaining Regional Economic Integration In East Asia*, Palgrave Macmillan, 2010, p.135; 参见［韩］具天书《东北亚共同体建设阻碍性因素及其超越——韩国的视角》，北京大学出版社2014年版，第140—142页。

③ Robert M. Axelrod, *The Evolution of Cooperation*, New York: Basic Books, Inc., 1984; Robert Axelrod, and William D. Hamilton, "The Evolution of Cooperation", *Science*, No. 211, 1981, pp. 1390-1396; Robert Axelrod and D. Dion, "The Further Evolution of Cooperation", *Science*, No. 242, 1988, pp. 1385-1390; 参见［美］罗伯特·阿克塞尔罗德《合作的进化》，吴坚忠译，上海人民出版社2017年版。

④ Karen S. Cook, Russell Hardin, and Margaret Levi, *Cooperation Without Trust*? Russell Sage Foundation, 2007.

⑤ Jon Elster, Karl. O. Moene, eds., *Alternatives to Capitalism*, Cambridge: Cambridge University Press, 1989.

作得以成功的情感基础和先决条件。行为体之间若没有信任，便难以建立和维持合作。① 甚至还有学者认为，信任与合作相互构建，互为因果。"信任既是合作的前提条件，也是成功合作的产物。"②

这些争论使笔者产生的困惑是：如果合作的进化不需要信任，那么"互信不足"或"信任赤字"又如何能够成为东亚区域经济合作的主要阻碍？但如果合作的建立和发展确实需要信任，那么究竟为什么需要以及需要多少信任？信任又是如何影响合作的？其作用机制是什么？为何在东亚成员之间长期存在诸多不信任因素的情况下，东亚区域经济合作仍一度进展迅速？为何信任因素没有阻碍 21 世纪初期东亚各国开启各种自贸区谈判，达成多个自贸协定，甚至提出建设"东亚共同体"的宏伟目标，如今却日益被认为是东亚区域经济合作深化发展的主要障碍之一？

其三，究竟什么是"信任赤字"？东亚区域经济合作中"信任赤字"问题的本质和症结究竟是什么？

正如美国学者阿伦·霍夫曼（Aaron M. Hoffman）所指出的，国家之间长期存在竞争的事实，表明我们对信任关系结果的理解，更甚于对其原因的理解。③ 近年来，尽管"信任赤字"等概念日益频繁地出现在东亚区域经济合作研究中，但鲜有研究从理论层面明确界定和阐释这一概念，更未深究造成东亚区域经济合作中"信任赤字"问题日益凸显的根源究竟是什么。虽然西方经济学和国际关系学等不同学科已经尝试给出了一些不乏启发性的理论解释，但似乎仍难以找到一个令人满意的答案。

经济学一般认为，理性经济人都以追求利益最大化为主要目标，行为体之间互信的建立和增强有赖于提高互动频率、促进信息沟通、加深经济相互依存，因此信息不对称、互动频率不足，以及经济相互依存度过低都

---

① Kenneth J. Arrow, *The Limits of Organization*, New York: W. W. Norton and Company, 1974; Jack M. Barbalet, "Social Emotions: Confidence, Trust and Loyalty", *International Journal of Sociology and Social Policy*, Vol. 16, No. 9/10, 2000, pp. 75—96; Diego Gambetta ed., *Trust: Making and Breaking Cooperative Relations*, Oxford: Basil Blackwell, 1988.

② ［波兰］彼得·什托姆普卡：《信任：一种社会学理论》，程胜利译，中华书局 2005 年版，第 82—83 页。

③ Aaron M. Hoffman, *Building Trust: Overcoming Suspicion in International Conflict*, New York: State University of New York Press, 2006, p. 1.

可能导致行为体之间互信不足。① 但问题是，2008年金融危机后，东亚主要经济体之间合作意识更加明确，互动更加频繁，利益捆绑更加紧密，复合相互依赖程度也在不断加深，社会媒体传播和信息沟通渠道的多元化、便捷化、普及化使得国家之间在信息收集、传递与处理上的技术性障碍也日益减小，为何东亚区域经济合作中的"信任赤字"问题不仅没有得到缓解，反而有所恶化？②

现实主义一般认为，在国际无政府状态下，相对实力地位或国际权力分配变化是影响国家行为的核心变量，因此东亚成员之间相对实力地位的变化或中国崛起所引起的国际权力分配变化可能是导致东亚成员之间互信不足、"信任赤字"日益凸显的根本原因。③ 然而，如果相对实力增长必然导致其他国家的不信任，为何冷战后较长一段时期内中国的迅速崛起能够与东亚区域经济合作的迅速发展同步发生？如果国家间相对实力变化必然导致"信任赤字"问题，又应如何理解"第二次世界大战"后美国的崛起，及其建立于相对实力优势和国际信誉基础上的国际霸权地位？④ 另

---

① Kenneth J. Arrow, "The Role of Securities in the Optimal Allocation of Risk-Bearing", *Review of Economic Study*, No. 31, 1964, pp. 91–96; Kenneth J. Arrow, *The Limits of Organization*, New York: W. W. Norton and Company, 1974; Andrew Kydd, "Learning Together, Growing Apart: Global Warming, Energy Policy and International Trust", *Energy Policy*, Vol. 38, 2010, pp. 2675–2680.

② 也有其他学者认为互动和经济相互依赖程度的加深并非国家间信任形成与增强的充分条件，我国传统对外经济政策的有效性已开始下降。相关论述可参见王玉主、张蕴岭《中国发展战略与中国—东盟关系再认识》，《东南亚研究》2017年第6期；吴志成、李佳轩《全球信任赤字治理的中国视角》，《政治学研究》2020年第6期；高程《周边环境变动对中国崛起的挑战》，《国际问题研究》2013年第5期；高程《从中国经济外交转型的视角看"一带一路"的战略性》，《国际观察》2015年第4期；张宇燕、徐秀军《确保相互存续与新型中美关系的构建》，《国际问题研究》2021年第1期。

③ Hans J. Morgenthau, *Politics among Nations: The Struggle for Power and Peace*; John J. Mearsheimer, *The Tragedy of Great Power Politic*; Ken Booth, Nicholas Wheeler, *The Security Dilemma: Fear, Cooperation and Trust in World Politics*; A. F. K. Organski, *World Politics*, New York: Alfred A. Knopf, 1958; Douglas Lemke, *Regions of War and Peace*, Cambridge University Press, 2002.

④ 信誉与信任就如一个硬币的两面，两者相辅相成，本书将在后文对两者的关系做进一步辨析。如果美国是吉尔·伦斯坦所归纳的"受邀而入的帝国"，那么这意味着除了实力，美国的国际信誉也是使其盟友能够相信其政治承诺，使其他国家愿意参与美国主导的合作，以及使美国主导的国际秩序能够获得合法地位的主要因素之一。阎学通教授也曾指出，相对实力和战略信誉都是霸权的基础。这些观点都意味着相对实力的提升和国际信誉的提升（与其他国家之间信任的增强）并不矛盾。参见 Geir Lundestad, *The United States and Western Europe Since 1945: From "Empire" by Invitation to Transatlantic Drift*, Oxford University Press, 2005; Kuik Cheng-Chwee, （转下页）

外，如果相对实力增长不必然导致"信任赤字"，那为何近年来这一问题在东亚却又日益凸显？①

新自由制度主义强调国际制度有利于为国家提供有效信息、增强透明度、降低交易成本，从而可以减少不信任，增强成员之间的相互信任，并促进国际合作，因此制度化水平过低可能是东亚成员之间互信不足的主要原因。②然而，冷战结束以来，包括中国在内的东亚各国不断融入美国主导的全球治理体系，并在美国主导建立的多边国际贸易制度和规则下开展了数十年经贸合作，但为何它们之间却仍然日益"互信不足"？如果只要提高制度化水平就能够解决东亚"信任赤字"问题，为何东亚各国反而却更愿意遵循较低制度化的"东盟方式"，而不愿意效仿欧美通过加速地区制度化建设的方式来推进合作？③

此外，民主和平论、文明冲突论等理论认为，国内政治制度、意识形态、历史文化和价值观念等方面的差异是国家间互不信任的根源，因此只有具有相同或相似意识形态、历史文化背景、价值观念的国家才能建立相互信任与合作。④然而，如果国内政治制度差异或缺乏文化认同/文化相似

（接上页）"Opening a Strategic Pandora's Jar? US-China Uncertainties and the Three Wandering Genies in Southeast Asia"; Henry Kissinger, *World Order*, New York: Penguin Books, 2014, p. 2; David Wilkinson, "Unipolarity without Hegemony", in Davis B. Bobrow, ed., *Prospects for International Relations: Conjectures about the Next Millennium*, Special Issue of International Studies Review, 1999, pp. 141–172; Michael Cox, "Empire by Denial? Debating US Power", *Security Dialogue*, Vol. 34, No. 2, 2004, pp. 228–235; [美] 约瑟夫·奈《美国世纪结束了吗？》，邵杜罔译，北京联合出版公司2016年版，第1—19页；阎学通《世界权力的转移——政治领导与战略竞争》，北京大学出版社2015年版，第49页。

① Huang Haitao, The Role of Trust in China-ASEAN Relations, *International Journal of China Studies*, Vol. 8, No. 1, 2017, pp. 45–59；参见王缉思、李侃如《中美战略互疑：解析与应对》，社会科学文献出版社2013年版。

② Robert O. Keohane, *After Hegemony: Cooperation and Discord in the World Political Economy*, Princeton University Press, 1984; Robert O. Keohane, *International Institutions and State Power: Essays in International Relations Theory*, Boulder: Westview Press, 1989.

③ 参见魏玲《东亚地区化：困惑与前程》，《外交评论》2010年第6期。

④ Michael W. Doyle, *Ways of War and Peace*, New York: W. W. Norton, 1997; John M. Owen, "Transnational Liberalism and American Primacy; or, Benignity Is in the Eye of the Beholder", in G. John Ikenberry, eds., *American Unraveled: The Future of the Balance of Power*, Ithaca: Cornell University Press, 2002, pp. 239–259; Thomas Risse, "U. S. Power in a Liberal Security Community", in *American Unraveled: The Future of the Balance of Power*, Ithaca: Cornell University Press, 2002, pp. 260–283; Aaron L. Friedberg, "The Future of US-China Relations: Is Conflict Inevitable?", *International Security*, Vol. 30, No. 2, 2005, pp. 7–45.

性是造成东亚"信任赤字"问题的根本原因,那么为何近年来东亚主要成员之间的政治制度和历史文化背景都未发生显著变化,但它们之间的信任状态却发生了明显变化?为何在过去半个多世纪以来,尤其是20世纪六七十年代中美关系缓和前后和2008年金融危机前后,中美历史文化传统、意识形态和政权体制都并未发生质变,但中美之间的互信程度与合作状态也几度发生了重大变化?[①]

上述这些疑惑和似是而非的解释都使笔者意识到,要真正理解国家之间的信任与合作问题、破解东亚区域经济合作中的"信任赤字"可能远比表面看起来更加复杂和棘手。归根结底,要想解开上述这些困惑,需要先回答一个核心理论问题,也是本书想要探究的核心问题:国家间信任与区域经济合作究竟是什么关系?换言之,信任因素究竟在区域经济合作中起到了什么作用?围绕这一问题,本书将具体阐述以下几个理论层面的问题:其一,究竟何为信任/不信任?在无政府状态下,国家间信任究竟从何而来?为何变化?又应如何判断这种变化?其二,究竟何为合作与区域经济合作?如何理解区域经济合作与一体化的关系?又如何判断区域经济合作的建立与发展?其三,区域经济合作的建立、维持和发展是否需要信任?如果是,信任究竟如何影响区域经济合作的进程和状态?其作用机制是什么?其四,"信任赤字"的本质是什么?为什么区域经济合作中会出现"信任赤字"问题?笔者认为,只有从理论层面解答了这一系列问题,我们才能够更加全面深入地理解信任因素对东亚区域经济合作形成与演变产生的深远影响,并为破解东亚"信任赤字"、推进东亚区域经济合作找到更加有效的解决方案。

鉴于此,本书希望通过融合经济学、社会心理学等不同学科的相关研究成果,尝试构建关于国家间信任与区域经济合作的理论分析框架,阐释国家间信任究竟如何影响东亚区域经济合作的形成与演变。

---

① 对这一观点的反驳可参见 Steve Chan, *Trust and Distrust in Sino-American Relations*, Amherst, New York: Cambria Press, 2017, pp. 1-2;包广将《中美战略信任的维系——不对称结构与国际体系的互动视角》,《当代亚太》2019年第5期;蒋芳菲、王玉主《中美互信流失原因再探——基于对中美信任模式与互动过程的考察》,《太平洋学报》2019年第12期。

二 研究意义

（一）理论意义

1. 本书从国家间信任的角度阐释东亚区域经济合作的形成与演变，可以为东亚区域经济合作研究提供一种新的分析思路和研究视角，并进一步提高对东亚区域经济合作历史进程与现实困境的边际解释力。

2. 本书通过兼收并蓄经济学、社会心理学以及国际关系学等多学科关于信任与合作问题的研究方法和成果，从国家和体系两个层面审视国家间信任与合作的建立和变化，可以为调和并融合理性主义和社会心理学两种不同的研究路径，进一步丰富和拓展国家间信任与合作研究的方法和视角提供一种可能，并为将来针对国家间信任与合作开展更深入的理论和政策研究提供一定的理论基础。

3. 本书有助于弥补西方国际经济学、国际政治经济学等学科长期以来对信任在国际合作中的作用关注不足的问题，可为区域经济合作（区域一体化）理论研究增添一笔"中国色彩"。

（二）现实意义

1. 本书可为增强东亚成员之间的相互信任、破解东亚区域经济合作中的"信任赤字"提供一种新路径。只有中国和其他东亚成员的政界和学界都充分认识到"信任"在推动区域经济合作进程中的重要作用，并理解东亚"信任赤字"的本质和原因，才可能真正携手解决问题，走出困境，共同推动区域经济合作向好的方向发展。

2. 本书可为中国切实增强中外互信、推进区域经济合作、促进东亚地区的和平与发展提供一种新思路。冷战结束后，我国长期以来一直将中美关系置于最重要的位置，为维持和增强与周边国家关系进行了大量的专用性资产投资，并在中外冲突和分歧中保持了战略克制。[①] 但遗憾的是近年来中国与部分地区国家之间的战略互疑有不降反升的趋势。因此，本书对信任与东亚区域经济合作问题的研究也有助于中国抓住战略机遇，调整政策思路和战略布局，更有针对性地采取增强中外互信与合作的政策

---

① 参见杨原《大国无战争时代的大国权力竞争：行为原理与互动机制》，中国社会科学出版社2017年版，第8页。

举措。

3. 可启发各国决策者从更加长远的角度，以更具联系性、发展性和整体性的眼光看待国际合作、处理国家间关系。对信任的重视本质上是对国家长期利益的重视，信任的建立、维持和增强要求决策者用联系的、发展的、整体的眼光看待国家间关系。本书对信任的理论辨析和对信任与不信任"共生"关系的探讨可以在一定程度上帮助各国决策者走出将国家间信任或不信任"常量化"，或将"信任赤字"与"互不信任""战略互疑"等量齐观的误区，为各国决策者共同破解当今国际社会中的系统性"信任赤字"提供一定的启示和借鉴。

第二节 文献综述

一 关于东亚区域经济合作的整体研究现状与发展趋势——范式之间的转换与融合

区域经济合作的形成和发展引起了中西方学界的长期关注，关于东亚区域经济合作的研究成果也十分丰富。整体而言，既有文献主要包含了三种研究范式。

第一种范式主要基于比较优势贸易理论、要素禀赋理论、区域分工合作理论、区域经济一体化理论等国际经济学基本理论和研究方法，将东亚区域经济合作视为各经济体在互利的基础上，通过相互协作不断消除歧视性待遇和限制，促进生产要素在区域内的重新配置和自由流动，不断提高区域内生产效率，实现区域福利水平的帕累托改进，将区域经济从部分整合为有机整体的过程和状态。[1]

---

[1] Bela Balassa, *The Theory of Economic Integration*, London: Allen & Unwin, 1962; Detlev Lorenz, "Regionalization versus Regionalism: Problems of Change in the World Economy", *Intereconomics*, January/February 1991, pp. 3–10; 参见熊义杰《区域经济学》，对外经贸大学出版社 2011 年版；参见程永林《区域经济合作、制度绩效与利益协调》，人民出版社 2013 年版；沈铭辉《东亚国家贸易便利化水平测算及思考》，《国际经济合作》2009 年第 7 期；参见刘重力、赵颖《东亚区域在全球价值链分工中的依赖关系——基于 TiVA 数据的实证分析》，《南开经济研究》2014 年第 5 期；参见贺平《地区主义还是多边主义：贸易自由化的路径之争》，《当代亚太》2012 年第 6 期；参见庄芮、张国军《亚太区域经济合作与中国—东盟自贸区建设》，《宏观经济管理》2013 年第 6 期。

第二种范式则通过借鉴国际关系学和国际政治经济学的基本理论与研究方法，更侧重于从域内成员之间相对实力、权力分配，以及国际秩序等角度来阐释东亚区域经济合作和各经济体之间的利益博弈，倾向于将东亚区域经济合作视为一个政治因素与经济因素之间相互作用、各国利益不断协调重组的复杂过程。① 前两种研究范式的主要差异在于对政治因素的重视程度不同，但它们最大的共性是都将国家视为追求利益最大化的理性经济人，且倾向于从利益、实力、权力等"硬性"变量解释东亚区域经济合作的历史进程与现实困境。

随着学界对东亚合作模式与进程、"东亚共同体"、东盟方式等问题的研究更加深入，有不少学者开始关注东亚历史社会、文化规范等方面的特殊性以及国家之间的互动过程、身份认同、情感变化等"软性"因素在东亚区域经济合作中的作用。② 区域经济合作研究也逐渐向第三种范式转化，即基于社会学、心理学等学科的基本研究方法，将东亚区域经济合作视为一种包含人类情感、传统、文化、价值、观念、规范等因素的更加丰富的

---

① Kevin G. Cai, *The Politics of Economic Regionalism*: *Explaining Regional Economic Integration In East Asia*, Palgrave Macmillan, 2010; Evelyn Goh, *The Struggle for Order*: *Hegemony, Hierarchy, and Transition in Post-Cold War East Asia*, Oxford University Press, 2013; Jusuf Wanadi and Tadashi Yamamoto, eds., *East Asia at a Crossroads*, Tokyo: Japan Center for International Exchange, 2008; 参见王玉主《显性的双框架与隐性的双中心——冷和平时期的亚太区域经济合作》，《世界经济与政治》2014年第10期；参见沈铭辉《亚太区域双轨竞争性合作：趋势、特征与战略应对》，《国际经济合作》2016年第3期；参见刘均胜、沈铭辉《亚太区域经济合作制度的演进：大国竞争的视角》，《太平洋学报》2012年第9期；参见刘重力、王小洁《东亚区域经济合作主导权之争的政治经济学分析》，《南开学报》（哲学社会科学版）2014年第4期；参见戴慧《东北亚经济合作进程中的政治障碍及其规避策略浅析》，《经济视角》2008年第1期；参见谢晓光、杨玉霞《东亚区域经济合作的困境与方向：基于国际政治经济学视角的分析》，《社会科学辑刊》2010年第2期。

② Amitav Acharya, "How Ideas Spread: Whose Norms Matter? Norm Localization and Institutional Change in Asian Regionalism", *International Organization*, Vol. 58, 2004, pp. 239 – 275; Christopher Hemmer and Peter J. Katzenstein, "Why is There No NATO in Asia? Collective Identity, Regionalism, and the Origins of Multilateralism", *International Organization*, Vol. 56, No. 3, 2002, pp. 575 – 607; 参见王逸舟《"东亚共同体"概念辨识》，《现代国际关系》2010年庆典特刊（S1）；参见魏玲《规范·制度·共同体——东亚合作的架构与方向》，《外交评论》2010年第2期；参见秦亚青、魏玲《结构、进程与权力的社会化》，《世界经济与政治》2007年第3期；参见季玲《国际关系中的情感与身份》，中国社会科学出版社2015年版；参见俞新天《东亚认同感的胎动——从文化的视角》，《世界经济与政治》2004年第6期；参见魏玲《第二轨道进程：规范结构与共同体建设》，博士学位论文，外交学院，2008年。

动态图画。

近年来,随着中国的迅速崛起和美国亚太战略的重大调整,东亚地区安全局势与东亚区域经济合作进程都开始出现了一系列更加快速而微妙的变化,不同"东亚""区域""合作"概念之间的撕裂现象更加凸显。① 在这一背景下,东亚区域经济合作研究日益呈现出不同范式、不同学科之间相互借鉴与融合的趋势。一方面,越来越多的研究不再局限于某一种研究范式,而是倾向于从比较的视野或政治、经济、社会、文化等多个维度来探寻影响东亚区域经济合作的主要因素。② 另一方面,越来越多的学者倾向于认为,无论是政府支持和参与区域经济合作的政策和行动,还是区域性合作机制的构建和发展,反映的都是成员之间政治、经济、社会、文化等多个层次、各个维度的"整体性融合",是多个不同因素共同作用的结果,而不仅是合作在经济领域的功能性扩散。③

这一趋势所带来的一个复合结果便是学界对"信任"这个综合变量的

---

① 参见蒋芳菲《"特朗普冲击"下的亚太区域经济合作:挑战与应对》,《经济论坛》2019年第11期。

② Karolina Klecha-Tylec, *The Theoretical and Practical Dimentions of Regionalism in East Asia*, Palgrave Macmillan, 2017; Peter J. Katzenstein, "Regionalism in Comparative Perspective", *Cooperation and Conflict*, Vol. 31, No. 2, 1996, pp. 123 – 159; Douglas Webber, "Two Funerals and A Wedding? The Ups and Downs of Regionalism in East Asia and Asia-Pacific After the Asian Crisis", *The Pacific Review*, Vol. 14, No. 3, 2001, pp. 339 – 372; Nathalie Aminian, etc., "A Comparative Analysis of Trade and Economic Integration in East Asia and Latin America", *Econ Change Restruct*, No. 42, 2009, pp. 105 – 137; 参见张海冰《欧洲一体化历程对东亚经济一体化的启示》,《世界经济研究》2003年第4期;参见宋伟、高敏杰《实力结构、欧盟经验与东亚困局——兼论中国的东亚合作战略》,《社会科学》2020年第4期。

③ Ioannis Lianos and Okeoghene Odudu, "Introduction", in Ioannis Lianos and Okeoghene Odudu, eds., *Regulating Trade in Services in the EU and the WTO: Trust, Distrust and Economic Integration*, Cambridge: Cambridge University Press, 2012, pp. 1 – 5; Jay Mitra, *Entrepreneurship, Innovation and Regional Development*, Abingdon and New York: Routledge, 2013; Shaun Breslin, Christopher W. Hughes, Nicola Phillips, and Ben Rosamond, eds., *New Regionalisms in the Global Political Economy*, London and New York: Routledge, 2002; Björn Hettne, "The New Regionalism Revisited", in Fredrik Söderbaum and Timothy M. Shaw eds., *Theories of New Regionalism*, New York: Palgrave Macmillan, 2003; C. M. Dent, *East Asian Regionalism*, London and New York: Routledge, 2008; Karolina Klecha-Tylec, *The Theoretical and Practical Dimensions of Regionalism in East Asia*; Louise Fawcett and Andrew Hurrell, eds., *Regionalism in World Politics: Regional Organization and International Order*, New York: Oxford University Press, 1995; 参见张蕴岭《在理想与现实之间——我对东亚合作的研究、参与和思考》,中国社会科学出版社2015年版。

关注与日俱增。随着越来越多学者将信任因素视为影响东亚区域经济合作的主要因素之一，信任问题已逐渐发展成为东亚区域经济合作研究中的前沿问题。

加拿大雷尼森大学学院副教授蔡凯文（Kevin G. Cai）在《经济区域主义中的政治：解释东亚区域经济一体化》（The Politics of Economic Regionalism: Explaining Regional Economic Integration In East Asia）一书中强调，成员之间的政治互信对区域经济合作的成功至关重要，因为任何有效的制度化区域集团的成功建立和顺利维持都不可避免地需要其成员国作出政治承诺以稀释国家主权，支持更广泛的区域目标，尽管这些承诺有时也可能是薄弱的。因此，东亚地区主要国家，尤其是中日之间政治上的互不信任是东亚区域经济合作面临的首要障碍。①

韩国前国会议员、中韩经济协会会长具天书在《东北亚共同体建设阻碍性因素及其超越——韩国的视角》中提到，地缘政治和历史渊源深远地影响了中日韩三国之间的互信。他认为，历史问题、领土纠纷、贸易摩擦、制度差异等问题不仅使得各国之间缺乏政治互信，对历史问题的认识也导致了三国民众对彼此信任感的缺失，从而在很大程度上阻碍了东北亚共同体的建设。②

马来西亚国立大学教授郭清水（Kuik Cheng-Chwee）在其2018年发表的一篇文章中着重强调了大国的国际信誉与成员之间的互信在东亚区域经济合作中的重要性。③他认为近年来中美互动的迅速恶化大大增加了中美关系的不确定性和地区局势的紧张。美国国际信誉的严重受损、东亚盟友对于被美国"抛弃"的担忧、中国与周边国家之间日益凸显的"信任赤字"，以及东南亚小国对于中国迅速崛起的疑惧和中国长远战略意图的猜忌等因素使得东亚各国，包括美国盟友和东南亚小国都不得不重新评估他们的战略选择，东亚区域经济合作也因此面临着更大的不确

---

① Kevin G. Cai, *The Politics of Economic Regionalism: Explaining Regional Economic Integration In East Asia*, Palgrave Macmillan, 2010, pp. 135–138.
② 参见［韩］具天书《东北亚共同体建设阻碍性因素及其超越——韩国的视角》，北京大学出版社2014年版，第140—143页。
③ Kuik Cheng-Chwee, "Opening a Strategic Pandora's Jar? US-China Uncertainties and the Three Wandering Genies in Southeast Asia", *National Commentaries of the ASAN Forum*, July 2, 2018.

定性。①

中国社会科学院学部委员、山东大学特聘教授张蕴岭和中国社会科学院亚太与全球战略研究院研究员王玉主指出，中国与东盟的战略伙伴关系是基于相互信任的前提，但双方在贸易和投资上不断增长的相互依赖性并没有自然转化为双方的互信，"互信不足"已成为中国—东盟合作面临的主要挑战。② 其原因则应主要归咎于东盟国家对中国迅速崛起的担忧，和中国对东盟国家"从与中国的经济合作中获利的同时，又向美国寻求安全保障"的质疑。③

山东大学刘昌明教授和杨慧博士在《社会网络视角下的东亚国家间信任建构：理论框架与信任建构》中强调，如何构建互信是东亚国家间需要共同面对的历史性课题。互信缺失不仅加剧了地区的安全困境，也使东亚地区制度化的集体交往和行动十分困难，从而成为滞缓东亚区域经济合作深入发展、影响地区和平与稳定的消极因素。④

此外，近年来我国还有越来越多的学者指出信任因素在中美关系中的重要性，并对中美信任问题（及其对东亚地区局势的影响）开展了较为深入的理论和政策研究。⑤ 北京大学教授王缉思和美国布鲁金斯学会约翰·桑顿中国中心高级研究员李侃如两位国际关系学界的权威专家共同发表了

---

① Kuik Cheng-Chwee, "Opening a Strategic Pandora's Jar? US-China Uncertainties and the Three Wandering Genies in Southeast Asia", National Commentaries of the ASEAN Forum, July 2, 2018; Kuik Cheng-Chwee, "Hedging in Post-Pandemic Asia: What, How and Why?" The ASEAN Forum, May-June 2020, Vol. 8, No. 3.

② 参见张蕴岭《推动中国—东盟关系要靠智慧与创新》，《中国—东盟研究》2017年第1期；王玉主、张蕴岭《中国发展战略与中国—东盟关系再认识》，《东南亚研究》2017年第6期。

③ 参见王玉主、张蕴岭《中国发展战略与中国—东盟关系再认识》，《东南亚研究》2017年第6期。

④ 参见刘昌明、杨慧《社会网络视角下的东亚国家间信任建构：理论框架与信任建构》，《国际观察》2016年第6期。

⑤ 参见朱立群《信任与国家间的合作问题——兼论当前的中美关系》，《世界经济与政治》2003年第1期；袁鹏《战略互信与战略稳定：当前中美关系面临的主要任务》，《现代国际关系》2008年第1期；牛新春《中美战略互信：概念、问题与挑战》，《现代国际关系》2010年第3期；凌胜利《美国亚太联盟转型：在中美权力与信任之间》，《当代亚太》2012年第5期；黄海涛《不确定性、风险管理与信任决策——基于中美战略互动的考察》，《世界经济与政治》2016年第12期；蒋芳菲、王玉主《中美互信流失原因再探——基于对中美信任模式与互动过程的考察》，《太平洋学报》2019年第12期。

《中美战略互疑：解析与应对》，更是一度将学术界关于国家间信任问题的讨论推向高潮。① 他们认为，近年来中美之间的战略互疑有不断增加的趋势，在美国"重返亚太"的战略背景下，双方对彼此长远意图上的不信任已成为中美关系的核心关切，双边互信交流机制和冲突预防机制的建立也变得越发迫切。②

通过梳理东亚区域经济合作研究的整体研究现状、发展趋势，笔者不仅更加认识到开展本研究的重要性和必要性，也从中获得了一些较具借鉴意义的研究方法和分析思路。然而，笔者认为，目前学界关于信任与东亚区域经济合作的相关研究仍存在以下几点主要的缺陷和不足：

一是大部分文献都是以政策研究为主，信任常常只是被当作促进合作、减少冲突的一种手段或策略被提及，针对信任问题本身，及其与区域经济合作之间关系的理论性探讨仍不充分，兼具系统性、理论性与政策性的研究成果仍屈指可数。

二是对"不信任与冲突"的研究明显多于对"信任与合作"的研究，且存在较为严重的概念混淆问题。国内外有不少学者将"信任赤字"常量化、常态化，甚至将其与国家之间的"互信不足""战略互疑"等概念混为一谈。

三是大部分文献在分析东亚成员之间的信任问题时，都只从国家层面论及了双边关系中的"特殊信任"，却相对忽略了国际层面和地区层面系统性的"一般信任"，因此在研究视角和研究层次上仍存在一定的单一性和片面性。③

---

① 参见王缉思、[美]李侃如《中美战略互疑：解析与应对》，社会科学文献出版社2013年版。
② 参见王缉思、[美]李侃如《中美战略互疑：解析与应对》，社会科学文献出版社2013年版，第1—56页。
③ 关于"特殊信任"与"一般信任"的划分，笔者将在后文做进一步阐释，参见 Niklas Luhmann, *Trust and Power*, Chichester: John Weley and Sons, 1979; G. Lynne Zucker, "Production of Trust, Institutional Sources of Economic Structure, 1840 – 1920", *Research in Organizational Behavior*, Vol. 8, 1986, pp. 53 – 111; Brian C. Rathbun, *Trust in International Cooperation: International Security Institutions, Domestic Politics and American Multilateralism*, Cambridge: Cambridge University Press, 2012; Christel Lane and Reihard Bachmann, "The Social Constitution of Trust: Supplier Relations in Britain and Germany", *Organization Studies*, 1996, Vol. 17, No. 3, pp. 365 – 395。

有鉴于此，本书拟在充分借鉴和融合既有研究范式和相关成果的基础上，对国家间信任及其在东亚区域经济合作中的作用展开更加系统、深入的理论探讨和政策研究，并尽力弥补既有研究在上述这几个方面的不足，以期为进一步推进东亚区域经济合作研究贡献自己一份微薄的力量。

二 既有文献对东亚区域经济合作的代表性理论解释及其不足

总体而言，关于东亚区域经济合作形成与演变的相关研究主要围绕以下三类具体问题展开：一是东亚区域经济合作的最终目标及实现路径；二是东亚区域经济合作的历史进程及基本特征；三是东亚区域经济合作目前面临的主要障碍、挑战、困境及其原因。围绕这些问题，国内外学界提出了以下四类较具代表性的理论解释路径：功能路径、权力路径、制度路径、文化路径。这四类解释路径既相互批判，也彼此互补；虽有不同贡献，但也都存在一定的理论缺陷和解释力不足的问题。

（一）功能路径

在东亚区域经济合作研究中，功能路径是最基础、最传统的一种。它主要基于对欧洲区域经济一体化和共同市场发展演变的经验分析，强调了加强地区成员之间的功能性合作与经济上的相互联系对于推进区域经济合作进程的重要性和必要性；认为东亚区域一体化应以推进经济领域的一体化进程为核心，从争议较小、不敏感的技术性、非政治化合作开始，进而不断外溢到政治、安全、社会、文化等更多部门和更大的地理范围。[①] 在这一研究路径下，区域经济合作主要被看作是区域经济活动的融合，在区域化过程中国家不再发挥核心作用。

具体而言，功能路径最主要包含了功能主义和新功能主义两种基本理论。其中，功能主义（Functionalism）主张区域一体化的目标是建立一个"功能性"共同体。功能主义创始人大卫·米特兰尼（David Mitrany）认

---

① David Mitrany, *A Working Peace System: An Argument for the Functional Development of International Organization*, New York: Oxford University Press, 1943; Ernst B. Haas, *The Uniting of Europe: Political, Social, and Economic Forces, 1950—1957*, California: Stanford University Press, 1958; Ernst B. Haas, *Beyond the Nation-state: Functionalism and International Organization*, California: Stanford University Press, 1964; Leon N. Lindberg, *The Political Dynamics of European Economic Integration*, California: Stanford University Press, 1963.

为,从经济领域开始的功能性合作主要涉及技术性问题,政治争议性较低,并具有在不同部门间"自动扩散"的功能,因此通过在经济领域开展互利合作,可以有利于国家之间避免冲突和战争,实现地区内的长期和平,并为政治领域的合作奠定基础。① 在继承、修正和发展功能主义的基础上,新功能主义则进一步强调了区域一体化的"外溢效应"(spill-over effect),并认为随着经济合作的不断深化,合作各方的行为必然会逐渐政治化。② 合作的发展需要国家让渡更多的国家主权,并最终导致超国家机构的诞生,因此一体化的最终目标是建立超越民族国家之上的政治实体。③ 作为新功能主义的代表性人物之一,约瑟夫·奈(Joseph S. Nye)从功能路径进一步将区域一体化进程划分为七种不同的过程机制(process mechanisms)。④

目前,国外有不少学者从功能主义和新功能主义的视角研究和阐释了东亚区域经济合作的历史、现状与未来。例如,具天书教授从新功能主义的理论出发,主张先经济后政治的政策思路,将推进东北亚自由贸易区的

---

① David Mitrany, *A Working Peace System: An Argument for the Functional Development of International Organization*, New York: Oxford University Press, 1943; David Mitrany, *The Functional Theory of Politics*, London: Martin Robertson, for the London School of Economics and Political Science, 1975; R. J. Harrison, "Book Review: The Functional Theory of Politics", *Journal of International Studies*, Vol. 5, No. 2, 1976, pp. 200 – 202.

② 参见[韩]具天书《东北亚共同体建设阻碍性因素及其超越——韩国的视角》,北京大学出版社2014年版,第127—131页。

③ Ernst B. Haas, "International Integration: The European and the Universal Process", *International Organization*, Vol. 15, Issue 3, 1961, pp. 366 – 392; Ernst B. Haas, *Beyond the Nation-state: Functionalism and International Organization*, California: Stanford University Press, 1964; Ernst B. Haas and Philippe C. Schmitter, "Economics and Differential Patterns of Political Integration: Projections about Unity in Latin America", *International Organization*, Vol. 18, No. 4, Autumn 1964, pp. 705 – 737.

④ 这些过程机制包括:(1)关税减让、税务体系协调、建立共同价格体系等不同任务之间的内在功能性联系,即自然、纯粹、即时的功能性外溢(natural, pure and spontaneous spill-over);(2)不断增加的贸易、资本、通讯等领域的流动与交易;(3)精心设计的不同问题领域之间的联系与结合,即培育性外溢(cultivated spill-over);(4)各国政治精英的社会化,尤其是决策者和官僚之间的个人纽带和共同感;(5)不断增强的地区意识形态与地区认同;(6)外部行为体的参与(7)正式或非正式的地区性经济组织的建立。参见 Joseph S. Nye, "Comparing Common Markets: A Revised Neo-Functionalist Model", *International Organization*, Vol. 24, No. 4, 1970, pp. 796 – 835; Joseph S. Nye, "Comparative Regional Integration: Concept and Measurement", *International Organization*, Vol. 22, No. 4, Autumn 1968, pp. 855 – 880; Joseph S. Nye, "Patterns and Catalysts in Regional Integration", *International Organization*, Vol. 19, No. 4, Autumn 1965, pp. 870 – 884。

建立作为东北亚经济共同体建设的核心。① 东北亚经济论坛（NEAEF）主席、美国夏威夷大学教授赵利济（Lee-Jay Cho）认为，尽管东亚暂时尚不具备建立超国家机构的现实条件，但东亚区域经济合作可在求同存异、先经济后政治的思想指导下，着力加强各成员在贸易、能源、金融等领域的基础设施和信息分享平台建设，通过不断提升经济领域的功能性合作水平来凝聚成员之间的政治互信与文化认同，逐步构建东亚经济共同体。②

在国内学界，也有一些东亚区域经济合作研究者主张在东亚地区通过促进自贸区建设和不同领域的功能性合作来推进区域一体化进程。例如，黑龙江大学蒋利龙、兰州大学陈宇都试图从功能主义和新功能主义理论角度，以及欧洲一体化的成功经验中汲取营养，为东亚区域经济合作提供有利借鉴。③ 复旦大学贺平教授则在借鉴日本研究和实践经验的基础上，指出亚洲各国既要珍惜传统友谊、政策宣示的积极作用，也要通过制度性建设和功能性的外溢、通过公共产品的供给和消费以及相互利益的交换和妥协等方式给予刚性支撑。④

功能路径指出了经济利益和经济合作对于维持东亚地区和平、推进东亚区域经济合作的重要性和必要性，为理解和推进东亚区域经济合作进程提供了较具借鉴意义的思路。在一定程度上，冷战结束以来的东亚区域经济合作进程本身也具有一定的"新功能主义"特征。⑤ 然而，功能路径在考虑一体化进程中具有较强的"线性思维"，过高估计了共同经济（物质）利益对国家间合作的促进作用，且过度相信经济领域功能性合作"扩散"和"外溢"的决定性作用，而对合作推进过程中的政治、社会阻力

---

① ［韩］具天书：《东北亚共同体建设阻碍性因素及其超越——韩国的视角》，北京大学出版社2014年版，第138—139页。

② Lee-Jay Cho, Chang-Jae Lee, "Building a Northeast Asian Economic Community", KIEP Research Paper, Conference Proceeding 15 - 02, December 30, 2015; Lee-Jay Cho, Yoon Hyung Kim, and Chung H. Lee, eds., *A Vision for Economic Cooperation in East Asia：China，Japan and Korea*, Seoul：Korea Development Institute, 2003.

③ 参见蒋利龙《新功能主义对东亚区域经济合作的启示》，《知与行》2016年第3期。

④ 参见贺平《区域性公共产品与东亚的功能性合作——日本的实践及其启示》，《世界经济与政治》2012年第1期。

⑤ 参见张蕴岭《如何认识东亚区域经济合作的发展》，《当代亚太》2005年第8期；贺平《区域性公共产品与东亚的功能性合作——日本的实践及其启示》，《世界经济与政治》2012年第1期。

预见性不足,从而导致该路径对东亚区域经济合作中面临的一系列现实困境的解释力明显不足。

(二) 权力路径

权力路径是目前东亚区域经济合作研究中最具普遍性的解释路径之一,研究成果也十分丰富。这类解释倾向于将国际体系中权力分配的不平等视为一种普遍现象,并试图通过借鉴新现实主义、霸权稳定论、权力转移理论、进攻性现实主义理论等西方主流国际关系理论学派的基本观点,论证"权力"因素对东亚区域经济合作的决定性影响。在权力路径下,区域经济合作的主要行为体是将国家安全视为首要目标的主权国家,区域经济合作是与大国关系或地区霸权相关联的政治、经济融合过程。具体而言,权力路径主要包括以下几种较具代表性的切入视角:

一是从地区结构和大国竞争的视角切入,认为大国之间的权力竞争与战略互动对地区国际结构和地区安全秩序具有决定性的影响,因此中、美、日、俄等地区大国之间的利益博弈和战略竞争决定了东亚地区局势和区域经济合作发展的困难性。① 例如,美国加州大学圣迭戈分校教授谢淑丽 (Susan L. Shirk)、美国约翰·霍普金斯大学荣休教授迈克尔·曼德鲍姆 (Michael Mandelbaum)、英国伦敦政治经济学院教授巴里·布赞 (Barry Buzan) 等学者一致认为,地区内多边安全机制的缺失和美国、中国、日本、俄罗斯"战略四边"之间的竞争与冲突是对东亚地区稳定与繁荣的最大威胁,因此建立在大国协调基础上的"特殊多边主义"安全架构是使地区大国走出安全困境、推进区域经济合作与发展的最佳途径。② 美国著

---

① 相关理论的基本观点和代表性著述可参见 Hans J. Morgenthau, *Politics among Nations*: *The Struggle for Power and Peace*, New York: Alfred A. Knopf, 1961; Kenneth N. Waltz, *Theory of International Politics*, Boston: McGraw-Hill, 1979; Douglas Lemke and Jacek Kugler, eds., *Parity and War*, Ann Arbor: University of Michigan, 1996; John A. Vasquez and Colin Elman, eds., *Realism and Balancing of Power: A New Debate*, Upper Saddle River: Prentice Hall, 2003; Michael E. Brown, Owen R. Cote, Sean M. Lynn Jones, and Steven E. Miller, eds., *Theories of War and Peace*, Cambridge: MIT Press, 2001。

② Michael Mandelbaum, ed., *The Politics of the Strategic Quadrangle: The United States, Russia, Japan and China in East Asia*, New York: The Council on Foreign Relations Press, 1994; Barry Buzan and Gerald Segal, "Rethinking East Asian Security", *Survival*, Vol. 36, No. 2, 1994, pp. 3–21; 参见 [美] 谢淑丽《亚太地区安全:势力均衡还是大国协调?》,载王正毅、[美] 迈尔斯·卡勒、[日] 高木诚一郎主编《亚洲区域经济合作的政治经济分析》,上海人民出版社 2007 年版,第 175—198 页。

名学者沈大伟（David Shambaugh）、广东外语外贸大学周方银教授都强调了冷战结束以来美国主导的国际安全结构与国际经济结构的差异性，并探讨了东亚安全—经济二分格局对中美关系和地区制度化进程的消极影响。① 王玉主研究员认为，冷战结束以来，在以大国竞争为核心特征的冷和平秩序下，地区大国对相对收益的关注和脱离国际合作共赢理念的行为异化了东亚区域经济合作的动力基础，并使东亚区域经济合作的制度化安排被工具化。作为这种变化的结果，亚太地区出现的"跨太平洋伙伴关系协议"（TPP）和"区域全面经济伙伴关系"（RCEP）发展成一种双框架格局，中美在这个双框架背后的隐性竞争则使该框架表现出明显的对抗性。② 清华大学刘丰教授也认为，中国的崛起已对东亚地区的既有体系造成了冲击，中美在东亚地区的力量对比可能达到持平并由此推动地区两极格局的形成，中美战略竞争的不断加剧导致地区安全局势发生了一系列更加快速而微妙的变化。③

二是从地区霸权（区域经济合作领导权）的视角切入，认为区域主导权的存在对于区域内国家间合作机制的形成具有正面影响，而东亚成员之间的领导权竞争和区域公共产品供给不足是影响东亚地区稳定、阻碍区域经济合作的主要因素。④ 南开大学刘重力教授指出，主导权之争是东亚区域经济合作中不可回避的一个问题。大国博弈竞争和小国领导悖论构成了

---

① David Shambaugh, "Introduction", in David Shambaugh ed., *Tangled Titans: The United States and China*, New York: Rowman & Littlefield Publishers, 2012, pp. 17 - 18；参见周方银《中国崛起、东亚格局变迁与东亚秩序的发展方向》，《当代亚太》2012 年第 5 期。

② 参见王玉主《显性的双框架与隐性的双中心——冷和平时期的亚太区域经济合作》，《世界经济与政治》2014 年第 10 期。

③ 参见刘丰《中美战略竞争与东亚秩序重塑》，《中国战略报告》2018 年第 2 期；刘丰《中美战略竞争与东亚安全态势》，《现代国际关系》2017 年第 8 期。

④ 相关理论的基本观点和代表性著述可参见 Robert Gilpin, *War and Change in International Politics*, Cambridge: Cambridge University Press, 1981; Robert Gilpin, *The Political Economy of International Relations*, Princeton: Princeton University, 1987; Charles P. Kindleberger, *The World in Depression 1929—1939*, London: Penguin Press, 1973; Charles P. Kindleberger, "Dominance and Leadership in the International Economy: Exploitation, Public Goods and Free Riders", *International Studies Quarterly*, Vol. 25, No. 2, June 1981, pp. 242 - 254; Charles P. Kindleberger, "International Public Goods Without International Government", *The American Economic Review*, Vol. 76, No. 1, March 1986, pp. 1 - 13; Helen Milner, "International Theories of Cooperation among Nations: Strengths and Weaknesses", *World Politics*, Vol. 44, No. 3, 1992, pp. 466 - 496。

东亚区域经济合作主导权的"两难选择",美国对东亚区域经济合作的干涉更是对主导权之争的升级起到了推波助澜的作用。① 中国人民大学黄大慧教授和山东大学马荣久副教授都指出中日两国对不同地区合作机制有着不同的利益倾向和选择,双方为赢得东亚区域经济合作主导权展开了激烈的制度性权力和话语权竞争,从而对区域经济合作进程和状态产生了深远影响。② 曹云华、祁怀高、赵丽萍等学者都指出了东亚领导权之争的重要性和历史特殊性,并为解决东亚区域经济合作领导权之争提供了不同的解决方案。③

三是从国际权力转移的视角切入,强调中国崛起对地区秩序的冲击,认为中美相对实力差距的不断缩小是影响中美战略行为和东亚地区格局的根源。④ 例如,南京大学朱锋教授、美国波士顿大学陆伯彬(Robert S. Ross)教授等学者都强调了中美"权力转移"与亚太地区政治经济结构之间的深层联系。⑤ 英国伦敦政治经济学院荣休教授迈克尔·雅胡达(Michael Yahuda)认为,随着中国迅速崛起和中美相对实力差距进一步缩小,中国在维护海洋权益和解决领土争端等问题上态度已变得更

---

① 参见刘重力、王小洁《东亚区域经济合作主导权之争的政治经济学分析》,《南开学报》(哲学社会科学版)2014年第4期。

② 参见黄大慧、孙忆《东亚地区合作主导权与中日制度竞争》,《教学与研究》2017年第6期;马荣久《地区制度框架下的中日关系:从竞争走向合作?》,《国际论坛》2020年第3期。

③ 参见曹云华《论东亚一体化进程中的领导权问题》,《东南亚研究》2004年第4期;祁怀高《东亚区域经济合作领导权模式构想:东盟机制下的中美日合作领导模式》,《东南亚研究》2011年第4期;王玉主《区域公用产品供给与东亚合作主导权问题的超越》,《当代亚太》2011年第6期;赵丽萍《东盟在东亚合作中的主导权分析》,《山东省农业管理干部学院学报》2005年第6期。

④ 相关理论的基本观点和代表性著述可参见 A. F. K. Organski, *World Politics*; A. F. K. Organski and Jacek Kugler, *The War Ledger*, Chicago: University of Chicago Press, 1980; Jonathan M. DiCicco and Jack S. Levy, "Power Shifts and Problem Shifts: The Evolution of the Power Transition Research Program", *Journal of Conflict Resolution*, Vol. 43, No. 6, 1999, pp. 675 – 704; Ronald L. Tammen, *Power Transition: Strategies for the 21st Century*, New York: Chatham House Publishers, 2000; Douglas Lemke, *Regions of War and Peace*; John J. Mearsheimer, *The Tragedy of Great Power Politics*;参见朱锋《权力转移理论是霸权性现实主义吗?》,《国际政治研究》2006年第2期。

⑤ Adam P. Liff and G. John Ikenberry, "Racing toward Tragedy? China's Rise, Military Competition in the Asia-Pacific, and the Security Dilemma", *International Security*, Vol. 39, No. 2, 2014, pp. 52 – 91;参见朱锋、[美]罗伯特·罗斯主编《中国崛起:理论与政策的视角》,上海人民出版社2008年版。

加自信，从而使美国及其周边国家对中国的战略意图更加担忧。① 美国科罗拉多大学教授陈思德（Steve Chan）等学者则认为，随着中美相对实力差距不断缩小，美国对中国的防范和打压力度已明显增强，中美爆发冲突和战争的可能性也因此大大提高、地区安全局势也变得更加紧张。② 此外，郭清水教授也指出，中美相对实力差距的进一步缩小和中美战略竞争的不断加剧进一步增加了东亚政治经济秩序中的不确定性因素，也加强了东南亚小国在中美之间进行"战略对冲"、争取生存和发展空间的动力，从而使东亚成员之间在区域经济合作中的合力明显减弱，竞争性大大增强。③

在很大程度上，权力路径较好地诠释了政治因素对区域经济合作的影响，尤其为我们理解区域经济合作面临的政治阻力和现实困境提供了丰富的研究视角和有价值的研究成果，从而在一定程度上弥补了功能主义路径和传统经济学分析方法在这方面的一些缺陷和不足。

然而，权力路径自身存在的一些缺陷使其仍不能为阐释东亚区域经济合作的历史与现状提供足够有说服力的答案。

一是西方现实主义主流理论学派所固有的零和思维和线性逻辑导致其对大国崛起以及国家间长期合作的建立和维持都持较为悲观的态度，因此它不足以解释东亚区域经济合作能够建立并长期维持的原因，尤其是不足以解释 1997 年金融危机后为何中国崛起会与东亚区域经济合作同时迅速

---

① Michael Yahuda, "China's New Assertiveness in the South China Sea", *Journal of Contemporary China*, 2013, Vol. 22, No. 81, pp. 446 – 459. 对这一观点的反驳，可参见 Alaster Iain Johnston, "How New and Assertive is China's New Assertiveness?", *International Security*, 2013, Vol. 37, No. 4, pp. 7 – 48; Kai He and Huiyun Feng, "Debating China's Assertiveness: Taking China's Power and Interests Seriously", *International Politics*, Vol. 49, No. 5, 2012, pp. 633 – 644。

② Steve Chan, "Exploring Puzzles in Power Transition Theory: Implications for Sino-American Relations", *Security Studies*, No. 3, 2004, pp. 103 – 141; Renee Jeffery, "Evaluating the 'China Threat': Power Transition Theory, the Successor-state Image, and the Dangers of Historical Analogies", *Australian Journal of International Affairs*, 2009, Vol. 63, No. 2, pp. 309 – 324；参见肖河《霸权国与其他主要大国关系研究——以二战后历史为例》，《世界经济与政治》2016 年第 3 期。

③ Kuik Cheng-Chwee, "Opening a Strategic Pandora's Jar? US-China Uncertainties and the Three Wandering Genies in Southeast Asia", *National Commentaries of the ASEAN Forum*, July 2, 2018; Kuik Cheng-Chwee, "Hedging in Post-Pandemic Asia: What, How and Why?" *The ASEAN Forum*, May-June 2020, Vol. 8, No. 3.

发展、为何东亚主要成员愿意将建设"东亚共同体"作为区域经济合作的长期目标并为此付出努力。①

二是权力路径过度相信权力因素对国家行为和国际关系的决定性作用，而对冷战结束以来国际体系和中国崛起环境的新变化、东亚地区的特殊性以及文化观念、规范等"软性"因素的关注不足，从而导致权力路径在解释中国崛起和东亚区域经济合作时仍存在一定的片面性和"水土不服"。②事实上，东亚地区至今并未形成一个非常清晰、稳定的地区权力结构；东亚合作进程也主要是小国集体主导，而非中、美、日等地区大国；在相当长一段时间内，中国都在试图融入美国主导的国际体系，并对与美国及其东亚盟友采取了合作为主、竞争为辅的"对冲战略"，对中外矛盾分歧和地区领土争端也保持了较大的战略克制……这些现象都并不完全符合现实主义的权力逻辑。③

此外，考虑到短期内无论是中美相对实力对比还是国际体系都难以发生根本性变化，如果仅从权力路径来阐释东亚区域经济合作，也难以真正帮助和指导东亚区域经济合作摆脱现实困境。④

（三）制度路径

新自由制度主义的奠基人基欧汉（Robert Keohane）在批判和继承现实主义的基础上，指出国际制度使得无政府状态下国家之间建立和维持国

---

① 东亚成员对共同体的畅想和努力可以从"东亚展望小组"（East Asia Vision Group，EAVG）、东亚研究小组（East Asia Study Group）的成立、展望报告《走向东亚共同体》的发表、各国学界对"东亚共同体"的深入研究和激烈讨论等一系列现象看出。

② 参见蒋芳菲《从奥巴马到特朗普：美国对华"对冲"战略的演变》，《美国研究》2018年第4期；杨原《大国无战争时代的大国权力竞争：行为原理与互动机制》，中国社会科学出版社2017年版，第59—63、72—77页。

③ 参见庞中英《东亚地区主义的进展与其问题——能否打破现实主义的思维牢笼》，《东南亚研究》2003年第3期；秦亚青、魏玲《结构、进程与大国的社会化——东亚共同体建设与中国崛起》，载王正毅、[美]迈尔斯·卡勒、[日]高木诚一郎主编《亚洲区域经济合作的政治经济分析：制度建设、安全合作与经济增长》，上海人民出版社2007年版，第456—465页；杨原《大国无战争时代的大国权力竞争：行为原理与互动机制》，中国社会科学出版社2017年版，第8页。

④ 阎学通教授指出，只有当国际行为体、国际格局、国际规范三个要素中至少两个要素发生改变时，国际体系才会发生改变，因此21世纪国际体系是否能够发生质变关键取决于国际规范的质变，而不是国际格局的变化。参见阎学通《世界权力的转移：政治领导与战略竞争》，北京大学出版社2015年版，第63—86页。

际合作是可能的。① 冷战结束后，随着经济全球化和区域一体化进程的迅速发展，全球层面和地区层面国际制度的密度不断增加，关于国际制度的理论研究也发展迅猛。美国加州大学圣芭芭拉分校教授奥兰·扬（Oran R. Young）等学者从制度联系（institutional linkages）、重叠国际制度/机制（overlapping international institutions/regimes）、制度互动（interaction/interplay between international institutions）、机制复杂性（regime complexity）、成员社会化（socialization）等多个角度进一步深化和拓展了对国际制度及其影响的理论探讨。②

在这一背景下，学界逐渐形成了阐释东亚区域经济合作的第三种理论解释路径——制度路径。这一路径主要将国际制度（尤其是硬机制）作为影响区域经济合作的核心因素，认为在国际权力结构变化不大的情况下，国家是否选择合作在很大程度上取决于国际制度。因此，在制度路径下，区域经济合作主要被视为区域制度化水平不断提升的过程。

有学者试图从国际制度的角度解释了东亚区域经济合作历史发展进程的合理性。东京大学名誉教授、亚洲开发银行研究所前所长河合正弘（Masahiro Kawai）等学者通过对比"10+3"和"10+6"两种合作制度的经济影响，试图论证了东亚地区从以"10+3"发展为"10+6"的合理性。他们指出，"10+6"机制更有利于将东亚多个自由贸易协定重叠为一个单一的地区自由贸易协定，减轻东亚区域经济合作机制"意大利面条

---

① Robert O. Keohane, *After Hegemony: Cooperation and Discord in the World Political Economy*, Princeton, N. J.: Princeton University Press, 1984; Robert O. Keohane, *International Institutions and State Power: Essays in International Relations Theory*, Boulder: Westview Press, 1989; Robert O. Keohane and Joseph S. Nye, *Power and Interdependence* (4th Edition), New York: Longman, 2011.

② Oran R. Young, "Institutional Linkages in International Society: Polar Perspectives", *Global Governance*, Vol. 2, No. 1, 1996, pp. 1 – 23; Oran R. Young, *The Institutional Dimensions of Environmental Change: Fit, Interplay, and Scale*, the MIT Press, 2002; G. Kristin Rosendal, "Impacts of Overlapping International Regimes: The Case of Biodiversity", *Global Governance*, Vol. 7, No. 1, 2001, pp. 97 – 98; Thomas Gehring and Sebastian Oberthür, "The Causal Mechanisms of Interaction between International Institutions", *European Journal of International Relations*, Vol. 15, No. 1, 2009, pp. 125 – 156; Kal Raustiala and David G. Victor, "The Regime Complex for Plant Genetic Resources", *International Organization*, Vol. 58, No. 2, 2004, pp. 277 – 309; Karen J. Alter and Sophie Meunier, "The Politics of International Regime Complexity", *Perspectives on Politics*, Vol. 7, No. 1, 2009, pp. 13 – 24; Jeffrey T. Checkel, "International Institutions and Socialization in Europe: Introduction and Framework", *International Organization*, Vol. 59, No. 4, 2005, pp. 801 – 826.

碗"效应的负面影响,在使东亚地区获得最大收益的同时,对非成员国造成的损失也相对较小。① 上海对外经贸大学王明国教授则从国际制度复杂性的角度指出,东亚地区性国际制度的扩散、传播、嵌套和重叠,导致问题领域、管辖权以及成员身份等的"交叠"问题越来越明显。但制度复杂性并不一定是东亚一体化进程的阻碍因素,不同层面合作机制之间的相互交叠、嵌套反而可以为区域经济合作注入新的活力。②

也有学者倾向于从国际制度的角度阐释东亚区域经济合作面临的现实困境,并指出应将提升地区制度化水平、建立地区层面的国际制度作为东亚一体化的主要目标。例如,美国加州大学圣迭戈分校特聘教授迈尔斯·卡勒(Miles Kahler)、中国人民大学李巍教授等学者分别从"制度竞争""制度过剩"等视角指出了东亚形成整体性地区制度的重要性和困难性。③美国布鲁金斯学会东亚政策研究中心联席主任米雷娅·索利斯(Mireya Solis)、欧洲工商管理学院(INSEAD)教授道格拉斯·韦伯(Douglas Webber)等学者基于对东亚双边合作机制与多边地区合作制度的发展状况,指出东亚双边 FTA 或次区域多边合作机制的建立与拓展,以及建立在双边 FTA 基础上的地区制度网络并没有促进东亚的政治整合和地区多边合作制度的发展,反而增加了"竞争的双边主义"带来的风险。④ 日本山口大学副教授吉岛喜太郎(Hidetaka Yoshimatsu)则从制度覆盖的议题和行动范围、制度框架下成员国应该履行的责任义务、集体决策程度与独立机构权威三个维度对东亚地区制度结构的设计进行了评估,指出东亚区域经济合作的发展在很大程度上受到地区合作制度结构脆弱性的制约。⑤ 牛津

---

① Masahiro Kawai and Ganeshan Wignaraja, "ASEAN + 3 or ASEAN + 6: Which Way Forward?", *ADB Institute Discussion Paper*, No. 77, September 2007.

② 参见王国明《国际制度复杂性与东亚一体化进程》,《当代亚太》2013 年第 2 期。

③ Miles Kahler and Andrew MacIntyre, eds., *Integrating Regions: Asian Comparative Context*, Stanford, CA: Stanford University Press, 2014;参见李巍《东亚经济地区主义的终结?——制度过剩与经济整合的困境》,《当代亚太》2011 年第 4 期。

④ Mireya Solis, Barbara Stallings and Saori N. Katada, eds., *Competitive Regionalism: FTA Diffusion in the Pacific Rim*, New York: Palgrave Macmillan, 2009, pp. 1 - 26; Douglas Webber, "The Regional Integration That Didn't Happen: Cooperation Without Integration in Early Twenty-first Century East Asia", *The Pacific Review*, Vol. 23, No. 3, 2010, pp. 313 - 333.

⑤ Hidetaka Yoshimatsu, *Comparing Institution-Building in East Asia: Power Politics, Governance and Critical Junctures*, Basingstoke, Hampshire: Palgrave Mac Millan, 2014.

大学教授罗斯玛丽·福特（Rosemary Foot）等学者通过探讨美国主导的多边国际制度对东亚地区制度化的影响，指出东亚国家对全球多边国际制度的依赖和偏好不仅制约了它们的行为，也在很大程度上削弱了它们对地区机制的需求，影响了地区制度化水平的提高。[①]

总体而言，与功能路径和权力路径相比，制度路径最大的进步之处在于，它不是论证合作或不合作的必然性，而是关注到国家有时会选择合作、有时会选择不合作这一客观普遍现象，并深入探讨了国际制度对国家行为选择可能产生的影响和制约。制度路径既看到了不同国家实际政策行为的差异性和多样性，也看到了历史发展的非效率性和非线性特征，并为推进东亚区域经济合作提供了新的分析视角和解决方案，从而为本书提供了十分重要的借鉴。

然而，制度路径存在的一些缺陷和不足导致这一路径对东亚区域经济合作的解释力和指导性仍然不足。

一是与功能路径和权力路径类似，制度路径在借鉴西方理论分析工具和欧洲一体化经验来解释东亚地区合作态势时，往往忽略了东亚地区社会文化背景和东亚国家在认知和实践上的"特殊性"，因此也存在一定的"水土不服"问题。例如，大部分研究倾向于将地区正式国际制度（硬机制）的建立和制度化水平的提高作为区域经济合作的必要条件，但正如阿查亚、魏玲等学者所指出的，冷战结束以来，东亚区域经济合作模式事实上一直在强调非正式性和最小限度的组织性，地区制度化水平实际上也一直落后于成员之间的实际合作水平，单凭国际制度是否存在或制度化水平的高低难以充分解释东亚区域经济合作的历史与现状。[②]

二是制度路径更加注重国际制度对于促进区域经济合作的"功能"和"效果"，但并未深入探究在东亚建立地区层面的国际制度、实现理想合作

[①] Rosemary Foot, "Asia's Cooperation and Governance: The Role of East Asian Regional Organizations in Regional Governance: Constraints and Contributions", *Japanese Journal of Political Science*, Vol. 13, No. 1, 2012, pp. 133 – 142; Miles Kahler, "Regional Institutions in an Era of Globalization and Crisis: Asia in Comparative Context", APSA 2010 Annual Meeting Paper.

[②] Amitav Acharya, *Constructing a Security Community in Southeast Asia*, London and New York: Routledge, 2001, p. 5; 参见秦亚青、魏玲《结构、进程与大国的社会化——东亚共同体建设与中国崛起》，《世界经济与政治》2007年第3期。

架构的具体条件、路径或机制,因此容易陷入由"制度功效"来解释"制度起源"的误区,也难以指导东亚地区形成"现实条件"与"预期目标"之间的逻辑自洽。①

三是制度路径在一定程度上夸大了正式国际制度对国家行为的塑造作用和对国际合作的促进作用。事实上,制度主导者(设计者)与参与者的价值观念、利益偏好等都可能影响国际制度地区内文化规范的演化,并进而影响国际制度在促进合作中的实际效果。因此,仅从理性主义或功能主义的角度关注正式国际制度(或制度化水平)本身并不足以指导东亚走出合作中的社会困境。

(四)文化路径

不同于前三种解释对物质性因素(硬变量)和对西方历史经验的重视,文化路径主要立足于东亚地区历史、社会、文化的"特殊性",通过借鉴建构主义、文明冲突论等理论,试图从文化(认同、观念、规范)等非物质性因素(软变量)来理解和阐释东亚区域经济合作,强调观念、文化以及认同对各国行为和区域经济合作发展进程的决定性影响。② 因此,在文化路径下,区域经济合作主要被看作是一种集体认同的文化认识过程或社会化过程。

有学者指出现实主义和新自由制度主义及其背后所蕴含的西方价值观念并不适用于东亚,并强调了东亚地区文化与合作进程的"特殊性"。卡赞斯坦(Peter J. Katzentein)很早便指出,观念建构是地区概念成立的要素之一,不同于欧洲基于正式国际制度的一体化,亚洲区域整合主要是基于非正式、包容性的网络结构发展起来的。③ 美国著名国际问题专家阿米塔夫·阿查亚(Amitav Acharya)、外交学院秦亚青教授、魏玲教授等学者

---

① 参见[韩]河连燮《制度分析:理论与争议》(第二版),李秀峰、紫宝勇译,中国人民大学出版社2014年版,第45—46页;李晓霞《东亚地区多边合作的核心问题与制度的未来建构——给予国际制度复杂性理论的研究》,博士学位论文,吉林大学,2018年,第19页。

② 相关理论的基本观点和代表性著述可参见 Amitav Acharya, *Constructing a Security Community in Southeast Asia*, London and New York: Routledge, 2001;[美]亚历山大·温特《国际政治的社会理论》,上海人民出版社2000年版;[美]塞缪尔·亨廷顿《文明的冲突与世界秩序的重建》,周琪等译,新华出版社1998年版;[美]罗伯特·基欧汉、约瑟夫·奈《权力与相互依赖》,门洪华译,北京大学出版社2002年版。

③ Peter J. Kazenstein, "Regionalism in Comparative Perspective", *Cooperation and Conflict*, Vol. 31, No. 2, 1996, pp. 123 – 159.

也立足东亚地区文化的特殊性和东亚成员之间的互动过程,对东亚地区"弱机制化"(东盟方式)的合理性和适用性进行了积极探索,认为东亚区域经济合作是以进程为主的一体化(process-focused integration),而不是以结果为导向的一体化(result-orientated integration)。① 著名国际问题专家康灿雄(David Kang)教授也不认同现实主义对中国崛起和东亚未来的悲观预测,他通过对比古代朝贡体系与当前东亚国际形势,指出如果中国的崛起是和平和良性,且周边国家能够从中国崛起中获益时,亚洲仍可能在未来保持稳定与繁荣。②

此外,还有一些学者分析了文化因素对东亚区域经济合作困境的决定性影响。如山东大学的宋超从文化同质性与异质性的视角指出,东亚地区文化的异质性增强了地区内不同国家和民族之间的差异性,容易造成东亚地区不同国家和民族之间的心理距离,导致东亚各国民族主义和国家意识强烈而区域意识淡薄、地区认同匮乏,这种矛盾重重的复杂局面严重影响了东亚地区国家间的相互信任。③ 同济大学刘渝梅博士从东亚地区共有观念的视角分析了东亚合作难以深入发展的原因,认为东亚文化多样性增加了地区认同的难度,但真正的制约实际上并不在于文化的异质性,而在于东亚各国缺乏足够的政治决心和相互信任,地区内缺乏一些能弥合分歧的共有观念的支撑,以及西方话语霸权的制约。④ 孙加韬则认为,"东亚地

---

① Amitav Acharya, "Ideas, Identity, and Institution-building: From the 'ASEAN Way' to the 'Asia-Pacific Way'?", *The Pacific Review*, Vol. 10, No. 3, 1997, pp. 319 – 346; Amitav Acharya and Alastair Iain Johnston, *Crafting Cooperation: Regional International Institutions in Comparative Perspective*, Cambridge: Cambridge University Press, 2007; Amitav Acharya, *Constructing a Security Community in Southeast Asia*, London and New York: Routledge, 2001; 参见秦亚青、魏玲《结构、进程与权力的社会化》,《世界经济与政治》2007年第3期;秦亚青、魏玲《结构、进程与大国的社会化——东亚共同体建设与中国崛起》,载王正毅、迈尔斯·卡勒、高木诚一郎主编《亚洲区域经济合作的政治经济分析:制度建设、安全合作与经济增长》,上海人民出版社2007年版,第465—469页;魏玲《关系、网络与合作实践:清谈如何产生效力》,《世界经济与政治》2016年第10期;魏玲《第二轨道进程:清谈、非正式网络与社会化——以东亚思想库网络为例》,《世界经济与政治》2010年第2期。

② David Kang, *China Rising: Peace, Power and Order in East Asia*, New York: Columbia University Press, 2007.

③ 参见宋超《略论地区文化与东亚地区合作的关系》,《中共青岛市委党校青岛行政学院学报》2007年第1期。

④ 参见刘渝梅《东亚地区的共有观念与中国的角色》,《社会科学战线》2010年第12期。

区在宗教文化、政治制度、地理、历史以及经济上的复杂性决定了东亚地区的一体化进程必然比其他区域更为困难"。①

与前三种解释路径相比，文化路径最大的贡献在于看到了非物质因素对区域经济合作的潜在影响，并深入剖析了东亚地区相对于世界其他地区在推进区域经济一体化过程中表现出来的"特殊性"，从而有利于打破西方中心主义，进一步提升国际关系理论对于东亚区域经济合作历史、现状的解释力和解释范围，对本书具有重要的借鉴意义。

然而，本书认为观念、规范、认同等非物质性因素并不能完全脱离物质性因素而存在，因此这种纯粹理念导向的研究路径相对忽略了物质性因素在东亚区域经济合作形成和演变过程中的基础作用。并且，文化路径过于高估了文化在国家对外决策中的决定性作用，也相对忽视了各国在参与合作、塑造文化中的主观能动性。因此，与功能路径为代表的"低度社会化"解释路径相反，文化路径则可能存在"过度社会化"的问题。② 此外，文化的同质性与异质性这两个因素不足以解释为何文化同质性强的国家不一定能建立和维持长期稳定的合作关系（如朝鲜和韩国），而文化异质性较强的国家之间也可能维持长达数十年的密切合作（如中国和巴基斯坦）。同样，这一因素也不足以解释为何文化差异变化不大的国家合作状态会发生重大变化（如 20 世纪六七十年代的中美关系和现在的中美关系）。可见，仅从文化同质性与异质性的视角解释东亚区域经济合作建立和演变，仍难以令人信服。

综上所述，功能路径、权力路径、制度路径和文化路径都为我们理解和阐释东亚区域经济合作提供了重要借鉴，但它们都难以将东亚区域经济合作的形成与演变纳入同一分析框架，也不足以充分解释东亚区域经济合作的历史进程与现实困境。

笔者认为，这四种路径及其所强调的核心变量其实并非是相互替代或互斥的，而是可能会共同作用于国家的对外政策行为。但随着区域经济合作水平的变化，不同因素在区域经济合作中的作用大小可能会有所不同。

---

① 孙加韬：《东亚一体化的制约因素及发展方向》，《亚太经济》2004 年第 3 期。
② 参见 [美] 马克·格兰诺维特《社会与经济：信任、权力与制度》，王水雄、罗家德译，中信出版社 2019 年版，第 16—17 页。

就像人体是一个复杂的系统，各个器官可能会对人的身体产生不同影响，但在不同成长阶段，每个器官的重要性会略有差异。有鉴于此，笔者希望在兼收并蓄不同研究路径"有益营养"的基础上，尝试引入"信任"这一"中介变量"，试图为阐释东亚区域经济合作的形成与演变提供一种新的思路和视角，并进一步提升对东亚区域经济合作的边际解释力。为了研究信任因素对东亚区域经济合作的影响，笔者认为有必要进一步梳理各个学科关于信任与合作的理论分析方法和研究成果。

三 关于信任与合作的理论研究现状及其不足

信任问题一直是社会科学研究中的难题，而信任与合作问题又被普遍认为是信任研究中最复杂的难题。20 世纪 50—70 年代，主流社会学、心理学和经济学已分别开始从理论层面研究信任与合作问题。随后，组织管理学、政治学等其他学科也开始日益关注这一问题。冷战结束后，信任与合作问题开始逐渐走入国际关系学者的视野。

社会学和心理学较早围绕信任的定义、来源、分类、影响因素等内容展开了较深、较广的研究，研究方法多样，研究成果也较为丰富。不少学者通过实验或问卷调查的方法研究了社会中人际信任的普遍存在性和程度差异性，也有一些研究从社会资本、跨文化的角度研究不同国家之间以及不同文化内部的信任程度差异。这两个领域关于信任问题的理论探讨对笔者启发很大，尤其是社会学中对个体层面"特殊信任"与社会层面"一般信任"的区分为本书提供了重要借鉴。但社会学和心理学主要关注的是个人之间的信任关系和各国国内社会中的一般信任，几乎从未涉及对国家之间信任问题的探讨，也很少将信任与合作结合起来进行研究。

经济学对于信任问题的研究最早可追溯到英国古典经济学家亚当·斯密于 1759 年出版的《道德情操论》。① 20 世纪 70 年代，新古典学派经济学家加里·贝克尔《人类行为的经济分析》一书出版后，西方主流经济学

---

① 《道德情操论》最早于 1759 年出版，后被译为多种文字在其他国家再版。亚当·斯密在书中所提到的人类经济活动的道德基础中，人与人之间的信任便是其中重要的一项，但其观点在当时并没有引起经济学家们的充分重视。参见［英］亚当·斯密《道德情操论》，蒋自强等译，商务印书馆 1997 年版。

开始用经济学的分析方法专门研究信任问题。① 经济学家们尝试将信任问题与博弈论、信号理论、交易成本理论、风险决策理论、委托代理理论等相结合，并更加注重将信任与合作更加紧密地联系起来。这一领域大量有价值的研究成果不仅对社会学、政治学、国际关系学等其他学科的相关研究产生了深远影响，也为本书理论框架的构建提供了重要参考。但类似于社会学和心理学，经济学对信任问题的研究也主要停留于个人或组织（企业）等微观层面，更加关注各经济体内部的信任与合作问题，较少关注不同经济体之间的信任与合作问题。

信任与合作问题也是组织管理学关注的重点问题之一。与经济学略有区别的是，组织管理学更侧重于研究信任对企业行为和企业内部组织管理模式的影响，例如信任因素如何影响管理者与员工之间的合作状况等。② 尽管国家间信任与个人层面和企业层面的信任有很大区别，但这些研究成果仍具有一定的参考价值。

西方国际关系三大主流理论学派都极少涉及对信任问题的直接探讨，甚至存在将国家间的"不信任"常量化或将信任与合作等量齐观的简化倾向。③ 但冷战结束后，西方国际关系学界开始出现一系列专门研究国家间信任与合作的理论研究成果。德波拉·拉森（Deborah W. Larson）等学者开始尝试借鉴社会心理学、经济学等学科的研究方法，并批判性继承了西方国际关系和国际政治经济学的基本理论观点，对信任在国际合作中的作用进行了较为深入的理论探讨。④

---

① 参见［美］加里·S. 贝克尔《人类行为的经济分析》，王业宇、陈琪译，上海人民出版社 1995 年版。

② Roderick M. Kramer, *Organizational Trust: A Reader*, New York: Oxford University Press, 2006.

③ 参见黄海涛《不确定性、风险管理与信任决策——基于中美战略互动的考察》，《世界经济与政治》2016 年第 12 期。

④ Deborah W. Larson, *Anatomy of Mistrust: US-Soviet Relations during the Cold War*, New York: Cornell University Press, 2000; Andrew H. Kydd, "Trust, Reassurance and Cooperation", *International Organization*, Vol. 54, No. 2, Spring 2000, pp. 325 – 357; Andrew H. Kydd, "Trust Building, Trust Breaking: The Dilemma of NATO Enlargement", *International Organization*, Vol. 55, No. 4, The Rational Design of International Institutions (Autumn 2001), pp. 801 – 828; Andrew H. Kydd, *Trust and Mistrust in International Relations*, Princeton: Princeton University Press, 2005; Aaron M. Hoffman, *Building Trust: Overcoming Suspicion in International Conflict*, New York: State University of New York Press, 2006; Steve Chan, *Trust and Distrust in Sino-American Relations*, Amherst, New York: Cambria Press, 2017.

总体而言，目前国内外各个学科关于信任与合作问题的理论研究主要包括了理性主义、社会心理学以及综合/分析折中主义三种研究路径。

（一）理性主义研究路径

经济学提供的理性主义研究路径不仅一直被经济学家们用来研究信任与合作问题，后来也被社会学、政治学、国际关系学以及组织管理学等其他学科所借鉴，成为目前学界研究信任问题的最主流研究路径之一。这一路径遵循理性的经济人假设，认为信任的最终目的是追求利益的最大化，是行为体经过理性判断和决策的结果。① 从既有代表性研究成果来看，理性主义研究路径又可以进一步划分为理性选择、博弈论和风险决策三种主要的切入视角。

1. 理性选择视角

肯尼斯·艾罗（Kenneth Arrow）是较早从理性选择视角研究信任问题的经济学家。艾罗认为，理想状态下的市场交易之所以不会出现信任危机，而现实世界中行为体之间地位不均衡造成的不完全信息是市场经济的常态，因为信任是经济交换的润滑剂，是控制契约的最有效方式，是不容易买到的独特商品。② 艾罗从不完全信息的角度阐释了信任的重要性，及其所蕴含的风险和不确定性，为后人研究信任问题奠定了重要基础。但艾罗的研究并未深入探讨行为体究竟如何做出信任决策以及在行为体之间如何建立和维持信任，因此仍具有一定的局限性。

意大利著名社会学家迭戈·甘姆贝塔（Diego Gambetta）通过结合理性选择、博弈论和信号理论对信任的本质及其产生机制进行了较为系统的阐释，为本书提供了有力依据。他认为，信任和不信任产生于对其他行为体行为的不了解或不确定，是人类弥补自身认知能力和预见能力的局限性的一种有效方法，是对于我们对未知领域的一种暂时性地本质上脆弱的反应。③

---

① James C. Coleman, *Foundation of Social Theory*, Cambridge: Harvard University Press, 1990; Oliver E. Williamson, "Calculativeness, Trust and Economic Organization", *Journal of Law Economics*, No. 34, 1993, pp. 453 – 502; Russell Hardin, "The Street-level Epistemology of Trust", *Politics and Society*, No. 21, 1992, pp. 505 – 529.

② Kenneth J. Arrow, *The Limits of Organization*, New York: W. W. Norton and Company, 1974.

③ Diego Gambetta, "Can We Trust Trust?", in Diego Gambetta ed., *Trust: Making and Breaking Cooperative Relations*, Basil Blackwell, 1988, pp. 217 – 218.

他还指出，信任是一种可能性，信任必然同时意味着被信任者存在退出、出卖或背叛的可能性。换言之，若对方的行为是被严格束缚的，那么信任在决策中所起的作用就会随着行为自由度的下降而减少；若对方的选择越多，那么信任对于决策和行为的重要性就越大。① 交往的双方中，至少有一方具有退出或避免信任关系的自由，至少有一方受到足够的约束，从而使维持信任关系成为一种有吸引力的选择。② 然而，甘姆贝塔对于信任与合作关系的论述仍不够清晰。他一方面强调没有"有条件的信任倾向"，合作就不可能出现；另一方面，他又认为信任应是合作的结果。他建议把关注点放在合作而不是信任上，应创造有利于合作的条件，尤其是约束和利益，这种纯理性的合作思维和"节省信任"的策略事实上也并不利于信任的增强与合作的进化。

美国著名政治学家、斯坦福大学和纽约大学政治学系罗素·哈丁（Russell Hardin）教授和美国著名社会学家、芝加哥大学詹姆斯·科尔曼（James C. Coleman）教授都从理性选择的角度深入探讨了信任的来源以及行为体如何做出信任决策。作为理性选择流派的主要代表性人物，科尔曼和哈丁都认为信任产生于双方嵌套的利益，即"我信任你，是因为我的利益中包含了你的利益，因此你会在追求自身利益的过程中去做我托付给你的事情"③。哈丁认为，信任关系本质上属于一种利益关系，对于得失的盘算是决定行为体信任与否与信任程度的标尺，行为体之间的潜藏利益（encapsulated interest）激励互动双方决定选择信任与值得信任，才使得市场交换活动能够有条不紊地持续下去。④ 科尔曼则认为，信任是致力于在风险中追求利益最大化的有目的的行为，它是一种社会资本形式，可减少

---

① Diego Gambetta, "Can We Trust Trust?", in Diego Gambetta ed., *Trust: Making and Breaking Cooperative Relations*, Basil Blackwell, 1988, pp. 218 – 219.

② Diego Gambetta, "Can We Trust Trust?", in Diego Gambetta ed., *Trust: Making and Breaking Cooperative Relations*, Basil Blackwell, 1988, pp. 218 – 219.

③ Diego Gambetta, "Can We Trust Trust?", in Diego Gambetta ed., *Trust: Making and Breaking Cooperative Relations*, Basil Blackwell, 1988, pp. 177 – 180; Russell Hardin, "The Street-level Epistemology of Trust", *Politics and Society*, No. 21, 1992, pp. 505 – 529; Russell Hardin, *Trust and Trustworthiness*, New York: Russell Sage Foundation, 2002, p. 3.

④ Russell Hardin, *Trust and Trustworthiness*, New York: Russell Sage Foundation, 2002; Russell Hardin, "The Street-level Epistemology of Trust", *Politics and Society*, No. 21, 1992, pp. 505 – 529.

监督与惩罚的成本。① 行为体有必要在做出信任行为之前进行理性计算，不仅需要评估信任对象是否值得信任，还需要考察外部环境是否支持信任对象做出被预期的行动。②

哈丁和科尔曼的研究可谓是理性主义，尤其是哈丁的《信任与值得信任》不仅从理性主义视角明确定义了信任，分析了信任与值得信任等其他相关概念之间的区别和联系，还对信任的产生机制进行了较为深入的探讨，对本书有十分重要的借鉴意义。同时，科尔曼与哈丁两位学者虽然学科背景不同，但两人都从理性主义的角度强调了信托人盘算利益得失，及其与受信人之间潜藏利益的重要性，为本书研究国家间信任提供了重要线索，也较好地向我们展示了不同学科对于信任研究的一种互鉴与融合。然而，他们的研究仍存在一些不足。首先，哈丁和克尔曼所强调的潜藏利益并不能确保行为体之间能够产生和维持信任，行为体对利益得失的盘算和偏好排序也并非一成不变的，因此单纯依靠双边利益机制来建立和维持信任不仅成本很高，而且并不一定有效。如今中美之间的利益关联度远远高于冷战结束初期，但美国并不一定认为今天的中国比 21 世纪初的中国更值得信任。因此，仅从利益的角度来理解信任与合作仍是远远不够的。其次，哈丁认为是值得信任而不是信任构成了社会合作与和谐的基础。但笔者更倾向于认为，值得信任本身并不能单独存在，信任与值得信任相辅相成，是一方或双方对对方的信任创造并激发了对方的值得信任，而后才有了双方的合作。③ 最后，在哈丁和科尔曼的研究中，信任都被认为是一种功利性、有目的性的行为，而事实上这种工具性的理性信任仅仅是信任最低限度的表现，要达到高水平的合作可能恰恰应当超越这种工具理性信任。

---

① James C. Coleman, *Foundation of Social Theory*, Cambridge: Harvard University Press, 1990, p. 101.

② James C. Coleman, *Foundation of Social Theory*, Cambridge: Harvard University Press, 1990, p. 101.

③ Toshio Yamagishi, "Trust as a Form of Social Intelligence", in Karen S. Cook, ed., *Russell Sage Foundation Series on Trust*, Vol. 2, *Trust in Society*, New York: Russell Sage Foundation, 2001, pp. 121 - 147; Toshio Yamagishi, Karen S. Cook, and Motoki Watabe, "Uncertainty, Trust, and Commitment Formation in the United States and Japan", *The American Journal of Sociology*, Vol. 104, No. 1, 1994, pp. 165 - 194.

另外，对于应对复杂交易与合作行为中的信任问题，经济学家威廉森（Oliver E. Williamson）从交易成本经济学出发，指出行为体既存在预期理性而实践有限理性的一面，也有机会主义的一面，还有为了追逐私利而充满狡诈、欺骗的另一面，因此可采用第三方保障和专用性资产投资、抵押物交换等激励性安排来建立和维持信任机制，降低市场失灵所带来的信任成本。① 威廉森的研究指出了信任关系的产生和维持需要内部和外部保障，这对本书有较大的启发意义。然而，威廉森的研究容易使我们陷入另一种悖论：如果行为体都需要持续花费高昂的物质成本和制度成本来建立和维护信任，这究竟是体现了它们之间的信任，还是这恰恰意味着它们之间互不信任？从另一个角度来看，若第三方或制度能够真正避免行为体之间背叛的可能性，那么他们之间的合作便倾向于成为一种确定性，信任的功能可能也就大大降低了。

2. 博弈论视角

博弈论不仅可以演绎人们在互动过程中对成本—收益的考量，也为人们如何基于这种对利益的计算结果采取行动提供了线索，因此有不少学者将博弈论引入了对信任与合作形成和演化机制的研究中。

博弈论中最为经典的游戏模式是由梅里尔·弗勒德（Merrill Flood）和梅尔文·德莱希尔（Melvin Dresher）创立、由 A. W. 塔克（A. W. Tucken）进行完善的"囚徒困境"（标准博弈 Standard Game）。② 从信任与合作的角度来看，囚徒困境可以这么解释：由于行为体双方都不信任对方，合作难以建立，因此招认对双方来说都是占优策略。

在囚徒困境（标准博弈）的基础上，森（A. K. Sen）在其研究中集中探讨了"有保证的博弈"（Assurance Game）。他指出，在有保证的博弈中，行为体之间存在"双方都不招"的约定，这是改变囚徒困境报偿结果的关键，因为这使得"你不招我也不招"成为每个行为体排在第一位的偏

---

① Oliver E. Williamson, "Transaction Cost Economics: The Governance of Contractual Relations", *Journal of Law and Economics*, No. 22, 1979, pp. 233 – 261; Oliver E. Williamson, "Calculativeness, Trust and Economic Organization", *Journal of Law Economics*, No. 34, 1993, pp. 453 – 502; Oliver E. Williamson, *The Economic Institutions of Capitalism*, New York: Free Press, 1985.

② Michael Taylor, *Anarchy and Cooperation*, New York, Wiley, 1976; Robert M. Axelrod, *The Evolution of Cooperation*, New York: Basic Books, Inc., 1984.

好选择。① 但问题是，双方都需要对方的保证，约定履行得怎样还要看双方如何获取对方的保证。换言之，双方都必须清楚对方是在"有保证的博弈"中做出决策，双方都需要知道对方会做出什么样的选择。由此我们可以得出两个很重要的推论：第一，行为体的合作倾向显著地受成本影响，因此降低双方的合作成本，同时增加背叛成本有利于确保双方履行约定；第二，行为体与合作相关的选择偏好会在很大程度上受到"对方给予的保证"以及"对方给予的这些保证的可靠性"影响。

罗伯特·阿克塞尔罗德（Robert Axelrod）基于对"重复博弈"（Repeated Game）下合作问题的探讨，指出合作的进化并不必然需要信任，友谊和预见性对于合作也都不是必要的。在多次重复博弈下，行为体之间长期互惠关系的存在和"一报还一报"策略的使用不仅可以改变囚徒困境的报偿结果，使行为体之间建立合作，而且还能够保证他们之间的合作得以维持和进化。②

大卫·克雷普斯（David Kreps）于1990年提出了一个较为简单而经典的信任博弈范式（Trust Game）。③ 克雷普斯将委托人和代理人的动态博弈分为两个阶段。第一阶段委托人选择信任或者不信任代理人，若其选择不信任，则博弈结束，双方收益均为零；若其选择信任，博弈进入第二阶段。在第二阶段中，代理人选择诚实或欺骗，若其选择诚实，双方均获得5个单位的收益，若其选择欺骗，则代理人获得10个单位的收益，委托人损失5个单位的收益。克雷普斯发现，当博弈只进行一次时，纳什均衡是委托人选择不信任，而代理人选择欺骗，最终结果没有实现两人总体利益的最大化，实际上也没有实现委托人和代理人的利益最大化。克雷普斯进一步指出，要使双方走出这种困境，可以采取以下几种方式。其一，如果

---

① A. K. Sen, "Choice, Orderings and Morality", in S. Korner ed., *Practical Reason*, Oxford: Basil Blackwell, 1974; Reprinted in his *Choice, Welfare and Measurement*, Oxford: Basil Blackwell, 1982.

② Robert M. Axelrod, *The Evolution of Cooperation*, New York: Basic Books, Inc., 1984; Robert Axelrod, William D. Hamilton, "The Evolution of Cooperation", *Science*, No. 211, 1981, pp. 1390 – 1396; Robert Axelrod and D. Dion, "The Further Evolution of Cooperation", *Science*, No. 242, 1988, pp. 1385 – 1390.

③ D. Kreps, *A Course in Microeconomics*, Princeton: Princeton University Press, 1990.

双方能够达成一个具有约束力的协议（Binding Agreement），通过引入法律机制来增加代理人的违约成本；其二，确保博弈是重复的，那么合作即可以通过强化信誉机制、促进交易关系的长期化来实现；其三，通过感情培育，改变参与者偏好。①

在克雷普斯的基础上，伯格（Joyce Berg）等学者进一步提出了信任的"投资博弈"（Investment Game）。② 如前文所述，信任博弈中 A 决定是否信任 B，而 B 决定是否背叛 A 的信任，而投资博弈与其最大的区别在于，A 和 B 将进行多次重复博弈，每一轮 A 都将决定对 B "投资" 多少信任，而 B 每一轮都需决定对 A 的信任反馈多少"回报"。伯格等人通过这一实验证明，人们不仅会在博弈过程中对被信任方的信任行为予以奖励，也会对他们的背叛行为进行惩罚，即便这种惩罚对信任方来说成本很高。他们建议，当我们在考虑如何利用制度引导人们建立持续的互惠关系时，需要认识到这种正面和负面"互惠"的同时存在。③

俄罗斯著名国际关系学者安德鲁·基德（Andrew Kydd）以理性选择理论和贝叶斯均衡理论为基础，将经济学中的"再确认博弈论"（Reassurance Game Theory）与信号理论运用于国际关系领域的信任研究中，并与国际关系领域中的安全困境理论、恐惧的螺旋等理论进行结合，清晰地阐述了信号和互动对于追求安全的国家之间建立信任与合作关系的重要作用。④ 2001 年，基德在《信任的建立与破坏：北约扩张的困境》一文中将国家间的信任问题从两个国家拓展到了多个行为体之间，从联盟信任的视角指出国际组织中严格的会员标准有利于维持联盟信任与合作，因为严格的会员标准可以作为对组织潜在成员的一种信号，有利于将不值得信任、

---

① D. Kreps, *A Course in Microeconomics*, Princeton: Princeton University Press, 1990；参见严进《信任与合作——决策与行动的视角》，航空工业出版社 2007 年版，第 21—24 页；张维迎《法律制度的信誉基础》，《经济研究》2002 年第 1 期。

② Joyce Berg, John Dickhaut, and Kevin McCabe, "Trust, Reciprocity and Social History", *Games And Economic Behavior*, No. 10, 1995, pp. 122 – 142.

③ Joyce Berg, John Dickhaut, and Kevin McCabe, "Trust, Reciprocity and Social History", *Games And Economic Behavior*, No. 10, 1995, pp. 138 – 139.

④ Andrew H. Kydd, "Game Theory and the Spiral Model", *World Politics*, Vol. 49, No. 3, April 1997, pp. 371 – 400; Andrew H. Kydd, "Trust, Reassurance and Cooperation", *International Organization*, Vol. 54, No. 2, Spring 2000, pp. 325 – 357.

不太可能参与合作的潜在成员排除在外。① 2005 年，基于前期研究成果，基德在其专著《国际关系中的信任与不信任》中，在再保证的博弈框架下，以美苏和欧洲的联合作为案例讨论了两个大国之间和多个国家之间是如何建立信任与合作的。他指出，国家之间可以通过向对方发送善意的信号来展现其合作的意愿，而双方在多次互动博弈中，通过多次信号往来可以对彼此的善意进行再确认，从而逐渐建立一定程度的信任，减少双方因对方追求安全所采取的措施而造成的不安全感。②

基德的研究引起了复旦大学唐世平教授和美国战略与预算评估中心（Center for Strategic and Budgetary Assessments）资深专家蒙哥马利（Evan Braden Montgomery）的进一步讨论。唐世平认为，"再确认"不是结果而是手段，是一种策略，向对方发送"再确认"的信号必须要建立在了解对方的基础之上。蒙哥马利承认"再确认"在国际社会中较为罕见，而且不太可能成功，因为在无政府状态下，国家都不愿意真心暴露自己的偏好。同时，他认为较小的姿态并不可靠，但是军事上的再确认又十分冒险，因此这种信号很有可能会削弱自己。③

总体而言，尽管囚徒困境（标准博弈）在学术界诸多学科中已经得到了广泛运用，但其最大缺陷在于假定行为体之间是没有信任、没有交流、也不存在长期互惠关系的陌生人，因此背叛总是占优策略。"有保证的博弈""重复博弈"和"再确认博弈"虽然都存在将信任与合作混淆的问题，但是它们都弥补了标准博弈的固有缺陷，强调了成本、信号、关系持续性以及"一报还一报"对于国家间建立信任和维持合作的重要性，对本书也有较大的启发意义。然而，阿克塞尔罗德对行为体本身差异性和信任的忽视决定了这一理论的局限性。一方面，阿克塞尔罗

---

① Andrew H. Kydd, "Trust Building, Trust Breaking: The Dilemma of NATO Enlargement", *International Organization*, Vol. 55, No. 4, The Rational Design of International Institutions, 2001, pp. 801 – 828.

② Andrew H. Kydd, *Trust and Mistrust in International Relations*, Princeton: Princeton University Press, 2005.

③ Tang Shiping and Evan Braden Montgomery, "Uncertainty and Reassurance in International Politics", *International Security*, Vol. 32, No. 1, 2007, pp. 193 – 200; Evan Braden Montgomery, "Breaking Out of the Security Dilemma-Realism, Reassurance, and the Problem of Uncertainty", *International Security*, Vol. 31, No. 2, 2006, pp. 151 – 185.

德的研究隐含了一个条件，那就是行为体在能力上的平等和行为偏好上的相同，显然这与现实中实力地位和行为偏好都有显著差异的国家行为体并不一致。① 而且即便是实力地位相似的国家行为体，它们对于自我的认知和对于合作收益的感知可能也有差异，这种差异很有可能会改变报偿结果。另一方面，在阿克塞尔罗德所描述的"持续性关系"与"持续的合作"之间仍缺少一个重要环节，那就是信任。阿克塞尔罗德认为无须信任合作也能形成并持续下去，然而事实上行为体之间信任程度的变化很可能会影响其关系的持续性，进而影响合作的持续性。在阿克塞尔罗德的实验中，如果一方无条件信任另一方或者无条件不信任另一方，合作都难以持续下去。②

信任博弈和投资博弈的进步在于它们将信任行为与合作行为进行了区分。但信任博弈最大的缺陷在于，A与B是一种非对称的单向信任关系（委托与代理），因此主要是B的行为决定了报偿结果，对于A来说没有最优策略。然而，国际社会中大部分国家之间并不属于这种纯粹委托与代理的单项关系，因此这一分析工具仍不完全适用于我们所要探究的国家间信任问题。投资博弈暗示了A和B的长期互动过程将使得A对B的信任程度和双方的合作水平处于一个不断变化的过程中，这对笔者研究国家间信任与合作问题有很大启发。然而，投资博弈的缺陷在于它对信任的研究仍然是单项的，没有讨论A和B两个行为体之间相互信任程度的变化对合作状态的影响。③

3. 风险决策视角

近年来，风险决策视角在信任与合作理论研究中得到了越来越多人的青睐。本书中提及的诸多专家学者在研究信任问题时都或多或少涉及了"风险"。然而学界对于信任与风险关系的解释，仍存在一些争议。例如，一些学者从信任产生的条件出发，认为人们只有在合作中面临风

---

① 参见郑也夫《信任论》，中信出版社2015年版，第49页。
② Diego Gambetta, "Can We Trust Trust?", in Diego Gambetta ed., *Trust: Making and Breaking Cooperative Relations*, Oxford Basil Blackwell, 1988, pp. 225–229.
③ Karen Cook and Toshio Yamagishi, et al., "Trust Building via Risk Taking: A Cross-Societal Experiment", *Social Psychology Quarterly*, Vol. 68, No. 2, 2005, pp. 121–142.

险的时候才需要信任。① 也有学者认为信任他人的行为本身就是一种风险。② 还有学者认为信任与风险两者相伴而生，信任决策本身就是一种风险决策。③

在诸多从风险决策视角研究信任的成果中，达斯和滕斌圣（T. K. Das and Bing-Sheng Teng）的研究尤其值得关注。他们将信任倾向（trust propensity）区分为"意愿信任"（good-will trust）和能力信任（competence trust），即信任包含对被信任方良好意愿和具备采取期望行为能力的信任，并进一步将这两种信任倾向分别对应"关系风险"（relational risk）和"绩效风险"（competence risk）。他们认为，主观信任是对风险的一种认知，行为信任是在认知风险后的一种风险承担，人们的主观信任和对风险的感知就像彼此的镜像，两者相伴而生，信任因此也可以被理解为风险的另一种表达方式。④

国内学者严进从组织管理学的角度分析了信任关系中的风险管理问题。他认为，可通过关系运作和契约管理来共同管理信任所带来的风险。保持良好的关系意味着保持双方充分的信息了解和共同的利益基础，这可以大大降低对方背叛的风险和不确定性；以契约为代表的制度安排能够在管理信任风险的同时，为更长远的互动合作提供平台，从而促进信任的建立和发展。⑤

相对而言，风险决策视角有助于我们理解"信任"所带来的不确定性，但仍存在一些缺陷和不足。其一，既有研究对于信任与"风险"的理解存在一定片面性。一般而言，风险主要包括两个层面的含义：一是结果

---

① Morton Deutsch, "Trust and Suspicion", *The Journal of Conflict Resolution*, Vol. 2, No. 4, 1958, pp. 265 – 279; James C. Coleman, *Foundation of Social Theory*, Cambridge: Harvard University Press, 1990.

② Charles F. Sabel, "Studied Trust: Building New Forms of Cooperation in a Volatile Economy", *Human Relations*, Vol. 46, No. 9, 1993, pp. 1133 – 1170.

③ T. K. Das and Binsheng Teng, "The Risk-Based View of Trust: A Conceptual Framework", *Journal of Business and Psychology*, Vol. 19, No. 1, 2004, pp. 85 – 116；参见严进《信任与合作——决策与行动的视角》，航空工业出版社 2007 年版，第 20 页。

④ T. K. Das and Binsheng Teng, "The Risk-Based View of Trust: A Conceptual Framework", *Journal of Business and Psychology*, Vol. 19, No. 1, 2004, pp. 96 – 99.

⑤ 参见严进《信任与合作——决策与行动的视角》，航空工业出版社 2007 年版，第 217—218 页。

(尤其是损失)的变化;二是不确定性的存在。① 因此,从"风险决策"视角看待信任的国外学者,大部分都对信任持谨慎态度。然而事实上,不确定性意味着存在各种"可能性"(probabilities)。而信任正是行为体在不确定的环境下,即便认识到了风险的存在,仍然愿意承担信任带来的风险,且相信这一行为可以提供更好结果,并得到另一方珍视的一种积极心理预期。② 其二,从风险视角研究信任问题的相关文献对于究竟"风险是信任的先驱(antecendent)",还是"风险是信任的结果(outcome)",或者"信任与风险相伴相生"仍模糊不清。因此,从风险决策的视角研究信任,很有可能会陷入循环论证或自相矛盾的困境。

综上所述,经济学的理性主义研究路径为我们理解信任与合作背后的理性因素提供了很好的思路和重要借鉴。从国家间合作的角度来看,国家行为体的主要目标都是为了维护国家利益。因此,完全脱离利益的信任关系在国际社会中难以维系,国家之间潜藏利益的存在、重复博弈中双方高成本善意信号的传递为国家间信任与合作的建立、维持和增强提供了可能。然而,纯粹的理性主义研究路径未免会造成对信任的"工具化"理解。本书认为,首先,信任/不信任本身并不是我们在利益博弈中可以自由选择和变换的策略或随时抛弃的工具,而是行为体在面临风险时自然形成的、具有相对稳定性的心理预期或心理状态。这种心理预期可能存在工具性的一面,但也会不可避免地包含行为体的主观认知和情感等因素。其次,理性主义分析视角忽视了行为体之间的个体差异。而事实上,行为体先前的信任经历和互动历史、个体特征、所处的制度环境等因素都可能会造成不同个体之间信任程度的差异。最后,理性主义分析视角下的信任实际上可以被理解为国家战略选择的一种附带产品,信任仅仅是外界刺激——行为体反应的结果。这种理解并未提供更多知识上的增量,也不足以解释东亚区域经济合作中的"信任赤字"问题。因此,仅用理性主义研究方法来研究国家间信任与合作问题仍然是不够的。

---

① Daniel Kahneman and Amos Tversky, "Prospect Theory: An Analysis of Decisions Under Risk", *Handbook of the Fundamentals of Financial Decision*, World Scientific, 2013, pp. 99 – 127.

② Aaron M. Hoffman, "A Conceptualization of Trust in International Cooperation", *European Journal of International Relations*, Vol. 8, No. 3, 2002, pp. 375 – 401.

(二) 社会心理学研究路径

著名社会经济学家格兰诺维特 (Mark Granovetter) 发展了波兰尼 (K. Polanyi) 提出的"嵌入性"概念,在其扛鼎之作《社会与经济》中指出,人类一切经济活动都是潜入社会关系中的,经济行动是社会行动的一种形式;经济社会依赖于社会网络而运行;经济制度也是一种社会建构,并不一定源于理性选择,也可能是社会历史的产物,因此仅仅靠理性主义分析方法并不能充分解释人类的经济行为。[1] 格兰诺维特这种对于"忽略非理性动机"的批判,恰恰印证了理性主义路径的固有缺陷和社会心理学路径对于信任研究的重要性。

目前,社会心理学研究路径已被广泛运用于信任理论研究中。与哈丁、科尔曼等学者阐释的"工具理性信任"不同,一些学者试图从社会心理学的视角论证信任的其他内涵、性质、作用、类型和来源,探讨社会关系、群体、认同、(社会) 制度、情绪、认知等因素对信任的影响。

例如,德国社会学家尼克拉斯·卢曼 (Niklas Luhmann) 在其代表作《信任与权力》中指出,信任是一种"复杂社会运行的简化机制",是"知"与"无知"的融合,其功能在于增加人类"对不确定性的承受力"。[2] 信任的作用不同于对事件的工具性控制,在这种控制可以得到保证的地方,信任是不必要的。但若要简化以或多或少不确定的复杂性为特征的未来,人们必须信任。[3] 前北京大学教授郑也夫强调,信任不是理性,而是处在理性与非理性之间;信任和不信任在功能上是一致的,那就是简化复杂;信任在相当程度上依赖于奖惩,依赖于人们对制度和法理的信

---

[1] Mark Granovetter, *Society and Economy: Framework and Principles*, Massachusetts: Harvard University Press, 2017; Mark Granovetter, "Economic Action and Social Structure: The Problem of Embeddedness", *American Journal of Sociology*, No. 91, Vol. 3, 1985, pp. 481–510; Mark Granovetter, "A Theoretical Agenda for Economic Sociology", in Mauro Guillén, Randall Collins, Paula England, and Marshall Meyer eds., *The New Economic Sociology: Developments in an Emerging Field*, New York: Russell Sage Foundation, 2001, pp. 35–59.

[2] Niklas Luhmann, *Trust and Power*, Chichester: John Weley and Sons, 1979, p. 21.

[3] 参见 [波兰] 彼得·什托姆普卡《信任:一种社会学理论》,程胜利译,中华书局2005年版,第1—40页。

服、敬畏和遵从。① 祖克尔对基于过程的信任（process-based trust）、基于特征的信任（characteristic-based trust），以及基于制度的信任（institutionalized trust）三种信任类型的划分②、尤斯拉纳（Eric M. Uslaner）提出的"道德信任"③和彼得·什托姆普卡（Piotr Sztompka）提出的"信任文化"④、查尔斯·蒂利（Charles Tilly）对"信任网络"的论述⑤、尹继武对情绪与认知相互作用及其对信任影响的探讨⑥等，都极大地丰富和深化了笔者对信任问题的理解。

同时，对于人际信任/特殊信任与系统信任/一般信任的区分也成为社会心理学路径下信任研究的一个重要维度。例如，卢曼、什托姆普卡、周怡等学者都探讨了一般信任/系统信任的重要性，认为一般信任/系统信任可以成为一种联结人心的力量，为社会秩序的整合提供一种文化基础，并认为系统信任最终将取代人际信任/特殊信任。⑦ 这与祖克尔提出的制度信任将取代基于特征和互动的信任有相通之处。⑧ 美国国际关系学者罗斯本（Brain C. Rathbun）则将社会心理学关于"一般信任"研究成果运用到国际关系领域，从"一般信任"的角度反驳了基欧汉在《霸权之后》中对于国际制度可以使国家之间从不信任走向信任的论述，指出是国家间的"一般信任"，而不是国家间的"不信任"推动了国际合作和多边国际组

---

① 参见郑也夫《信任论》，中信出版社2015年版，第71、99—108页。

② G. Lynne Zucker, "Production of Trust, Institutional Sources of Economic Structure, 1840 - 1920", *Research in Organizational Behavior*, Vol. 8, 1986.

③ Eric M. Uslaner, *The Moral Foundation of Trust*, Cambridge: Cambridge University Press, 2002; Eric M. Uslaner, "Producing and Consuming Trust", *Political Science Quarterly*, No. 115, 2000, pp. 569 - 590.

④ ［波兰］彼得·什托姆普卡：《信任：一种社会学理论》，程胜利译，中华书局2005年版，第160—184页。

⑤ Charles Tilly, *Trust and Rule*, Cambridge: Cambridge University Press, 2005; 中文版参见［美］查尔斯·蒂利《信任与统治》，胡位钧译，上海世纪出版集团2005年版。

⑥ 参见尹继武《社会认知与联盟信任形成》，上海人民出版社2009年版。

⑦ 参见［波兰］彼得·什托姆普卡《信任：一种社会学理论》，程胜利译，中华书局2005年版；周怡《信任模式与市场经济秩序——制度抑或文化的解释路径》，载周怡主编《我们信谁？——关于信任模式与机制的社会科学探讨》，社会科学文献出版社2014年版，第17—42页。

⑧ G. Lynne Zucker, "Production of Trust, Institutional Sources of Economic Structure, 1840 - 1920", *Research in Organizational Behavior*, Vol. 8, 1986.

织的建立。① 他认为，战略信任/理性信任本质上是情境性的，是任何特定时间特定利益集合的产物；而一般信任是一种社会取向（social orientation），一种社会资本。对多边主义的推崇是国家间信任的表现，不信任会导致国家更加倾向于单边主义。②

还有不少学者从社会资本（social capital）的视角研究信任问题，并关注文化差异、经济发展水平与信任的关系。例如，普特南（R. Putnam）、肯尼斯·牛顿（Kenneth Newton）、雅辛斯基（Michael P. Jasinski）等学者都认为信任是一种社会资本。③ 雅辛斯基从社会信任与社会资本的视角指出国内政府的治理水平将决定国内社会资本和社会信任是否充足，从而决定该国是否更倾向于将周边国家视为敌人，从而更容易引发国际冲突。④ 弗朗西斯·福山（Francis Fukuyama）通过对比东亚国家和欧美国家之间的一般信任水平后指出，儒家文化主导的东亚发展中国家普遍属于低信任社会，而基督教文化主导的欧美发达国家则属于高信任社会。⑤ 前文提及的美国学者库克和日本学者山岸俊夫指出，美国人的风险偏好要强于日本人，从而导致他们在信任决策中的偏好有明显差异，使美国人的一般信任水平高于日本人。⑥

---

① Brian C. Rathbun, *Trust in International Cooperation*; Brian C. Rathbun, "Before Hegemony: Generalized Trust and the Creation and Design of International Security Organizations", *International Organization*, Vol. 65, No. 2, 2011, pp. 243 - 273; Brian C. Rathbun, "The 'Magnificent Fraud': Trust, International Cooperation and the Hidden Domestic Politics of American Multilateralism after World War II", *International Studies Quarterly*, Vol. 55, No. 1, 2011, pp. 1 - 21.

② Brian C. Rathbun, *Trust in International Cooperation: International Security Institutions, Domestic Politics and American Multilateralism*, Cambridge: Cambridge University Press, 2012, p. 2.

③ R. Putnam, *Making Democracy Work: Civic Traditions in Modern Italy*, Princeton: Princeton University Press, 1993; R. Putnam, "Tuning in, Tuning out: the Strange Disappearance of Social Capital in America", *Politics and Political Science*, Vol. 28, No. 4, 1995, pp. 664 - 683; R. Putnam, *Bowling Alone: The Collapse and Revival of American Community*, New York: Simon and Schuster, 2000; Kenneth Newton, "Trust, Social Capital, Civil Society, and Democracy", *International Political Science Review*, Vol. 22, No. 2, 2001, pp. 201 - 214; Michael P. Jasinski, *Social Trust, Anarchy, and International Conflict*, New York: Palgrave Macmillan, 2011.

④ Michael P. Jasinski, *Social Trust, Anarchy, and International Conflict*, New York: Palgrave Macmillan, 2011.

⑤ Francis Fukuyama, *Trust: The Social Virtues and the Creation of Prosperity*, London: Hamish Hamilton, 1995.

⑥ Karen Cook and Toshio Yamagishi, et al., "Trust Building via Risk Taking: A Cross-Societal Experiment", *Social Psychology Quarterly*, Vol. 68, No. 2, 2005, pp. 121 - 142.

但也有学者指出近年来美国社会的一般信任呈现下降的趋势。① 杨宜音等学者则通过研究中国社会的信任问题，提出了"自己人"概念，认为中国人是将他人包容进自己的自我边界之内而形成信任边界的。② 她强调，中国社会的一般信任是通过拟亲化亲缘关系和个体间心理情感的亲密认同这两个将"外人"变为"自己人"的过程来实现的；"自己人"身份的获得是"外人"（陌生人）获取信任的一个前提条件，中国人可以因爱或需要将外人纳为自己人，也可能因恨或排斥将亲人、熟人贬为外人。③ 李伟民和梁玉成也指出，尽管表面上中国人对他人的信任属于关系本位取向的特殊信任，但实质上起主导作用的不是关系本身，而是关系中所包含的互动双方心理情感上的亲密认同。④

此外，赖兹曼（Lawrence S. Wrightsman）、萨波尔（Charles F. Sabel）、罗宾森（S. Robinson）等心理学家对信任问题进行的理论探索也对本书有启发意义。⑤ 例如，萨波尔在《习得的信任：不稳定经济中建立新形式的合作》一文中通过观察美国宾夕法尼亚州的经验，批判了现代自由主义和社会学社会理论对于经济关系中信任建立的宿命论观点，认为信任不一定是基于个性或社会性的特征，政府通过在主要经济参与者之间发起煽动性讨论有可能促进相互不信任的经济参与者之间的集体认同，有利于他们重新创造"共同历史"，从而为创造相互信任的经济关系提供了一种新途径。⑥ 萨波尔的这项研究与查尔斯·蒂力关于统治者与信任网络的研究分

---

① Rima Wilkes, "Rethinking the Decline in Trust: A comparison of Black and White Americans", *Social Science Research*, 2011, No. 40, pp. 1596 – 1610.

② 参见杨宜音《"自己人"：信任建构过程的个案研究》，《社会学研究》1999年第2期。

③ 参见杨宜音《"自己人"：信任建构过程的个案研究》，《社会学研究》1999年第2期。

④ 参见李伟民、梁玉成《特殊信任与普遍信任：中国人信任的结构与特征》，《社会学研究》2002年第3期。

⑤ Lawrence S. Wrightsman, "Interpersonal Trust and Attitudes Toward Human Nature", in John. P. Robinson, Phillip R. Shaver and Lawrence S. Wrightsman eds., *Measures of Personality and Social Psychological Attitudes*, San Diego: Academic Press, 1991, pp. 373 – 412; Charles F. Sabel, "Studied Trust: Building New Forms of Cooperation in a Volatile Economy", *Human Relations*, Vol. 46, No. 9, 1993; S. Robinson, "Trust and the Breach of the Psychological Contract", *Administrative Science Quarterly*, Vol. 41, No. 4, 1996, pp. 574 – 599.

⑥ Charles F. Sabel, "Studied Trust: Building New Forms of Cooperation in a Volatile Economy", *Human Relations*, Vol. 46, No. 9, 1993, pp. 1133 – 1170.

别从正、反两个角度论证了统治者（政府）对于创造行为体之间信任关系的重要性，这对于本书阐释霸权国在国际信任关系建立和维持过程中的特殊重要性提供了理论依据。莎娜·科什娜（Shanna Kirschner）在其著作《内战中的信任与恐惧：结束国内冲突》中指出行为体的"恐惧心理"而造成的不信任是内战持续很长时间而难以解决的主要原因，这种恐惧心理使得内在参与各方都对未来不确定性的预期非常消极，因此在没有足够安全保障的情况下，他们都不愿轻易接受政治解决方案。① 这一研究对于我们理解国家间"不信任"的来源有一定的帮助。

综上所述，社会心理学研究路径看到了"信任"中的"非理性"因素，强调了信任的"社会性"和"情绪性"特点，从而弥补了理性主义路径的缺陷和不足。事实上，信任的这种社会性和情绪性不仅会影响到我们的认知和理性计算，也会进一步影响我们的行为。对行为体社会性和情绪性的重视是区别信任与一般理性计算的关键所在。正如大卫·刘易斯（J. David Lewis）等学者所说，"如果去除信任中的所有情感因素，那么信任剩下的只有冷冰冰的预测和理性的风险计算，就像军事演习的结局，其唯一的逻辑就是自身的利益和死亡的比例。"② 另外，这一研究方法对一般信任与系统信任的区分以及对"信任文化"的重视都具有重要理论和现实价值，对本书理论框架的构建也有很大的借鉴意义。然而，信任是一种理性与非理性的"混合体"。尤其在国际社会中，纯粹的社会性、情绪性信任是几乎不存在的，脱离共同利益基础和行为体理性计算的信任关系也不足以促使国家间建立、维持和增强合作。因此，仅从社会心理学研究路径来研究国家之间的信任与合作问题也仍是不够的。

（三）综合/分析折中主义研究路径

在借鉴理性主义与社会心理学两种研究路径的基础上，有不少国际关系学者尝试结合这两种研究路径对国家间的信任与不信任、冲突与合作问题进行理论探索，并逐渐形成了第三种研究路径——综合路径（也称"分

---

① Shanna Kirschner, *Trust and Fear in Civil Wars: Ending Intrastate Conflicts*, Lexington Books, 2014.

② J. David Lewis, Poland Oregon and Andrew Weigert, "Trust as a Social Reality", *Social Forces*, Vol. 63, No. 4, 1985, pp. 967 – 985.

析折中主义"研究路径)。

在国际关系领域,阿伦·霍夫曼的《信任建立——克服国际冲突中的怀疑》一书以及他的两篇学术论文《国际关系中信任的概念化》《信任关系的结构性原因:为何对手无法一步一步地克服怀疑?》可谓是里程碑式的著作。① 霍夫曼认为,信任是一种出于利己主义的行为,否则行为体没有理由要将重要之物委托给他人;但信任也可能是行为体的情绪所产生的一种态度,而不纯粹是一种理性计算的结果。② 他将信任的主要来源分为学习(learning)、身份认同(identity)和制度(institution)。在国际关系中,国家往往依据历史经验中所得到的信息来对其他国家的信息进行整理和加工,帮助他们理解特定的政策安排;当国家认为彼此属于同一个社会群体时,双方更容易信任对方;制度安排可以防止和约束搭便车和欺骗等行为,从而有助于使国家之间建立相处的规则和监督机制。③ 通过分析美国国内各州制宪、欧共体、以色列与约旦关系以及以色列和巴勒斯坦关系四个案例,霍夫曼还指出,由于统治者在进行信任决策时需同时面对内部和外部的双重风险,因此只有通过建立一种"双刃制度"(Double-edged institution)来消除这种双重风险,才有可能使国家在国际合作与冲突中建立信任。换言之,统治者内部政权的稳定程度和他(及他的团队)在对外事务中决定权的大小将对国家之间信任的建立产生重要影响。④ 在对信任的操作化上,霍夫曼提出了三种主要测量方式。一是依据允许他人支配的政策(discretion-grating policies)和决策材料(decision-making data),推论决策者的动机;二是监

---

① Aaron M. Hoffman, *Building Trust: Overcoming Suspicion in International Conflict*, New York: State University of New York Press, 2006; Aaron M. Hoffman, "A Conceptualization of Trust in International Cooperation", *European Journal of International Relations*, Vol. 8, No. 3, 2002, pp. 375 – 401; Aaron M. Hoffman, "The Structural Causes of Trusting Relationships: Why Rivals Do Not Overcome Suspicion Step by Step?", *Political Science Quarterly*, Vol. 122, No. 2, 2007, pp. 287 – 312.

② Aaron M. Hoffman, "A Conceptualization of Trust in International Cooperation", *European Journal of International Relations*, Vol. 8, No. 3, 2002, pp. 375 – 401.

③ Aaron M. Hoffman, *Building Trust: Overcoming Suspicion in International Conflict*, New York: State University of New York Press, 2006.

④ Aaron M. Hoffman, *Building Trust: Overcoming Suspicion in International Conflict*, New York: State University of New York Press, 2006; Aaron M. Hoffman, "The Structural Causes of Trusting Relationships: Why Rivals Do Not Overcome Suspicion Step by Step?", *Political Science Quarterly*, Vol. 122, No. 2, 2007, pp. 287 – 312.

督指标（oversight indicators），从可见的行动中分析；三是规则指标（rule indicators），通过国家间协议/条约/契约的性质来推论国家间信任关系。①

霍夫曼的研究主要聚焦于国家之间是否/如何形成信任，这对于本书分析和判断东亚成员之间信任的形成提供了重要参考依据。另外，霍夫曼提出的三种测量信任程度的方式也有较大参考价值。然而，要探究东亚区域经济合作的形成与演变，我们必须在霍夫曼的基础上再前进一步，不仅需要探讨成员之间形成了哪种信任，还需要探讨信任形成后是如何变化的。另外，霍夫曼所提出的三种主要来源之间仍存在一定的界限不清、逻辑不明的问题，因此他在对各个理论视角进行具体分析时，容易出现重叠。例如，对历史经验的学习在某种程度上也包括了对历史上制度和身份认同过程的学习，因此历史经验对国家建立信任关系的影响，也可能涉及身份认同和制度问题。

另一位从综合视角研究信任理论的代表性人物是美国学者德波拉·拉森。在其专著《不信任的剖析：冷战期间的美苏关系》一书中，拉森从理性选择、国内体制的合法性以及心理因素三个方面阐述了美苏之间的不信任是如何产生的。② 她指出，冷战期间美苏双方是一次错失的机会，即双方能达成信任与合作。如果怀疑只是基于利益，那么就没有失去过重大机会，对对方动机和意图的错误知觉是信任难以形成的根源，而这种心理上的怀疑主要是因为信息与之前的经验不对称。无论是威权政府还是民主政体都可能通过夸大其他国家的威胁来增强国内政权的合法性，而这种行为将导致国家之间的不信任。③ 此外，对于信任与合作的关系，拉森认为，合作的实现需要一定程度的信任作为基础，信任的建立必须从小范围合作互惠逐步扩展到更大范围的合作，这一观点与社会心理学家查尔斯·奥斯古德提出的逐步回报战略有异曲同工之处。④ 拉森的研究更侧重于认知心

---

① Aaron M. Hoffman, *Building Trust: Overcoming Suspicion in International Conflict*, New York: State University of New York Press, 2006, pp. 384 – 393.

② Deborah W. Larson, *Anatomy of Mistrust: US-Soviet Relations during the Cold War*, New York: Cornell University Press, 2000.

③ Deborah W. Larson, *Anatomy of Mistrust: US-Soviet Relations during the Cold War*, New York: Cornell University Press, 2000.

④ Charles Osgood, "Suggestions for Winning the Real War with Communism", *Journal of Conflict Resolution*, Vol. 3, No. 4, 1959, pp. 295 – 325.

理学的视角，未考虑情绪因素的作用，因此其解释路径更偏向于认知解释路径。①

由约安尼斯·利阿诺斯（Ioannis Lianos）和奥基欧格翰·奥杜杜（Okeoghene Odudu）共同编著的《在欧盟与世界贸易组织中管制服务贸易：信任、不信任与经济一体化》一书聚焦国际社会中的多边信任关系，探讨信任与不信任如何影响区域经济一体化进程，是目前为数不多的从国际政治经济学、社会学和区域一体化的视角分析信任与合作的理论著作。②作者强调，国家行为体之间的信任水平决定了经济一体化的水平，基于制度的信任（institutional based trust）和系统信任（system trust）水平的提高对于提高区域内的一般信任水平有重要作用，因此一体化理论应超越传统的功能主义（Functionalism），而以"信任一体化理论"（Trust Theory of Integration）代之。③

另外，伦敦大学贝尔津什博士（Christopher Andrejs Berzins）在其博士论文《国际关系中的信任难题：欧洲安全合作组织中的风险与关系管理》中也运用综合分析方法对多边国际组织中的信任生成与维持问题进行了探讨，并强调决策者需同时进行风险管理和关系管理两方面的工作，一方面需确保本国利益得到有效保护，另一方面需努力促进与其他国家之间的共同目标、制度和价值（shared goals, institutions and values）。④

近年来，一些中国学者也运用综合路径对信任问题进行了较为深入的理论探索，这些成果对本书也有较大参考价值。例如，国际关系学院刘毅博士在《国家崛起与信任状态：一项研究议程》中反驳了西方国际关系主流理论认为国家崛起与外部信任构建过程不具有兼容性，以及霸权国和崛起国之间无法建立信任的观点。刘毅从"关系本位"出发，尝试构建中国

---

① 参见尹继武《社会认知与联盟信任形成》，上海人民出版社2009年版，第77页。
② Ioannis Lianos and Okeoghene Odudu, eds., *Regulating Trade in Services in the EU and the WTO: Trust, Distrust and Economic Integration*, Cambridge: Cambridge University Press, 2012.
③ Ioannis Lianos and Okeoghene Odudu, eds., *Regulating Trade in Services in the EU and the WTO: Trust, Distrust and Economic Integration*, Cambridge: Cambridge University Press, 2012.
④ Christopher Andrejs Berzins, "The Puzzle of Trust in International Relations: Risk and Relationship Management in the Organization for Security and Cooperation in Europe", Ph. D. Dissertation, University of London, June 2004.

崛起模式与信任模式之间的理论分析框架，探究了国家崛起与信任同向展开的可能性。① 南开大学黄海涛博士以分析折中主义为认识论基础，提出了综合理性选择和社会心理学两种研究路径的"信任决策"分析视角，认为信任门槛本质上主要基于理性评估，但在此过程中，国家的评估对象除了现实战略利益外，也包括由社会互动、意识形态和文化传统等非理性因素所框定的可信度。② 此外，王正在其专著《信任的求索——世界政治中的信任问题研究》中从地缘政治、历史沿革、空间政治等视角出发，有效结合了理性主义与社会心理学研究方法，从理论上对世界政治中的信任与不信任进行了深入阐释，并从信任理论角度分析了塞浦路斯问题的起源以及国际社会为解决该问题做出的努力。③

总体而言，综合研究路径已在国际关系领域得到了较好的运用和发展。然而，目前国际关系领域对国家间信任与合作的理论研究仍不充分，理论和应用价值较高的研究成果仍相对较少，整体理论研究水平也不及经济学和社会心理学。

综上所述，通过归纳和总结不同研究路径对于信任与合作问题的主要研究成果，我们不难发现，不同学科之间对于信任与合作的理解和研究思路差异性非常大，学界对信任与合作问题的理论研究从整体来看具有明显的碎片化特征。除了少数研究有一些交叉学科的特点，大部分研究基本都是受到了学科限制而展现出"各说各话"，甚至相互排斥、彼此对立的状态。笔者目光所及的国内外文献中，仅仅对于信任的概念界定就有近百种，对信任的类型划分有几十种不同的分法，对信任与合作关系的阐释众说纷纭，各学科对于信任究竟是合作的前提还是结果等问题的理解也存在很大争议。

笔者认为，现实中的信任与合作问题并非纯粹的经济或社会或心理问题，尤其是在无政府状态的国际社会中，国家之间的信任与合作问题更不是单一视角所能解释的。因此，在学理上打破不同学科和不同研究路径之

---

① 参见刘毅《国家崛起与信任状态：一项研究议程》，《太平洋学报》2014年第2期。

② 参见黄海涛《不确定性、风险管理与信任决策——基于中美战略互动的考察》，《世界经济与政治》2016年第12期。

③ 参见王正《信任的求索：世界政治中的信任问题研究》，北京时代华文书局2017年版。

间的界限,通过创造性地借鉴与融合理性主义和社会心理学研究路径,从跨学科的角度、综合的分析视角来构建适用于阐释国家间信任与东亚区域经济合作的理论分析框架将是本书的基本出发点与着力点。

第三节 研究目标、研究方法与创新点

一 研究目标

首先,本书的主要目标既不是创立一个宏观的国际政治经济学或国际关系学理论,也并非只是对已有的相关研究成果进行简单罗列或机械拼凑,而是希望通过借鉴和融合理性主义与社会心理学两种研究路径,试图构建一个关于国家间信任与区域经济合作的中层理论分析框架,并运用这一分析框架来阐释东亚区域经济合作的历史进程与现实困境,为破解东亚区域经济合作中的"信任赤字"问题、推动区域一体化进程提供解决方案。① 同时,本书也希望能够为中国在新的国际形势下与更多国家之间建立、维持、增强、修复互信合作关系、促进国际和平与发展提供一些新的思路。

其次,本体论上,本书坚持物质主义(materialism),即认为物质性因素是观念/认知/情绪等因素产生并发生作用的基础,承认理性因素在建立和维持国家间信任与合作关系的基础性作用,这与纯粹理念导向的研究路径有本质上的不同。本书并非试图提供一种否认理性因素基础作用的替代性解释,而是试图从国家间信任的视角开展一项理性因素与非理性因素相结合的研究,进一步提高对东亚区域经济合作的边际解释力。

二 研究方法

1. 跨学科研究方法。本书将在充分利用经济学理性主义分析方法的基础上,力图兼收并蓄、创造性地融合社会心理学、国际关系学等多学科的研究方法和相关研究成果,以分析折中主义为基础,采取理性主义与社

---

① 对于一般理论和中层理论的区分,参见〔日〕星野昭吉、刘小林主编《冷战后国际关系理论的变化与发展》,北京师范大学出版社1999年版;〔日〕星野昭吉《变动中的世界政治》,刘小林、王乐理等译,新华出版社1999年版。

会心理相结合的综合研究路径进行多角度、多层次分析,构建关于国家间信任与区域经济合作的理论分析框架。

2. 国际政治经济学研究方法。如前文所述,区域经济合作进程的推进必然涉及经济因素与政治因素的互动,是各国在互动博弈中利益协调重组的复杂过程。因此,国际政治经济学的分析方法,尤其政治因素与经济因素之间的互动分析将是本书的主要分析方法之一。

3. 历史与逻辑相统一、定性与定量相结合的研究方法。本书既运用逻辑分析方法对信任与区域经济合作的关系进行关联与整合,又运用历史分析方法对成员之间的信任状况变化和东亚区域经济合作的形成与演变过程进行纵向梳理,并通过结合定量与定性的研究方法以使本书更加理论化、系统化,力图做到理论与实践相结合。

4. 案例分析法。鉴于国家间信任程度的变化与区域经济合作机制的进化具有阶段性特点,本书将在历史分析的基础上,选取不同历史阶段内的典型案例进行重点剖析,从而更直观地展现信任因素对区域经济合作的影响。

5. 体系层次与单元层次相结合的研究方法。本书认为国家间信任与合作关系的形成与演变是体系层次和单元层次、结构性因素与行为体动机性因素共同作用的结果,因此无论是对国家间信任与合作问题的理论探析还是对东亚区域经济合作过程的考察,本书都将从体系和单元两个层次进行综合分析。

三 创新点

本书在研究方法、研究视角以及学术观点等方面均具有一定的创新性:

第一,本书不拘泥于东亚区域经济合作研究的既有研究范式,而是将理性主义与社会心理学路径有机结合,试图从宏观和微观层面构建关于国家间信任与东亚区域合作的理论分析框架,并采取定性与定量相结合的方法对东亚"信任赤字"的影响因素进行深入剖析,这些尝试都是在研究方法上的一种融合与创新。

第二,本书从信任的视角阐释区域经济合作,并尝试系统分析东亚区域经济合作的演进历程与主导合作机制,从而可为理解东亚区域经济合作的历史进程、走出合作困境提供一种新视角,这是对东亚区域经济合作研究的一种补充和完善。

第三，本书试图在合作的情景下研究信任，从供求关系的视角研究"信任赤字"，并将国家层面和体系层面的不同信任类型结合起来研究，这些尝试都是对信任与合作理论研究的一种补充和完善。

第四，本书提出了信任、行为、合作之间是一种三维螺旋上升式关系，以及"'信任赤字'问题本质上是区域经济合作中信任供不应求的表现"等新的学术观点。

第四节 基本假设、理论框架与结构安排

一 基本假设

为便于更好地回答本书提出的核心问题，明确本书的研究对象和范围，现提出以下几点基本假设：

1. 国家是"有限理性"的行为体。理性经济人假设一直是西方经济学、国际经济学、国际政治经济学等学科的基本假设，也被国际关系等其他学科所借鉴和广泛运用。[①] 它假定市场中的行为体是完全理性的，都具有完全充分有序的偏好、完备的信息和无懈可击的计算能力，能够在理性选择的过程中将其效用或福利函数最大化。[②] 然而，一方面，国家决策者（及其团队）不仅存在偏好上的差异，容易依赖个人经验来做出判断，也会受到情感等非理性（不等于不理性）因素的影响，这些因素都使得决策者存在认知、计算能力等方面的有限性。[③] 因此，在国际——国内双重博弈下，决策者既不能也不会去寻求和处理完全信息，不具备全面、系统地

---

① Miles Kahler, "Rationality in International Relations", *International Organization*, Vol. 52, No. 4, 1998, pp. 919 – 941; Duncan Snidal, "Rational Choice and International Relations", in Walter Carlsnaes, et al. eds., *Handbook of International Relations*, London: Sage Publications, 2002, pp. 73 – 94.

② 参见《新帕尔格雷夫经济学大辞典》第二卷，经济科学出版社1996年版。

③ Herbert Simon, *Models of Bounded Rationality*, MIT Press, 1982, pp. 23 – 31; Daniel Kahneman and Amos Tversky, "Prospect Theory: An Analysis of Decisions Under Risk", *Handbook of the Fundamentals of Financial Decision*, World Scientific, 2013, pp. 99 – 127; Vincent Pouliot, "The Logic of Practicality: A Theory of Practice of Security Communities", *International Organization*, Vol. 62, Spring 2008, pp. 257 – 288.

分析和判断问题并能完全做出理性选择的能力。① 另一方面，决策者的"理性"还可能具有一定的"社会理性"成分。也就是说，在重复博弈中，各国决策者的利益计算和理性选择并非独立存在，而是会受到他们自身所处的社会环境和历史条件的制约，以及该国与其他国家长期互动关系的潜在影响。因此，本书认为国家是结合了"理性""非理性"和"社会性"三种主要因素的行为体，而不是纯粹的"理性经济人"。

2. 主权国家是东亚区域经济合作中的主要行为体。尽管跨国公司、非政府组织等非国家行为体对于东亚区域经济合作具有重要作用，但本书倾向于认为，区域经济合作是一个政治经济互动的过程，主权国家仍是推进东亚区域经济合作进程的主要行为体。② 因此，一方面，本书所针对的研究对象主要是主权国家之间的信任与合作，而不是微观层面个人、企业或组织之间的信任与合作。另一方面，本书承认主权国家在功能和属性上的同质性，假设它们都具有自主决定是否参与区域经济合作的自治能力，但认为它们在综合实力、国内政治经济状况、国家领导人及其团队心理状态等方面仍具有一定差异性和变化性。

3. 国家处于一个相互联系且不断变化着的国际关系网络中。其一，国际社会是一个纵横交错的复杂关系系统，国家是这个关系网络中彼此联系的主体，系统中每个国家的决策和行为都会影响到其他国家的行为选择。③ 其二，国际关系网络是一个不断运动、变化着的动态存在，而不是一种静止不变的固定结构，静态的存在只是相对的。在这个动态的关系网络中，国家在与彼此的互动过程中做出行为选择。④ 因此，本书主要讨论

---

① Valerie M. Hudson and Christopher S. Vore, "Foreign Policy Analysis Yesterday, Today and Tomorrow", *Mershon International Studies Review*, Vol. 29, No. 2, 1995, p. 211; Valerie M. Hudson, "Foreign Policy Analysis: Actor-Specific Theory and the Ground of International Relations", *Foreign Policy Analysis*, Vol. 1, No. 1, 2010, pp. 1 – 30.

② 参见宋新宁《欧洲一体化研究方法辨析》，载王正毅、[美]迈尔斯·卡勒、[日]高木诚一郎主编《亚洲区域经济合作的政治经济分析：制度建设、安全合作与经济增长》，上海人民出版社 2007 年版，第 103 页。

③ Barry Buzan, "From International System to International Society: Structural Realism and Regime Theory Meet the English School", *International Organization*, Vol. 47, No. 3, 1993, pp. 327 – 352.

④ 参见秦亚青《关系本位与过程建构：将中国理念植入国际关系理论》，《中国社会科学》2009 年第 3 期；季玲《国际关系中的情感与身份》，中国社会科学出版社 2015 年版，第 59—66 页。

的是经济全球化背景下现代国家之间的信任与合作问题，国家之间相互隔绝、缺乏联系与互动的国际关系状态并不在本书的讨论范围。

4. 存在一个能够为国家之间互动合作提供便利的国际市场。一方面，这个市场能够成为区域内各成员进行长期互动、自主交易、建立经济联系的场所，各国都能够通过自主参与市场交易与合作来提升本国福利水平和经济实力；另一方面，这个市场也能够为政治因素和经济因素的相互作用和转换提供便利，使它们的经济或非经济利益诉求都能够通过经济合作来实现。[1]

5. 国际体系不是"帝国体系"，也不存在一个在各个领域都占有绝对优势的全球霸权，世界各国在实力上都存在一定的局限性。[2] 在帝国体系中，只有帝国这一个强国，它在支配其他国家的行为上占有绝对优势，它可以很轻易地扼杀新兴国家的崛起，并破坏其他国家之间建立信任与合作的各种可能，因此这种情况不在本书的讨论范围。

二 理论分析框架

为了阐释信任对区域经济合作的影响，笔者从宏观和微观两个层面构建了本书的理论分析框架。在宏观层面，本书根据信任来源、形成难度、维持成本、稳定程度等方面的差异，将国家间信任划分为理性信任、过程信任、制度信任和道德信任四种不同层次的信任类型，并将区域经济合作进程理解为域内成员之间从直接互惠向间接互惠、群体选择性互惠、群体普遍性互惠等合作机制不断演变、协同进化的过程。本书认为，不同层次合作机制的建立需以各成员之间相应层次信任类型的形成为基本前提，信任不仅是区域经济合作得以建立和发展的必要条件，也决定了不同历史阶段内成员之间的主要合作模式与整体合作状态（如图1所示）。

在微观层面，本书认为国家间信任是一个不断建构和变化的过程，各

---

[1] Ioannis Lianos and Johannes le Blanc, "Trust, Distrust and Economic Integration: Setting the Stage", in Ioannis Lianos and Okeoghene Odudu, eds., *Regulating Trade in Services in the EU and the WTO: Trust, Distrust and Economic Integration*, Cambridge: Cambridge University Press, 2012, p. 43.

[2] 参见蒋芳菲、王玉主《中美互信流失原因再探——基于对中美信任模式与互动过程的考察》，《太平洋学报》2019年第12期。

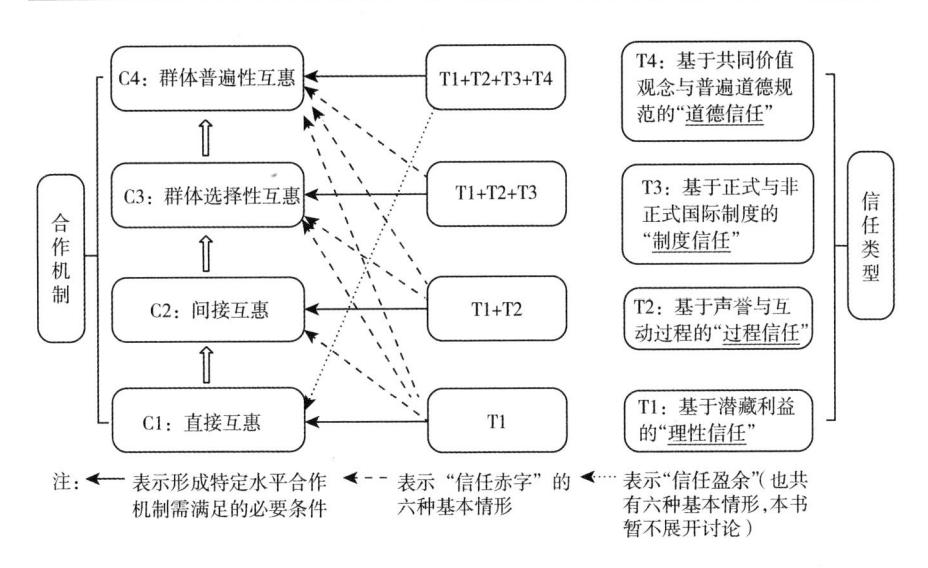

```
合作                                                          信任
机   C4: 群体普遍性互惠 ←── T1+T2+T3+T4    T4: 基于共同价值     类
制              ⇑                         观念与普遍道德规     型
    C3: 群体选择性互惠 ←── T1+T2+T3        范的"道德信任"
                ⇑
                                          T3: 基于正式与非
    C2: 间接互惠     ←── T1+T2             正式国际制度的
                ⇑                          "制度信任"
    C1: 直接互惠     ←── T1
                                          T2: 基于声誉与互
                                          动过程的"过程信任"

                                          T1: 基于潜藏利益
                                          的"理性信任"
```

注：← 表示形成特定水平合作机制需满足的必要条件　←-- 表示"信任赤字"的六种基本情形　←⋯ 表示"信任盈余"(也共有六种基本情形,本书暂不展开讨论)

图 1　主要信任类型与区域合作机制关系示意图

资料来源：笔者自制。

国在重大危机/冲突、关键事件中的政策行为选择和互动过程往往容易导致它们之间的信任程度出现阶段性变化。而信任程度的变化可以通过影响决策者的风险偏好、利益偏好、合作动机、合作成本、情绪变化等微观机制来影响各国在下一阶段的决策行为和互动过程，进而影响区域经济合作的整体进程和状态。因此，信任（理性认知与情感变化）、行为（合作或背叛）与互动结果（区域经济合作的进程和状态）之间实际上共同构成了一种立体的螺旋式上升关系（如图 2 所示）。当国家间信任程度出现阶段性上升时，各国往往更倾向于主动采取合作行为，从而有利于区域合作进程的加速推进和区域合作水平的整体提升。相反，当国家间信任程度出现阶段性下滑，各国采取合作行为的积极性可能会受到较大抑制，甚至倾向于采取背叛行为，从而可能导致区域合作进程停滞不前或区域合作水平出现整体下降。

有鉴于此，类似于"财政赤字"，本书认为"信任赤字"本质上可以理解为合作中的信任"供不应求"。即在特定历史阶段内，成员之间实际信任水平与它们建立、维持特定合作机制时所需要的信任水平之间存在落差（如图 1 中虚线所示）。由此可见，区域经济合作中的"信任赤字"问

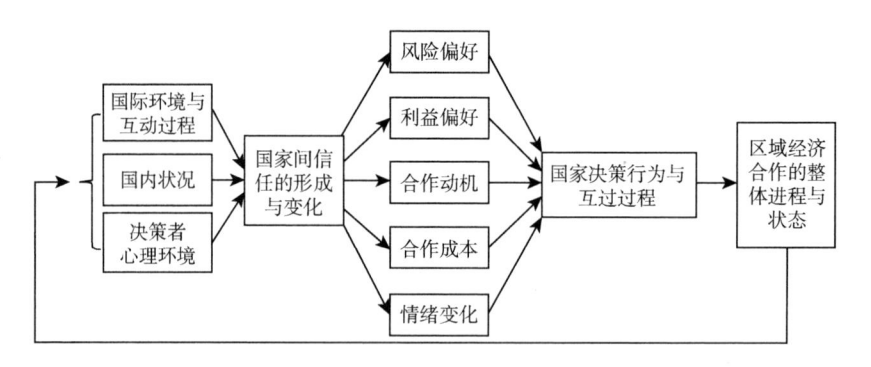

图 2　信任、行为与互动结果三维关系示意图

资料来源：笔者自制。

题实际上可能源于两个不同层面的因素：一是可能源于信任供给减少，即主要成员之间信任程度的下降或信任关系的破坏导致维持既有合作水平的信任供给不足；二是可能源于信任需求增加，即成员之间实际能够达到的信任水平仍不足以使它们达到需要或期望的合作水平。尤其当这两个层面的因素同时恶化，甚至产生"叠加效应"时，区域经济合作进程中的"信任赤字"问题则会更加凸显。因此，破解"信任赤字"的关键应在于寻求成员之间信任水平与合作水平之间的动态平衡。

三　结构安排

本书拟分为八个部分展开研究：

（一）导论

提出本书研究的核心问题，阐述本书的理论价值、现实意义和创新之处，对国内外学术界关于东亚区域经济合作研究的基本现状与发展趋势、对东亚区域经济合作的既有理论解释及其不足，以及关于信任与合作问题的理论研究现状及其不足进行全面的文献综述，并概述本书的基本假设、理论框架和总体结构安排等。

（二）对国家间信任进行概念界定和理论辨析

阐释信任的概念、内涵、来源、主要类型、形成条件等基本问题，将信任与不信任、信任关系以及实力、权力、利益、制度、文化等相关概念之间的区别和联系进行辨析，并构建判断国家间信任程度变化的观测指标。

（三）对区域经济合作进行概念界定和理论辨析

阐释区域经济合作与区域一体化的定义与两者的关系，探讨区域一体化进程和区域经济合作中的主要合作机制，并构建判断国家间合作水平变化的观测指标。

（四）厘清国家间信任与区域经济合作的内在关系

从宏观和微观两个层面探究国家间信任如何影响区域经济合作，并诠释区域经济合作中"信任赤字"问题的本质与原因。

（五）从国家间信任的视角阐释东亚区域经济合作的形成与演变

基于本书构建的理论分析框架，对东亚主要成员之间信任与合作的变化过程进行纵向梳理，探讨不同历史阶段内它们之间的信任变化如何影响了东亚区域经济合作的变化。

（六）从国家间信任的视角阐释东亚区域合作机制的演进困境

基于不同历史阶段内的四个典型"反面"案例，论述不同阶段内主要成员对于东亚区域经济合作前景的主要构想和建立更高层次合作机制的主要尝试，并从信任的角度阐释了这些构想和尝试最终失败或遭受挫折的原因。

（七）总结与展望

对本书的核心观点和主要结论进行总结，并讨论相关的理论和政策启示，以及未来可以进一步深入研究和探讨的问题和方向。

第一章

国家间信任:概念界定与理论辨析

第一节 信任的定义与基本内涵

在古代典籍中,东西方对"信任"的理解差别很大。在儒家思想的影响下,中国文化中很早便产生了人与人之间应注重承诺、遵守约定的道德观念。中国古代典籍也多有涉及对"信"的探讨,尤其在《论语》中,"信"字出现的频率仅次于"知"字、"仁"字和"礼"字。在孔子看来,"守信重义"是君子对朋友的道德,"取信于民"则是政府确保社会安定、国家兴旺的重要基础。然而,在我国古代典籍中,"信"的含义并不局限于"信任",也往往涉及诚实、相信、信用等其他相关概念。与中国不同,西方国家对信任的关注起源于宗教,认为信任产生于人和上帝的关系中,包含了非理性、不能计算的含义。[1] 洛克也指出,人们是因为惧怕上帝的愤怒才履行诺言,保证诺言和契约的完成需要依靠第三方力量——上帝。[2] 另外,西方文化似乎很少将信任与诚实、相信、信用等概念混淆,却倾向于将信任(trust)等同于信心(confidence)。这也是为什么《圣经》频频将信任和信心作为近义词或同义词反复提及,西方学者在对信任问题进行研究时会花费大量的精力将这两个概念进行区分。[3]

---

[1] Marbra A. Misztal, *Trust in Modern Society*, Black Publishers Inc., 1996, p. 14.
[2] Adam B. Seligman, *The Problem of Trust*, Princeton University Press, 1997, pp. 16 – 19.
[3] Adam B. Seligman, *The Problem of Trust*, Princeton University Press, 1997, pp. 16 – 19; Niklas Luhmann, "Familiarity, Confidence, Trust: Problems and Alternatives", in Diego Gambetta ed., *Trust: Making and Breaking Cooperative Relations*, Basil Blackwell, 1988, pp. 94 – 107; Marbra A. Misztal, *Trust in Modern Society*, Black Publishers Inc., 1996, p. 15.

在不同的学科背景下,信任的定义也有所不同。经济学一般将信任视为人类在收益与风险的博弈中,基于对利益和风险进行计算的一种理性选择;① 心理学将信任看作一种与预期、信念、情感、认知相关的人类心理状态;② 社会学通常将信任喻为一种与人类行动相关联的社会关系现象和复杂社会运行的简化机制;③ 国际关系学则将信任视为一种影响国家间合作、竞争或冲突状态的主观因素或条件。④

不同信任问题研究者对信任的界定更是迥异。整体而言,目前学界主要有四种关于信任的代表性定义。第一种定义是将信任视为一种预期、期待、信心或信念。例如,伯纳德·巴伯(Bernard Barber)认为信任是个体在社会交往中习得的一种对他者的预期。⑤ 哈丁认为信任是对某人或某机构寄予期望的信心。⑥ 萨波尔认为信任是交往双方对于两人都不会利

---

① Kenneth J. Arrow, "The Role of Securities in the Optinal Allocation of Risk-Bearing", *Review of Economic Study*, No. 31, 1964, pp. 91 – 96; James C. Coleman, *Foundation of Social Theory*, Cambridge: Harvard University Press, 1990; Oliver E. Williamson, "Calculativeness, Trust and Economic Organization", *Journal of Law Economics*, No. 34, 1993, pp. 453 – 502; Russell Hardin, "The Street-level Epistemology of Trust", *Politics and Society*, No. 21, 1992, pp. 505 – 529; Russell Hardin, *Trust and Trustworthiness*, New York: Russell Sage Foundation, 2002; D. Kreps, *A Course in Microeconomics*, Princeton: Princeton University Press, 1990.

② Morton Deutsch, "Trust and Suspicion", *The Journal of Conflict Resolution*, Vol. 2, No. 4, 1958, pp. 265 – 279; Lawrence S. Wrightsman, "Interpersonal Trust and Attitudes Toward Human Nature", in John. P. Robinson, Phillip R. Shaver and Lawrence S. Wrightsman eds., *Measures of Personality and Social Psychological Attitudes*, San Diego: Academic Press, 1991, pp. 373 – 412; S. Robinson, "Trust and the Breach of the Psychological Contract", *Administrative Science Quarterly*, Vol. 41, No. 4, 1996, pp. 574 – 599; Charles F. Sabel, "Studied Trust: Building New Forms of Cooperation in a Volatile Economy", *Human Relations*, Vol. 46, No. 9, 1993, pp. 1133 – 1170.

③ Niklas Luhmann, *Trust and Power*, Chichester: John Weley and Sons, 1979; Lynne G. Zucker, "Production of Trust, Institutional Sources of Economic Structure, 1840 – 1920", *Research in Organizational Behavior*, Vol. 8, 1986, pp. 53 – 111; Francis Fukuyama, *Trust: The Social Virtues and the Creation of Prosperity*, London: Hamish Hamilton, 1995;[波兰]彼得·什托姆普卡:《信任:一种社会学理论》,程胜利译,中华书局2005年版。

④ Aaron M. Hoffman, "A Conceptualization of Trust in International Cooperation", *European Journal of International Relations*, Vol. 8, No. 3, 2002, pp. 375 – 401; Deborah W. Larson, *Anatomy of Mistrust: US-Soviet Relations during the Cold War*, New York: Cornell University Press, 2000; Andrew H. Kydd, *Trust and Mistrust in International Relations*, Princeton: Princeton University Press, 2005; Ioannis Lianos and Okeoghene Odudu, eds., *Regulating Trade in Services in the EU and the WTO: Trust, Distrust and Economic Integration*, Cambridge: Cambridge University Press, 2012.

⑤ Bernard Barber, *The Logic and Limits of Trust*, Rutgers University Press, 1983.

⑥ Russell Hardin, "Conceptions and Explanations of Trust", in Karen S. Cook ed., *Trust in Society*, New York: Russell Sage Foundation, 2001, pp. 3 – 39.

用对方弱点的信心。① 赖兹曼认为信任是个体对他人诚意、善意及可信性普遍可靠性的信念。② 罗宾森（S. Robinson）认为，个体之间的信任无非是一种期待、预期或信念，一旦产生信任，行为体会认为他人的行为是善意的、有利的，或者至少不会对自身利益带来损害。③ 郑也夫认为，信任是一种态度，相信某人的行为或周围的秩序符合自己的愿望，它表现为对自然与社会秩序性、对合作伙伴的义务，以及对某种角色技术能力的期待。④

第二种定义是在第一种定义的基础上引入"三方关系"或"具体行为"，即 A 信任 B 会做 C。例如，卢曼认为最广泛的信任是指对某人期望的信心，但在许多情况下，某人可以选择在某些方面选择是否信任。⑤ 多伊奇（Morton Deutsch）认为，信任是指"某个人期待某件事的出现，并相应地采取某种行为，这种行为的结果与他的预期相反时带来的负面心理影响大于与预期相符时所带来的正面心理影响"。⑥ 甘姆贝塔认为，信任某人或认为某人值得信任，是指认为对方会采取对我们有利或至少无害的行为，这种行为的可能性大到我们愿意考虑采取某种形式与他合作。⑦ 侯斯默（L. T. Hosmer）认为信任是一种对于什么应该做的行为预期，这种行为和决策建立在一定的道德基础之上。⑧ 霍夫曼认为信任是行为体自愿将自身利益置于其他行为体的控制之下，并相信其他行为体会避免以有害

---

① Charles F. Sabel, "Studied Trust: Building New Forms of Cooperation in a Volatile Economy", *Human Relations*, Vol. 46, No. 9, 1993, pp. 1133 – 1170.

② Lawrence S. Wrightsman, "Interpersonal Trust and Attitudes Toward Human Nature", in John. P. Robinson, Phillip R. Shaver and Lawrence S. Wrightsman eds., *Measures of Personality and Social Psychological Attitudes*, San Diego: Academic Press, 1991, pp. 373 – 412.

③ S. Robinson, "Trust and the Breach of the Psychological Contract", *Administrative Science Quarterly*, Vol. 41, No. 4, 1996, pp. 574 – 599.

④ 参见郑也夫《信任论》，中信出版社 2015 年版，第 14 页。

⑤ Niklas Luhmann, *Trust and Power*, Chichester: John Weley and Sons, 1979, p. 1.

⑥ Morton Deutsch, "Trust and Suspicion", *The Journal of Conflict Resolution*, Vol. 2, No. 4, 1958, pp. 265 – 279.

⑦ Diego Gambetta, "Can We Trust Trust?", in Diego Gambetta ed., *Trust: Making and Breaking Cooperative Relations*, Basil Blackwell, 1988, pp. 213 – 237.

⑧ L. T. Hosmer, "Trust: The connecting link between organizational theory and philosophical ethics", *Academy of Management Review*, Vol. 20, No. 2, 1995, pp. 379 – 403.

的方式使用它们的自主权。① 基德则将信任定义为"认为另一方愿意合作，而不是利用合作的信念"。②

第三种定义是从风险的角度来定义信任。例如，科尔曼认为，信任是一种风险行为，是行为体在对信任风险和收益进行权衡以后的理性市场决策行为。③ 达斯和滕斌圣认为信任是风险的另一种表达方式。④ 查尔斯·蒂利（Charles Tilly）认为信任是"把利害攸关之事置于他人失信、失误或失败的风险之中，而信任关系则意味着常规化地承担了这种风险"⑤。

第四种定义是从信任的功能来定义。例如，阿罗（Kenneth J. Arrow）认为信任是经济交换的润滑剂，是控制契约的最有效机制，是含蓄的契约和难以购买的商品。⑥ 赫希（F. Hirsch）认为信任是经济交易所必需的公共物品。⑦ 卢曼在阐释信任的定义和内涵时也强调，信任是一种人类面对社会复杂性和对未来不确定性的心理简化机制，是"知"与"无知"的融合。⑧

在前人的研究基础上，本书将国家间信任定义为：在无政府状态的国际社会中，在外部环境存在不确定性和自身能力存在局限性的条件下，一国为了趋利而对其他国家能力和/或意图形成的一种积极心理预期。⑨ 相对应地，不信任则是在无政府状态的国际社会中，在外部环境存在不确定性

---

① Aaron M. Hoffman, "A Conceptualization of Trust in International Cooperation", *European Journal of International Relations*, Vol. 8, No. 3, 2002, p. 394.

② Andrew H. Kydd, *Trust and Mistrust in International Relations*, Princeton: Princeton University Press, 2005, p. 6.

③ James C. Coleman, *Foundation of Social Theory*, Cambridge: Harvard University Press, 1990.

④ T. K. Das and Binsheng Teng, "The Risk-Based View of Trust: A Conceptual Framework", *Journal of Business and Psychology*, Vol. 19, No. 1, 2004, pp. 85–116.

⑤ [美] 查尔斯·蒂利：《信任与统治》，胡位钧译，上海世纪出版集团2005年版，第15页。

⑥ Kenneth J. Arrow, "The Role of Securities in the Optimal Allocation of Risk-Bearing", *Review of Economic Study*, No. 31, 1964, pp. 91–96.

⑦ F. Hirsch, *Social Limits to Growth*, Harvard University Press, 1978, pp. 78–79.

⑧ Niklas Luhmann, *Trust and Power*, Chichester: John Weley and Sons, 1979, pp. 1–40.

⑨ J. Delhey and K. Newton, "Predicting Cross-national Levels of Social Trust: Global Pattern or Nordic Exceptionalism?", *European Sociological Review*, No. 21, 2005, pp. 311–327; Russell Hardin, *Trust and Trustworthiness*, New York: Russell Sage Foundation, 2002; T. K. Das and B. S. Teng, "The Risk-Based View of Trust: A Conceptual Framework", *Journal of Business and Psychology*, Vol. 19, No. 1, 2004, pp. 85–116; Diego Gambetta ed., *Trust: Making and Breaking Cooperative Relations*, Basil Blackwell, 1988; 参见蒋芳菲、王玉主《中美互信流失原因再探——基于对中美信任模式与互动过程的考察》，《太平洋学报》2019年第12期。

和自身能力存在局限性的条件下,一国为了避害而对其他国家能力和/或意图形成的一种消极心理预期。

为了更加深入、全面地阐释信任和不信任的本质特征,本书将进一步对两个概念的基本内涵和区别联系做以下阐释:

其一,从根本上来说,信任和不信任都是对未来的一种心理预期,源于人类的有限理性,是行为体在面对具有不确定性和复杂性的环境时所产生的"将不确定性确定化"的心理简化机制。① 外部环境的不确定性和国家自身能力的局限性越大,则其越难通过理性计算做出决策,信任或不信任在其决策过程中的这种简化作用则越强。那么这种心理预期的内容是什么呢?或者说信任究竟涉及什么样的积极预期呢?本书认为,信任中所包含或暗示的积极预期主要有两个不同维度:一是对于经济利益(物质利益)的预期,即希望对方的行为能够满足自身某些具体的预期利益,或至少无害于自身利益的实现;二是对于社会利益(非物质利益)的期望,包括希望能够与对方建立互信关系,并能够在合作中增进情感和相互认同。②

其二,信任和不信任都处于理性和非理性之间,包含了认知、情感和行为三个维度。③

首先,信任和不信任的形成是基于一种理性认知的过程,都包含了行为体对利益和风险等方面的理性计算。但信任与不信任都是有限理性的行为体对理性认知的一种"跳跃"(leap)或对信息的一种"透支",因为我们永远无法找到充足理由或客观证据使我们信任或不信任。④ 而相比于不

---

① Niklas Luhmann, *Trust and Power*, Chichester: John Weley and Sons, 1979, pp. 1 – 40.
② Mark Granovetter, *Society and Economy: Framework and Principles*, Massachusetts: Harvard University Press, 2017;参见[波兰]彼得·什托姆普卡《信任:一种社会学理论》,程胜利译,中华书局 2005 年版,第 69 页。
③ Jan Ruzicka and Nicholas J. Wheeler, "The Puzzle of Trusting Relationships in the Nuclear Non-Proliferation Treaty", *International Affairs*, Vol. 86, No. 1, 2010, pp. 69 – 85; Diego Gambetta ed., *Trust: Making and Breaking Cooperative Relations*, Basil Blackwell, 1988; Andrew Weigert, *Sociology of Everyday Life*, Longman, 1981;参见刘毅《国家崛起与信任状态:一项研究议程》,《太平洋学报》2014 年第 2 期。
④ J. David Lewis, Portland Oregon and Andrew Weigert, "Trust as a Social Reality", *Social Forces*, Vol. 63, No. 4, 1985, pp. 967 – 985;参见郑也夫《信任论》,中信出版社 2015 年版,第 14 页。

信任，信任更依赖于反面证据的缺失。

其次，信任和不信任都表达了行为体对社会秩序的一种期待，都建立于一定的情感基础之上。① 信任包含了行为体的个人主观情感，完全脱离情感维度的信任只是一种基于事实证据的"预测"，并不是真正意义上的信任。② 由于每一次背叛都会同时导致对方在情感和认知上的消极变化，这决定了行为体无法在信任与不信任、合作与背叛之间随机进行策略调整，直到信任与不信任的最佳组合出现。由此可见，从不信任到信任的转变要比从信任到不信任更难，背叛所带来的伤害并不局限于某一次具体的信任，更是对对方情感和信任关系本身的一种长期伤害，且这种情感伤害的程度可能要高于信任带来的积极情绪。③

最后，信任和不信任都建立在相互的行为基础之上，信任意味着信任者期望/认为被信任者的行为会有益于或至少无害于己。④ 在很大程度上，行为既可以展现能力，也可以反映意图。尽管有学者指出心理层面的信任与行为层面的信任可能并不一定完全统一，⑤ 但本书更倾向于认为，只有那些依赖于对方行为的期望才包含信任，否则它就只是自己内心的一个希望而已。⑥ 而且在重复博弈中，双方心理层面的信任或不信任最终仍会通过具体行为展现出来。当 A 的行为充分显示出对 B 的信任时，作为回报，B 往往也

---

① 罗曼认为信任包含了对自然秩序和社会秩序的期待，但本书更倾向于同意山岸俊男的观点，即信任是人类对社会秩序（他人能力和意图）的期待，而不包括对"明天会下雨"等自然秩序的预测。参见 Niklas Luhmann, *Trust and Power*, Polity Press, 2017；[日] 山岸俊男《信赖的构造》，东京大学出版会 1998 年版，第 47—54 页。

② Torsten Michel, "Time to Get Emotional: Phronetic Reflections on the Concept of Trust in International Relations", *European Journal of International Relations*, Vol. 19, No. 4, 2012, pp. 869 – 890; Naomi Head, "Transforming Conflict: Trust, Empathy, and Dialogue", *International Journal of Peace Studies*, Vol. 17, No. 2, 2012, pp. 33 – 55; Aaron M. Hoffman, "A Conceptualization of Trust in International Cooperation", *European Journal of International Relations*, Vol. 8, No. 3, 2002, p. 382. 本书在讨论信任问题时，并未对情绪（emotion）和情感（affection）进行明显区分。在本书中，两者意义几乎相同，均属于中性词。

③ J. David Lewis, Portland Oregon and Andrew Weigert, "Trust as a Social Reality", *Social Forces*, Vol. 63, No. 4, 1985, pp. 967 – 985.

④ Aaron M. Hoffman, "A Conceptualization of Trust in International Cooperation", *European Journal of International Relations*, Vol. 8, No. 3, 2002, p. 394；参见蒋芳菲、王玉主《中美互信流失原因再探——基于对中美信任模式与互动过程的考察》，《太平洋学报》2019 年第 12 期。

⑤ 参见张缨《信任、契约及其规制》，经济管理出版社 2004 年版，第 23 页。

⑥ Niklas Luhmann, *Trust and Power*, Chichester: John Weley and Sons, 1979.

会通过行为展现自己值得信任，并表现出更多对 A 的信任；若 A 的行为背叛 B 或表现出对 B 的不信任时，B 也容易增加对 A 的防范和不信任。① 由此可见，尽管单方面的信任在短期内会存在，但在长期重复博弈过程中，国家间信任关系往往是基于双方行为而形成的一种互信关系，双方都认为各自有责任做出相应的行为来满足彼此的预期，即使这意味着可能要牺牲部分利益。②

其三，尽管信任与不信任都与"风险"息息相关，但主导两者的动机不同。信任是行为体即便认识到信任对方可能存在风险，仍愿意为了实现某种特定目标或利益而常规化地承担这种风险，因此信任可以被理解为致力于在风险中追求利益最大化的行为，其主导动机为"趋利"。③ 不信任则是国家即便认识到信任对方可能有助于实现某特定目标或带来更大的利益，仍然为了规避对方背叛所带来的风险而放弃这部分利益或实现这一目标，其主导动机是"避害"。趋利动机在国家决策和互动中主导作用越强，则该国越有可能与其他国家之间建立和维持信任，反之亦然。值得注意的是，"趋利"和"避害"是针对信任双方而言。当两国为了应对共同的第三方威胁而建立信任时，其主导动机仍为趋利，因为双方是为了"应对共同威胁"这一共同目标而常规化地承担了被彼此背叛或利用的风险。由此可见，对被信任者的非对称性依赖及由此带来的风险（即对方背叛的可能性）是信任的成本，实现没有信任便无法实现的目标或利益是信任可能带来的收益。④

其四，信任与不信任是一种相对概念，两者是一个连续谱上的变量，而不是常量。⑤ 在无政府状态的国际社会中，国家之间不存在完全的信任

---

① J. David Lewis, Portland Oregon and Andrew Weigert, "Trust as a Social Reality", *Social Forces*, Vol. 63, No. 4, 1985, pp. 967 – 985.

② Russell Hardin, *Trust and Trustworthiness*, New York: Russell Sage Foundation, 2002; James C. Coleman, *Foundation of Social Theory*, Cambridge: Harvard University Press, 1990; Aaron M. Hoffman, "A Conceptualization of Trust in International Cooperation", *European Journal of International Relations*, Vol. 8, No. 3, 2002, pp. 379 – 380.

③ James C. Coleman, *Foundation of Social Theory*, Cambridge: Harvard University Press, 1990, p. 101；参见 ［美］查尔斯·蒂利《信任与统治》，胡位钧译，上海世纪出版集团 2005 年版，第 15 页。

④ Jack Barbalet, "A Characterization of Trust and its Consequences", *Theory and Society*, Vol. 38, 2009, pp. 367 – 382.

⑤ 参见刘毅《国家崛起与信任状态：一项研究议程》，《太平洋学报》2014 年第 2 期；尹继武《社会认知与联盟信任形成》，上海人民出版社 2009 年版。

或不信任。如果将1视为完全信任，-1视为完全不信任，国家之间的信任程度T在（-1，1）这个区间内变化。A国信任或不信任B国，用数值表示便是T＞0或T＜0。当T在0左右波动时，它既不代表信任，也不代表不信任，而是意味着A国对B国处于一种"缺乏信任"的不确定状态。[①] 可见，信任是一个不断建构的过程而不是一个结果，是需要不断在互动中培育和维持的。[②] 互信关系的建立可以理解为A、B两国之间的互信水平T（AB）已从低于0上升到0以上，而并不表示双方已彻底消除了不信任。相反，互信关系的破坏则说明T（AB）从0以上降至0以下，但这也不意味着双方之间完全不存在任何信任。

第二节 信任与其他相关概念的联系与区别

一 信任与信心、信誉等概念的联系与区别

为了便于后文展开研究，笔者认为有必要厘清信任与信任关系、信任网络以及信誉等几个相关概念之间的联系和区别。

信任与信心是英语国家最容易混淆的两个相关概念。两者的共同点在于都可以反映行为体的心理状态和对待其他行为体的积极态度。然而，两者之间有明显的区别。一是在汉语表达中，信心只能作为名词，而信任既可以作为名词，也可以作为动词。二是信任更多是对社会秩序的期待，信心则泛指人对客观事态或他人行为等的肯定态度，包含了对自然秩序和社会秩序的期待。[③] 三是信任同时包含了理性因素和情感因素，而信心只包含了理性维度。[④]

信任与信誉如同一枚硬币的两面，两者相辅相成。信誉是信任者对被信任者能力和意图可信赖性（是否值得信任）的综合评价（参见表1-1），是

[①] Diego Gambetta, "Can We Trust Trust?", in Diego Gambetta ed., *Trust: Making and Breaking Cooperative Relations*, Basil Blackwell, 1988, pp. 217–218.

[②] Steve Chan, *Trust and Distrust in Sino-American Relations*, Amherst, New York: Cambria Press, 2017, p. 6.

[③] 参见白春阳《现代社会信任问题研究》，中国社会出版社2009年版，第5页。

[④] 参见王正《信任的求索：世界政治中的信任问题研究》，北京时代华文书局2017年版，第186页。

行为体通过自身行为选择（合作或背叛）及其后果赢得的一种声誉；而信任则是信任者基于这些评价而对被信任者产生的心理预期和做出的行为选择。① 前者侧重信任客体，后者侧重信任主体。在国际社会中，国家之间信任关系的建立和维持意味着它们既信任彼此，也认为彼此是值得信任的。② 国际信誉高的国家往往更容易被他国所信任，也更容易信任他国，反之亦然。③

表 1-1　　　　　　　　　　信誉的基本内涵

国际信誉	
能力可信赖性	意图可信赖性
1. 硬实力 2. 政府综合治理能力和履约能力	1. 国家政策行为的可预测性 2. 国家政策行为的责任感与可靠性 3. 国家价值理念与实际行为的一致性 4. 国家政策行为的诚实度与透明度 5. 国家政策行为的善意度和仁义性

资料来源：蒋芳菲、王玉主：《国际信誉及其变化的条件——兼论中国国际信誉的变化》，《战略决策研究》2020 年第 6 期。

从信任和信誉的内涵可以看出，诚信是信任和信誉的必要非充分条件。也就是说，国家之间信任的产生或一国国际信誉的建立都需以一定的诚信为基础，但如果仅有诚信这一个因素并不足以产生信任。因为诚信仅能够部分反映行为体的意图可信赖性，但仍不足以完全反映行为体的能力和意图可信赖性。

信誉与声誉的共同点在于它们都是一国内政外交的综合反映，都需基于他国对该国政策行为、过去历史和互动经历的长期考察和综合评价，都有助于其他国家认知和评估一国政策行为背后的国家意图，较高的国际信誉和较好的国际声誉都是外部世界对该国的认可和赞誉。但信誉主要侧重于对国家"可信赖性"的评价，反映了他国对一国政策行为的信任和认可程度，而声誉主要指他国对一国行为方式、主要特征或一贯表现的综合评

---

① 关于国际信誉的定义、基本内涵，及其与信任的联系与区别，参见蒋芳菲、王玉主《国际信誉及其变化的条件——兼论中国国际信誉的变化》，《战略决策研究》2020 年第 6 期；李士梅、李毓萍《信誉：经济学阐释》，《东北师大学报》（哲学社会科学版）2004 年第 6 期。

② Russell Hardin, *Trust and Trustworthiness*, New York：Russell Sage Foundation, 2002.

③ Russell Hardin, *Trust and Trustworthiness*, New York：Russell Sage Foundation, 2002；Aaron M. Hoffman, "A Conceptualization of Trust in International Cooperation", *European Journal of International Relations*, Vol. 8, No. 3, 2002, pp. 375 – 401.

价，更加侧重于国家行为的"可预测性"。① 国家对自身信誉的工具化利用不仅会导致信誉受损，也会破坏与其他国家间的信任关系，但声誉可以作为一种特殊的公共信息帮助国家在对外决策行为中预测不同国家的行为（更倾向于合作还是背叛），因此常常被当作一种手段或工具来实现特定的国家安全或外交政策目标。② 可见，声誉的含义更加综合、全面，运用更加广泛，它所传达的国家意图也更加多元。

信任与信任关系也是两个高度相关但不同的概念。信任本身是一个关系概念，具有主体间性，包含了信任者（trustor）和被信任者（trustee）之间非对称的依赖关系。③ 然而，当信任者和被信任者在互动中逐渐产生相互信任时，双方预期的实现都依赖于对方的意愿和行动，它们之间就形成了一种相互依赖关系——本书称之为"信任关系"。以合作为目的建立的信任最开始主要是一种基于利益和风险计算的理性选择，但信任一旦形成，它就转化成了信任者的一种心理状态。因此，信任关系本质上是两个或更多相互信任的国家之间建立的一种"心理契约"，即信任各方共同常规化地承担了信任可能带来的风险，并对彼此在信任关系中的权利与义务产生了一种共同感知和期望。④ 一方面，双方对对方的意愿和行为有积极

---

① 蒋芳菲、王玉主：《国际信任及其变化的条件——兼论中国国际信誉的变化》，《战略决策研究》2020 年第 6 期。

② 参见王学东《外交战略中的声誉因素研究——冷战后中国参与国际制度的解释》，天津人民出版社 2007 年版；陈寒溪《中国如何在国际制度中谋求声誉——与王学东商榷》，《当代亚太》2008 年第 4 期。

③ 参见郑也夫《信任论》，中信出版社 2015 年版，第 14 页；尹继武《国际信任的起源：一项类型学的比较分析》，《教学与研究》2016 年第 3 期。

④ "心理契约"这个概念来源于组织管理学，强调是组织和员工双方的一种共同期望，但至今研究者们对于这个概念的内涵仍未达成一致，有的学者强调这是一种双边关系，也有人把焦点放在员工的角度上。本书倾向于认为心理契约具有相互性，因此契约双方的行为都会影响信任关系的变化。参见 S. Robinson, "Trust and Breach of the Psychological Contract", *Administrative Science Quarterly*, Vol. 41, No. 4, 1996, pp. 574–599; C. Argyris, *Understanding Organizational Behavior*, Dorsey, 1960; Denise M. Rousseau, "Psychological and implied contracts in organizations", *Employee Responsibilities and Rights Journal*, Vol. 2, 1989, pp. 121–139; Elizabeth W. Morrison and Sandra L. Robinson, "When Employees Feel Betrayed: A Model of How Psychological Contract Violation Develops", *Academy of Management Review*, Vol. 22, No. 1, 1997, pp. 226–256; William H. Turnley, Mark C. Bolino, Scott W. Lester, et al., "The Impact of Psychological Contract Fulfillment on the Performance of In-Role and Organizational Citizenship Behaviors", *Journal of Management*, Vol. 29, No. 2, 2003, pp. 187–206。

预期，认为对方有能力和意愿采取符合这些预期的行动；另一方面，双方也认识到自身有义务采取相应行动来满足对方预期，兼顾或关切对方的利益和情绪，以便促使对方也采取相应的行为来帮助自身实现预期收益。① 信任关系一旦形成，那么它就会要求决策者心中存在什么该做、什么不该做的"边界感"，在与彼此和他国互动时都尽可能地有益于或至少无害于对方，否则就可能破坏这种心理契约。因此，信任关系具有一定的内隐性（主观性）、动态性、易损性等特点，且信任关系的建立和破裂会同时引起行为体理性认知和主观情绪上的变化。②

在信任和信任关系的基础上，查尔斯·蒂利进一步提出了"信任网络"的概念，并认为大部分信任关系实际上都是在更加庞大的信任网络中运作。③ 双边信任关系是信任网络中最小的组合单元，它通过其中任一成员与其他单元之间产生联系，形成更加复杂的、涉及多组信任关系的、凝聚了强大关系枢纽的网络，是一种能够为个体或群体参与风险性的集体事业提供一定支持的基础性结构。④ 信任网络中的成员都愿意将自身弥足珍贵、利害攸关的资源和长期的事业置于其他成员的失信、失误或失败中。⑤ 与信任关系相似，信任网络可以理解为更多国家之间的"心理契约"，两国之间信任关系的建立或破坏，既会受到它们所在信任网络的影响，也会

---

① 参见严进《信任与合作——决策与行动的视角》，航空工业出版社2007年版，第62—69页。
② 本书中，内隐性（主观性）、动态性和个体差异性主要是指信任关系存在于信任双方的主观感知中，没有明文规定，会随着时间的推移而发生变化，处于不断修订和变更的状态，不同行为体之间的信任关系在关注焦点、利益诉求、稳定程度、维持成本、涉及范围等方面都存在较大差异。参见 D. M. Rousseau, S. B. Sitkin, R. S. Burt, et al., "Not So Different Afterall: A Cross-discipline View of Trust", *Academy of Management Review*, Vol. 23, No. 3, 1998, pp. 393 – 404; S. Robinson, "Trust and the Breach of the Psychological Contract", *Administrative Science Quarterly*, Vol. 41, No. 4, 1996, pp. 574 – 599; 严进《信任与合作——决策与行动的视角》，航空工业出版社2007年版，第64—67页。
③ 本书借鉴的蒂利提出的"信任网络"概念也被科尔曼称为"信任系统"（System of Trust）。参见 James C. Coleman, *Foundation of Social Theory*, Cambridge: Harvard University Press, 1990; [美] 查尔斯·蒂利《信任与统治》，胡位钧译，上海世纪出版集团2005年版，第30页。
④ 参见 [波兰] 彼得·什托姆普卡《信任：一种社会学理论》，程胜利译，中华书局2005年版，第81页；[美] 查尔斯·蒂利《信任与统治》，胡位钧译，上海世纪出版集团2005年版，第30页。
⑤ 参见 [美] 查尔斯·蒂利《信任与统治》，胡位钧译，上海世纪出版集团2005年版，第15页。

反过来影响信任网络的发展。

二 信任与实力、权力等概念的关系

（一）信任与实力和权力

实力（capability/strength）主要是指一个国家所拥有的物质和非物质力量，以及这些力量赋予该国在国际社会中的行为能力。① 信任与实力的关系可以从三个主要维度来理解：

其一，信任需建立在一定的实力基础之上。② 国家实力越强大，承担信任风险的能力和在信任关系中的履约能力就越强，因此也越容易获得其他国家对该国能力的信任和认可，自身也越容易对其他国家产生信任。

其二，一国实力越强大，对国家间信任的影响力往往也越大。一方面，当国家之间实力不对称时，大国的信任与合作行为更有利于缓解小国的不安全感，增加小国对大国意图可信赖性的积极预期，从而有利于促进国家间信任程度的整体提高。另一方面，由于大国对制度信任和道德信任的形成都起到了重要作用，因此国家实力越强大，对国际社会中一般信任水平的影响也越大。

其三，由于信任和不信任都包含了能力和意图两个维度，因此一国相对实力地位的提高并不必然导致其他国家对该国更加信任或不信任。当能力不存在问题的时候，其他国家对该国信任或不信任关键取决于它们对该国意图可信赖性的评价。③ 换言之，一国相对实力地位的提高既可以成为其他国家对该国信任的来源，也可以成为不信任的来源。

不同于实力，权力主要是指国家影响其他国家采取相应行为的能力。前者更注重行为体自身的行为能力，后者更注重对其他行为体的影响力。④ 权力与信任的共同点在于，它们都是能够将不确定性"确定化"的一种心

---

① 参见阎学通《世界权力的转移：政治领导与战略竞争》，北京大学出版社 2015 年版，第 8—9 页；阎学通《道义现实主义的国际关系理论》，《国际问题研究》2014 年第 5 期。
② 参见李士梅《信誉的经济学分析》，博士学位论文，吉林大学，2005 年，第 45 页。
③ 参见［美］卡伦·S. 库克、拉塞尔·哈丁、玛格丽特·利瓦伊《没有信任可以合作吗?》，陈生梅译，中国社会科学出版社 2019 年版，第 31 页。
④ 参见阎学通《世界权力的转移：政治领导与战略竞争》，北京大学出版社 2015 年版，第 8—9 页。

理简化机制；两者的动机都是"趋利"；都能够影响国家的理性认知、利益偏好、决策行为以及互动过程；且都能够导致国家之间合作的建立和发展。

然而，信任与权力有明显的区别。一方面，信任同时包含了理性因素和感性因素，更加强调国家的社会性和决策者个人情绪/情感在国家决策行为中的作用，其形成和发展有赖于国家对彼此能力和意图可信赖性的综合评价。而权力主要包含理性因素，权力的获得和增长主要依赖于国家之间的相对实力地位，而不是国家对彼此的意图。另一方面，基于信任建立的国家间关系更具平等性，关系上的相对平等或对称是信任能够生根发芽的土壤，有利于国家间信任关系的建立和增强，不平等的加剧会增加国家对彼此信任维持和发展的困难，甚至导致信任关系破裂；而基于权力建立的国家间关系更具等级性或垂直性，关系上的非对称性是国家能够获得和增加权力的土壤。①

在一定程度上，信任与权力可以相互替代、相互影响。一方面，国家间因不对称相互依赖而产生的权力关系会影响信任的形成，权力与信任形成可能性和必要性之间的关系是曲线型的。② 另一方面，一旦形成信任，国家间信任关系的建立和发展、国家间信任程度的提升有助于缩小它们之间的权力差异，并减少权力对国家间关系的影响，反之亦然。③

首先，当一国对另一国绝对依赖，或具有绝对权力时，权力劣势方无力从关系中退出，权力优势方只需要使用强权便可确保预期利益的实现，既不需要考虑对方的利益，也不需要通过信任对方来减少对未来的不确定

---

① Edward J. Lawler and Jeongkoo Yoon, "Network Structure and Emotion in Exchange Relations", *American Sociological Review*, Vol. 63, No. 6, 1998, pp. 871 – 894; Mark Granovetter, "A Theoretical Agenda for Economic Sociology", in Mauro Guillén, Randall Collins, Paula England, and Marshall Meyer eds, *The New Economic Sociology: Developments in an Emerging Field*, New York: Russell Sage Foundation, 2001, pp. 35 – 59.

② 参见 [美] 卡伦·S. 库克、拉塞尔·哈丁、玛格丽特·利瓦伊《没有信任可以合作吗?》，陈生梅译，中国社会科学出版社2019年版，第56—58页。

③ Ranjay Gulati and Harbir Singh, "The Architecture of Cooperation: Managing Coordination Costs and Appropriation Concerns in Strategic Alliances", *Administrative Science Quarterly*, Vol. 43, No. 4, 1998, pp. 781 – 814; Edward J. Lawler and Jeongkoo Yoon, "Network Structure and Emotion in Exchange Relations", *American Sociological Review*, Vol. 63, No. 6, 1998, pp. 871 – 894; Linda D. Molm, et al., "Risk and Trust in Social Exchange: An Experimental Test of a Classical Proposition", *American Journal of Sociology*, Vol. 105, No. 5, 2000, pp. 1396 – 1427.

性，因此它们之间往往既不可能也不需要形成相互信任。

其次，当国家间相互依赖关系的非对称性较大时，权力劣势方对优势方的依赖程度远远高于后者对前者的依赖程度，双方从相互依赖关系中退出的成本相差悬殊，因而权力对国家决策行为的影响可能远远大于信任。如果权力优势方不能对劣势方做出足够可信的承诺，不仅会阻碍信任关系的建立，甚至还可能会增加权力劣势方对优势方的不信任。因为对于劣势方来说，优势方不仅有可能会利用其脆弱性做出损害其利益的行为，也有可能会在其做出信任行为后轻易背叛，使其得不到相应的回报。① 如果权力优势方能够做出足够可信的承诺，使权力劣势方认为履行承诺既可实现自身的预期利益，也符合权力优势方的利益，那么它们之间建立和维持信任仍然是可能的。但高度的权力不对称性往往容易导致权力优势方的示善成本极高，因为其发出的低成本善意信号很容易被权力劣势方解读为受利益或权力驱使或者迫于形势压力而发出的廉价信号甚至欺骗信号。② 因此，它们之间能否建立和维持互信既有赖于权力强势方的信任行为和信号成本，也取决于信息的有效传递和权力劣势方自身的信任能力。一旦它们之间的信任关系得以建立并能够不断发展，权力优势方自愿采取的授权行为便有利于减少它们之间关系的不对称性，缓解权力劣势方因双方实力差异而产生的不安全感。

再次，如果国家间相互依赖关系趋近于平等或不对称性较小，双方退出关系的成本都较高，那么双方能力局限性和外部环境不确定性的增加可能导致双方对信任的需求都有所增加。为了实现自身利益，它们可能都必须更加兼顾对方利益，并尽力对彼此做出可信的承诺。因此，这种情况往往最有利于信任的形成和发展，信任因素对国家决策行为的影响也更大。

最后，如果国家之间的相互依赖关系完全对称，双方对彼此都完全不存在权力，且都完全无法从关系中退出，那么双方客观上的完全相互依赖也足以使他们建立并维持合作，形成信任的必要性和可能性也都趋近

---

① 参见［美］卡伦·S. 库克、拉塞尔·哈丁、玛格丽特·利瓦伊《没有信任可以合作吗？》，陈生梅译，中国社会科学出版社2019年版，第56页。
② 参见付宇珩《经济相互依赖、国家构建与国际信任：后冷战时代东南亚国家对华政策的生成》，博士学位论文，厦门大学，2018年，第5页。

于零。

（二）信任与利益

利益主要是指一切能够满足人类欲望和需求的事物。信任与利益的关系主要可以从三个维度来理解。首先，在很大程度上，利益既是信任能够形成和发展的重要来源之一，也可能成为国家不信任的来源。对利益的追求是行为体对彼此形成信任的主要驱动力，利益目标和一致性和利益结构的互补性往往有助于引发信任，而利益冲突往往容易导致不信任。其次，由于信任行为与利益兑现之间存在一定的时间差，因此国家对信任的重视本质上也是对长期利益的重视，国家间信任程度越高，信任形成与利益兑现之间的时间差就越大。最后，国家决策者的利益偏好会影响到信任的形成，越是注重短期利益和国家间相对利益的国家，往往越难对其他国家产生信任。但随着国家间信任关系的建立和变化，信任反过来又会影响到国家的利益界定、利益偏好、利益计算和利益实现。①

（三）信任与制度

制度主要是指在一定历史条件下形成的、能够规定行为体行为角色、限定行为活动、并影响期望形成的一系列连贯一致并相互联系的正式或非正式规则。② 在国际社会中，制度可分为国内制度和国际制度两个维度，且包含了两个不同层面：一是正式的法律或规章制度；二是基于长期制度安排形成的非正式的社会传统、习俗、规范等。③

笔者认为，信任与制度的关系可以从以下几个维度来理解：

首先，制度与个体之间的信任在减少不确定性上具有一定的相互替代作用，而国际制度的功能之一便是减少部分个体国家之间的不信任，使原本倾向于采取背叛行为的国家更倾向于合作。因此，国际制度可以成为个体国家之间形成信任的系统性来源之一。事实上，对于任何一个个体国家

---

① Alexander Wendt, *Social Theory of International Politics*, Cambridge: Cambridge University Press, 1999.
② Robert Keohane, *International Institutions and State Power*, Boulder: Westview Press, 1989, p. 3.
③ Walter W. Powell and Paul J. Dimaggio eds., *The New Institutionalism in Organizational Analysis*, Chicago: The University of Chicago Press, 1991；［波兰］彼得·什托姆普卡：《信任：一种社会学理论》，程胜利译，中华书局 2005 年版，第 160—184 页；周怡：《信任模式与市场经济秩序——制度主义的解释路径》，《社会科学》2013 年第 6 期。

来说，它与其他国家之间的信任和信任关系可能都是在一定的国际制度背景下产生的，因此它们对彼此能力和意图的预期都不可避免地会受到国际制度环境的影响。国际制度越健全、公正、完善，越能够为个体间的互信关系提供有效的外部制度保障，往往越容易激发国家之间建立和维持稳定的信任关系，并抑制它们之间的不信任，反之亦然。

其次，国际社会中，国际制度与系统性的一般信任具有一定的相互影响作用。一个群体/区域内基于长期制度安排形成的一般信任水平往往会影响到新的国际制度建立和对既有国际制度的完善。① 而新制度的建立和完善或对既有制度的破坏反过来又将进一步通过影响国家之间的互动过程来影响国际社会中一般信任水平，以及它们之间的信任关系。因此，在一定程度上，某个特定历史时期国际社会或特定区域中的国际制度及其衍生出的信任文化水平不仅会影响这个系统（或子系统）内的系统性信任基础，还会直接影响系统内个体成员之间信任程度整体能够达到的上限和下限。

最后，国内制度和国际制度本身都不必然导致国家之间信任或不信任。一方面，国内制度的相同或相似性并不是国家之间建立和维持信任关系的充分或必要条件。② 诚然，在缺乏互动和相互了解的情况下，国内制度具有相似性的国家往往容易因此对彼此产生一定程度的主观信任，因此往往更容易对彼此之间的潜藏利益产生正面感知。在互信关系建立和维持的过程中，国内制度上的差异性往往也容易使信任双方增加对彼此意图的猜疑或误解，并可能会增加双方合作中的交易成本和违约风险，从而可能会阻碍双方互信程度的进一步提升，甚至引发更多的不信任。然而，在重复博弈中，随着双方更多信息的交换和互动的累积，双方信任关系的维持和增强还取决于它们的预期利益是什么，预期利益是否顺利实现，以及双方在与彼此和其他国家的互动过程中是否能够坚守对彼此的心理契约，尽力使自身行为有益或至少无害于对方。因此，国内制度上的相似性在国家

---

① Brian C. Rathbun, *Trust in International Cooperation: International Security Institutions, Domestic Politics and American Multilateralism*, Cambridge: Cambridge University Press, 2012, pp. 1 – 7.
② Steve Chan, *Trust and Distrust in Sino-American Relations*, Amherst, New York: Cambria Press, 2017, pp. 2 – 6.

建立和维持信任关系中的作用实际有限。另一方面，国际制度的建立和完善也不必然能够导致国家之间变得更加相互信任，甚至有可能会加剧国家之间的不信任，关键取决于这些国际制度是否能够有利于非主导国的利益实现，是否会加剧国家之间的不平等，是否具有较强的约束力和较大的约束范围等。

（四）信任与文化

文化是一个复杂的整体，包括知识、信仰、艺术、法律、道德、风俗以及社会成员习得的任何其他能力和习惯。① 一般而言，文化的内涵包含了三个主要层面：一是作为某种艺术作品或艺术活动的文化；二是作为一种特殊生活方式、社会互动模式与社会关系的，可以属于特定民族、时期、群体或人类符号的文化；三是作为发展过程的文化。② 本书中所指的文化主要指第二和第三层面。

信任与文化的关系可从以下几个角度来理解：

首先，作为任何个体的国家来说，它与其他国家之间的信任都是在一定的文化背景下形成的。因此，在信任形成初期，文化背景相似的国家之间往往更容易理解彼此发出的合作信号和对方的行为模式，从而也更容易建立信任关系。但类似于国内制度的相似性，随着双方互动的增加，当双方对彼此达到一定熟悉程度后，这种文化相似性对它们之间信任关系的发展影响也是有限的。换言之，文化具有高度相似性的国家可能会因为利益冲突或双方对背叛行为的偏好而难以建立或维持信任关系；国内文化具有较大差异的国家也可能在跨文化交流与合作中不断增进相互理解与认可，增强互信关系。

其次，国家之间信任的形成和维持也不可避免地会受到国际社会中信任文化的影响。如果国际社会中普遍形成了以武力和强制为主导的文化，那么国家往往难以对彼此产生信任，互不信任将成为国际社会中的常态；如果国际社会中是以权力为主导的文化，尽管信任的产生仍是可能的，但

---

① E. Tylor, *Primitive Culture*, London: John Murray, 1871, p. 1；参见 [美] 克利福德·格尔茨《文化的解释》，韩莉译，译林出版社1999年版，第4页。

② Raymond Williams, *Culture and Society 1780—1950*, Harmondsworth: Penguin, 1963, p. 5；Raymond Williams, *Keywords: A Vocabulary of Culture and Society*, London: Fontana, 1983, p. 90.

信任的产生和信任关系的建立往往需要消耗较高的物质成本，因此它们之间能够达到的信任水平也有限。如果国际社会中是以信义为主导的信任文化，那么国家之间往往更容易对彼此普遍产生一种"信任感"，建立信任关系的成本也大大降低，从而更容易建立高水平的互信关系。

最后，国家间信任一旦形成，信任与文化之间会相互影响、彼此建构。各国之间良性互动的累积、对自身信誉的重视和培植，信任关系的不断建立和增强有利于国际文化规范的演进，以及信任文化水平的整体提升。反过来，各国在不断积累良性互动和集体经验的基础上形成的共有观念又可以成为它们之间系统性的信任来源，并影响它们在下一个循环中的互动过程。

综上所述，信任实际上是一个同时包含了物质性因素和非物质性因素的综合变量。[1] 信任的形成会受到实力、权力、利益、制度和文化等多个因素的影响，这些因素都可以成为国家间信任或不信任的来源。信任一旦形成，国家间信任程度的变化反过来又会与这些因素之间相互影响、彼此建构，并对下一阶段国家之间的决策行为和互动过程产生影响。

第三节　国家间信任的主要来源及类型

信任的来源非常广泛，既可以产生于隐性的共享利益或共同的价值观念，也可以建立在彼此的互动经历和有效的制度管控上。[2] 根据信任来源、形成难度、维持成本、稳定程度等方面的差异，本书将国家间信任划分为理性信任、过程信任、制度信任和道德信任四种基本类型。[3]

---

[1]　G. Simmel, *The Philosophy of Money*, London: Routledge, 1978, pp. 178-179.

[2]　Russell Hardin, *Trust and Trustworthiness*, New York: Russell Sage Foundation, 2002; Niklas Luhmann, *Trust and Power*, Chichester: John Weley and Sons, 1979; Oliver E. Williamson, "Calculativeness, Trust and Economic Organization", *Journal of Law Economics*, No. 34, 1993, pp. 453-502.

[3]　对于信任类型的划分，参见 Lynne G. Zucker, "Production of Trust, Institutional Sources of Economic Structure, 1840-1920", *Research in Organizational Behavior*, Vol. 8, 1986, pp. 53-111；周怡《信任模式与市场经济秩序——制度主义的解释路径》，《社会科学》2013 年第 6 期；王正《信任的求索：世界政治中的信任问题研究》，北京时代华文书局 2017 年版，第 172—224 页；尹继武《社会认知与联盟信任形成》，上海人民出版社 2009 年版，第 101—115 页。

一 理性信任

（一）理性信任的主要来源

理性信任主要是指行为体经过理性计算后，认为对方的能力或行为客观上将有益于或至少无害于自身利益，强调信任的形成首先是基于对自身利益和其他行为体未来行动的理性计算，主要来源于双方之间的潜藏利益。

首先，理性信任的形成、维持和增强源于行为体对双方之间潜藏利益的感知。当行为体选择信任对方时，这意味着它认为某部分隐性的共享利益或目标必须依靠被信任者的合作来实现，且相信对方有能力和/或意愿满足自己的预期。[1] 换言之，当国家对彼此形成理性信任时，这意味着它们认为对方的行为客观上能给自己带来收益，且信任对方的收益总和大于成本总和。因此，由潜藏利益（encapsulated-interest）所激发的信任关系本质上属于一种利益关系。[2]

其次，理性信任的维持和增强主要来源于博弈过程中双方预期利益的持续实现。[3] 即便行为体因为对潜藏利益的感知而对彼此产生了信任，若双方无法在互动过程中实现各自的预期利益，也容易因预期失败而破坏信任，甚至导致双方信任关系难以维持。因此，理性信任具有较强的情境性、脆弱性[4]和不稳定性[5]。

再次，理性信任的形成、维持和增强也来源于行动的"自由性"和"可预测性"。[6] 也就是说，信任者不仅需要评估被信任者本身的能力和意

---

[1] T. K. Das and B. S. Teng, "The Risk-Based View of Trust: A Conceptual Framework", *Journal of Business and Psychology*, Vol. 19, No. 1, 2004, pp. 85 – 116.

[2] Russell Hardin, *Trust and Trustworthiness*, New York: Russell Sage Foundation, 2002.

[3] Russell Hardin, *Trust and Trustworthiness*, New York: Russell Sage Foundation, 2002.

[4] 本书中，"脆弱性"主要是指应对外部压力、波动性、随机性的能力大小，或在外部冲击下潜在的受伤害程度大小。参见［美］纳西姆·尼古拉斯·塔勒布《反脆弱：从不确定性中获益》，雨珂译，中信出版社 2014 年版。

[5] 本书中，"稳定性"主要是指信任关系随着时间的推移而保持不变的能力，它既包括因受到某种干扰而偏离正常状态的幅度，也包括干扰消失后重新恢复到平衡状态的能力。

[6] James C. Coleman, *Foundation of Social Theory*, Cambridge: Harvard University Press, 1990, pp. 101 – 180.

图,也需要考察外部环境是否能够支持被信任者做出满足信任者预期的行动。若一国行为是被严格束缚或不可预测的,那么其他行为体往往难以对其产生和维持理性信任。① 由于不完全信息增加了国家进行利益计算和对彼此意图可信性计算的难度,因此理性信任的形成和维持往往需要通过信任双方高成本信号的传递与再确认来实现,这也意味着建立和维持理性信任的物质成本往往相对较高。②

(二) 理性信任与感性信任的关系

如前文所述,国家间信任都处于理性与非理性之间,因此理性信任其实也是一种相对概念。理性与感性之间既相互独立,又彼此联系;既相互促进,又相互制约。③ 在很大程度上,理性信任受到双方感性信任状态的影响。④

与理性信任相对应的"感性信任"可以被理解为一种充满亲密情感、非理性的"冲动"或能力。感性信任有两种主要来源:一是源于双方在价值观念、历史文化、国内体制、身份认同等个体特征方面的"同质性"或相似性,也被称为"主观信任"(subjective trust)或"特征信任"(characteristic-based trust),往往在行为体做出信任行为或发生互动之前便可产生,并对国家间理性信任的形成产生影响;二是双方基于共同经历或历史经验而产生的亲密情感或在长期互动中形成的个体内在品质,往往产生于理性信任形成以后,需在信任双方长期良性互动的积累中孕育。⑤

---

① Diego Gambetta, "Can We Trust Trust?", in Diego Gambetta ed., *Trust: Making and Breaking Cooperative Relations*, Basil Blackwell, 1988, pp. 217 – 219.

② Andrew H. Kydd, *Trust and Mistrust in International Relations*, Princeton: Princeton University Press, 2005; Andrew H. Kydd, "Trust, Reassurance and Cooperation", *International Organization*, Vol. 54, No. 2, Spring 2000, pp. 325 – 357; Oliver E. Williamson, "Calculativeness, Trust and Economic Organization", *Journal of Law Economics*, No. 34, 1993, pp. 453 – 502.

③ Rose Mcdermott, "The Feeling of Rationality: The Meaning of Neuroscientific Advances for Political Science", *Perspectives on Politics*, Vol. 2, No. 4, 2004, pp. 699 – 701.

④ 本书之所以未将感性信任单独列为一种主要信任类型,一是因为本书论及的四种主要信任类型中都包含了一定的感性因素,因此如果单独列出感性信任,容易与其他信任类型出现交叉和重复;二是因为本书主要是探讨合作中的信任,感性信任虽然能够间接影响合作,但无法单独引发合作,这一点笔者将在第二章中做进一步探讨。

⑤ Lynne G. Zucker, "Production of Trust, Institutional Sources of Economic Structure, 1840 – 1920", *Research in Organizational Behavior*, Vol. 8, 1986, pp. 53 – 111.

在很大程度上，国家之间"主观信任"或"特征信任"程度越高，意味着双方建立理性信任的起点越高，因此它们之间建立理性信任的难度和物质成本越低。因为当信任双方对彼此熟悉和了解程度有限时，个体特征上的同质性或相似性不仅有助于促进信任双方对彼此潜藏利益的感知和对彼此可信度的计算，也有助于减少因利益冲突或信号不明确而产生的相互猜疑。这也是为什么国内政治制度、发展理念、历史文化等方面具有相似性或同质性的国家往往在双方采取信任行为之前便可产生一定的"亲近感"和"认同感"，并更容易感知到彼此之间的潜藏利益，也更容易接收到对方发出的信任信号。

但这既不意味着"主观信任"或"特征信任"程度较高的国家之间一定能够建立较高程度的理性信任，也不意味着缺乏"主观信任"或"特征信任"便无法建立和维持信任关系。换言之，第一种感性信任并不是理性信任建立、维持和增强的充分或必要条件。[①] 只不过当两国在互动之前缺乏感性信任基础时，双方可能"信任起点"更低，因此需要通过花费更高的物质成本，发送更加明确的信号来确认彼此的合作意图。当然，若两国在互动之前对彼此存在强烈的感性不信任，则可能会阻碍双方理性信任的建立。这是因为即便国家感知到了彼此之间的潜藏利益，但感性上的强烈不信任也容易使其倾向于认为对方可能没有帮助自身实现利益的意图，甚至可能会采取侵害自身利益的行为。

国家之间初步建立理性信任以后，第二种感性信任将对双方之间理性信任的维持和增强产生更加深远的影响，因为它不仅会影响到国家对彼此可信性的计算，也会影响到双方互信关系的脆弱性和稳定性。在互动博弈过程中，国家越能够基于共同经历或历史经验而产生更多的亲密情感，对彼此在长期互动中形成的国家声誉和内在品质认可度越高，越倾向于认为对方是合作的、守信的、善意的，那么它们越可能认为对方是可信的，它们之间的信任关系脆弱性和不稳定性也会越低，越不容易受到外在因素的负面影响。

---

① Steve Chan, *Trust and Distrust in Sino-American Relations*, Amherst, New York: Cambria Press, 2017, p. 3. 但也有学者持不同观点，认为国家同质性越大，越可能形成信任。参见尹继武《文化与国际信任——基于东亚信任形成的比较分析》，《外交评论》2011 年第 4 期。

(三) 理性信任的形成条件

基于上述讨论，本书认为国家之间理性信任的形成和维持应满足（但不局限于）以下几个基本前提条件：

其一，国际社会处于一个防御性现实主义占主导的无政府状态中。由于国家对潜藏利益的感知和重视本质上也是对未来收益的重视，因此理性信任必须建立在国家生存安全得到基本保障的前提下。[①] 这就需要国际社会不是一种冲突和战争不断、进攻性现实主义占主导的霍布斯文化，而是处于一个以防御性现实主义占主导的无政府状态。[②] 世界大国之间发生战争的次数有限，[③] 且它们获取和使用权力的主要方式不是武力手段，主导的国家安全战略也不是主动进行武力扩张。[④] 因为如果国家处于一个尔虞我诈、冲突不断、战争频发、大国随时可能侵略和兼并小国的国际环境中，大国主要依靠主动使用武力获取权力和利益，大部分国家的生存安全都直接或间接地受到威胁，背叛成本远远低于合作，但带来的收益却远远大于合作，国家可能普遍无法对其他国家的意图形成积极预期，国家之间也难以真正产生信任。因此，在其他条件一致的情况下，国际无政府状态越是和平、稳定，国家的生存安全越能够通过合作来得到保障，"武力征服不再容易且无利可图"的观念越能够被各国所接受，国家之间越容易形成理性信任。

---

① 库克等人也认为，如果没有稳定的秩序，个体不会重视信任与合作关系的建立，而是更关注自我保护。参见 [美] 卡伦·S. 库克、拉塞尔·哈丁、玛格丽特·利瓦伊《没有信任可以合作吗？》，陈生梅译，中国社会科学出版社 2019 年版，第 90 页。

② Shiping Tang, *The Social Evolution of International Politics*, Oxford: Oxford University Press, 2013, pp. 99–109.

③ 学者们普遍认为，"第二次世界大战"后大国间发生战争的次数骤减，难度也大幅上升。参见 John Mueller, "War Has Almost Ceased to Exist: An Assessment", *Political Science Quarterly*, Vol. 124, No. 2, 2009, pp. 297–321; Raimo Vayrynen ed., *The Waning of Major War*, London and New York: Routledge, 2006; Joshua Baron, *Great Power Peace and American Primacy: The Origins and Future of A New International Order*, New York: Palgrave Macmillan, 2014; 杨原《大国无战争时代的大国权力竞争：行为原理与互动机制》，中国社会科学出版社 2017 年版，第 75—76 页。

④ Carl Kaysen, "Is War Obsolete: A Review Essay", *International Security*, Vol. 14, No. 4, 1990, pp. 42–69; Shiping Tang, *A Theory of Security Strategy for Our Time: Defensive Realism*, New York: Palgrave Macmillan, 2010; Shiping Tang, "Social Evolution of International Politics: From Mearsheimer to Jervis", *European Journal of International Relations*, Vol. 16, No. 1, 2010, pp. 31–55; 参见杨原《武力胁迫还是利益交换——大国无战争时代大国提高国际影响力的核心路径》，《外交评论》2011 年第 4 期；杨原《大国无战争时代霸权国与崛起国权力竞争的主要机制》，《当代亚太》2011 年第 6 期。

其二，信任双方的国家安全（包括政权、主权、国家统一和领土完整等）未因彼此的行为而面临极端、连续、迫切、集中的威胁。即便是在相对和平稳定的国际环境中，如果一国被另一国武力侵略，或该国的政权/主权因对方而受到严重威胁时，该国决策者往往也会对对方产生强烈的感性不信任，从而导致双方之间难以建立理性信任。只有当双方都认为对方不会威胁到自身的国家安全，才有可能因为其他潜藏的利益目标而对彼此产生积极预期，并愿意采取合作行为。因此，在其他条件一致的情况下，信任双方越认为彼此不会对自身国家安全造成威胁，它们之间越可能形成理性信任。

其三，双方都具备一定的履约能力。一国的综合实力、所掌握的战略资源以及政府所具备的综合能力是该国信守承诺、履行约定、实现彼此预期利益的物质基础和前提条件。因政权不稳、内乱频发、经济萎靡等原因造成其客观上不具备足够履约能力的国家，即便它具有强烈的合作意图，其他国家往往也难以对其形成理性信任。[①] 因此，理性信任需建立在一定的实力基础之上，在其他条件一致的情况下，履约能力越强的国家往往越容易使其他国家对其形成理性信任。

其四，双方客观上具备能够进行持续互动的机制并具备高度相关的利益基础。只有当双方重要利益目标的实现必须建立在与对方合作的基础上，且机会主义行为带来的即期收益不足以抵消未来合作剩余的贴现，且双方之间存在较为稳定的信息沟通机制和发送信任信号的渠道，能够顺畅地进行信息交流和持续互动时，它们才可能认识到并重视与对方之间的潜藏利益，并愿意为实现彼此的利益目标而采取相应的行为。因此，在其他条件一致的情况下，国家之间的联系越紧密、互动越频繁、双方利益相关度越高、互补性越强，越容易对彼此产生理性信任。

其五，双方都愿意为了实现某种共同的重要利益目标而向对方发送高成本的合作信号，使对方感受到自身的合作意图。[②] 所谓的"高成本"信

[①] 参见李士梅《信誉的经济学分析》，博士学位论文，吉林大学，2005年，第45页。

[②] James D. Fearon, "Signaling Foreign Policy Interests: Tying Hands Versus Sinking Costs", *The Journal of Conflict Resolution*, Vol. 41, No. 1, 1997, pp. 68 – 90; Herbert Gintis, Eric Alden Smith and Samuel Bowles, "Costly Signaling and Cooperation", *Journal of Theoretical Biology*, Vol. 213, No. 1, 2001, pp. 103 – 119.

号至少应具备三个特征：一是信号的成本足够高昂以至于对方愿意相信自己具有足够的诚意；二是信号发送方必须愿意为发送信号承担足够高的风险，暴露足够多的脆弱性以至于对方愿意相信自己具有足够的善意；三是信号对于接收方而言必须是有意义的，而对于发送方而言必须是可承受的。① 因此，在其他条件一致的情况下，国家互动过程中，彼此发送的信号越是高成本的（costly）、非偶然性的（noncontingent）、不可逆的（irrevocable）、能够增加自身脆弱性的（vulnerable），就越容易形成理性信任。②

二 过程信任

（一）过程信任的主要来源

过程信任强调一国过去的历史、声誉及其与其他国家之间的互动过程、信任经历都会作为该国在此后建立信任关系时的一种特殊"抵押"或"担保"，成为其他国家对其未来行为形成正面预期的一种参照。这种特殊担保不仅有利于降低双方在互动过程中的交易成本，也在一定程度上有利于克服信息不足，从而能够促进更多国家之间信任关系的建立与维持。③ 因此，过程信任也可以被理解为一种"行为信任"（behavioral trust）或

---

① Andrew H. Kydd, "Trust, Reassurance and Cooperation", *International Organization*, Vol. 54, No. 2, Spring 2000, pp. 325 – 357; Andrew H. Kydd, *Trust and Mistrust in International Relations*, Princeton: Princeton University Press, 2005; Andrew H. Kydd, "Trust Building, Trust Breaking: The Dilemma of NATO Enlargement", *International Organization*, Vol. 55, No. 4, 2001, pp. 801 – 828; Herbert C. Kelman, "Building Trust among Enemies: The Cantral Challenge for International Conflict Resolution", *International Journal of Intercultural Relations*, Vol. 29, 2005, pp. 639 – 650.

② Andrew H. Kydd, "Trust, Reassurance and Cooperation", *International Organization*, Vol. 54, No. 2, Spring 2000, pp. 325 – 357; Andrew H. Kydd, *Trust and Mistrust in International Relations*, Princeton: Princeton University Press, 2005; Andrew H. Kydd, "Trust Building, Trust Breaking: The Dilemma of NATO Enlargement", *International Organization*, Vol. 55, No. 4, The Rational Design of International Institutions, 2001, pp. 801 – 828; Herbert C. Kelman, "Building Trust among Enemies: The Cantral Challenge for International Conflict Resolution", *International Journal of Intercultural Relations*, Vol. 29, 2005, pp. 639 – 650; 参见张廖年仲《敌对国家如何建立互信之研究：昂贵信号模式》，博士学位论文，台湾政治大学东亚研究所，2012 年；王正《信任的求索：世界政治中的信任问题研究》，北京时代华文书局 2017 年版，第 50—51 页。

③ Brain Uzzi, "Social Structure and Competition in Interfirm Networks: The Paradox of Embeddedness", *Administrative Science Quarterly*, Vol. 42, 1997, pp. 35 – 67; 参见郑也夫《信任论》，中信出版社 2015 年版，第 110 页。

"基于声誉的信任"（reputation-based trust）。①

首先，过程信任来源于多个国家之间在长期互动中形成的国际信任网络。它强调信任是国家社会化的产物，任何两个国家之间的信任关系都是在一个更大的国际信任网络中建立、维持和发展的。② 过程信任不仅仅关注信任双方的潜藏利益和博弈过程，也将对方与第三方（以及更多国家）之间的交易、互动作为评价彼此能力和意图可信赖性的依据。同时，对每一个处于国际信任网络中的个体来说，过程信任最大的价值在于，它可以让个体在重复博弈过程中看到声誉的价值，让它们有理由相信，在每一次互动中采取实质的诚信行为或合作行为不仅是为了帮助信任双方实现预期利益，更是自身未来能与第三方建立和维持合作的基础。③

最后，过程信任来源于各国之间差异化的"过去经历"。正如第一桶金对于个人和企业发展的重要作用一样，不同国家过去的信任经历会使它们形成不同的行为模式和内在品质，日积月累成为它们在国际社会中的声誉和口碑，并在国家间信任关系的建立和维持中具有一定的参考价值，这也就是格兰诺维特所指出的"经济行动的社会镶嵌"。④ 因此，在长期互动过程中，不同国家的声誉必定会存在一定的差异性。树立良好的声誉是一国与其他国家建立和维持过程信任的最佳途径。历史上越倾向于对其他国家采取合作行为、越能够坚持履信守约、声誉越好的国家，往往越容易被其他国家普遍认为是善意和守信的。他们往往也越容易获得更多国家的信任，发展和维持更多信任关系。

再次，过程信任来源于国家之间在长期互动中熟悉度和亲密度的提

---

① 参见周怡《信任模式与市场经济秩序——制度主义的解释路径》，《社会科学》2013年第6期；蒋芳菲、王玉主《中美互信流失原因再探——基于对中美信任模式与互动过程的考察》，《太平洋学报》2019年第12期。

② 参见［美］查尔斯·蒂利《信任与统治》，胡位钧译，上海世纪出版集团2005年版；高玉林《信任建立与信任结构》，《广东行政学院学报》2012年第2期。

③ 参见［美］卡伦·S.库克、拉塞尔·哈丁、玛格丽特·利瓦伊《没有信任可以合作吗？》，陈生梅译，中国社会科学出版社2019年版，第91页。

④ Brain Uzzi, "Social Structure and Competition in Interfirm Networks: The Paradox of Embeddedness", Administrative Science Quarterly, Vol. 42, 1997, pp. 35 – 67; Mark Granovetter, "Economic Action and Social Structure: The Problem of Embeddedness", American Journal of Sociology, Vol. 91, No. 3, 1985, pp. 481 – 510; Oliver E. Williamson, "Credible Commitments: Using Hostages to Support Exchange", American Economic Review, Vol. 73, No. 4, 1983, pp. 519 – 540.

升。不同于理性信任，过程信任主要来源于国家行为和互动过程，及其背后反映的国家意图，而不仅仅是利益实现的结果。因此，一方面，国家之间熟悉程度的提升有利于他们能够更加了解彼此的信任经历、行为动机和行为模式，并对彼此的意图可信赖性逐渐产生更加稳定的预期。另一方面，过程信任也源于行为体之间较高的亲密度。尤其是在应对重大危机或冲突的过程中，国家之间基于共同经历、行动或经验而产生的亲密情感也能够使它们增强对彼此的感性信任和善意认知，并在互助合作中形成值得信任的内在品质。这在很大程度上有利于提升他们对彼此的意图可信赖性评价，并产生更多维持长期互信关系的动力。

由此可见，与理性信任相比，过程信任是一种更高层次的信任。一是建立和增强过程信任的难度更大。过程信任要求一国与更多国家之间长期保持较为良性的互动，并将声誉作为专用性资产投资，而不仅仅是在利益博弈中实现双方利益，这无疑对国家的硬实力、综合治理能力和对外关系管理能力等都提出了更高的要求。二是过程信任的维持成本更低、脆弱性更低、稳定性更强。一方面，国家过去的经验和良好的声誉可以作为一种特殊抵押，使更多国家在进行理性计算时提升对该国可信度的评价，并增强对彼此之间潜藏利益的感知。这可以帮助国家在互动中减少向其他国家发送高成本信号的频率，大大减少该国为建立和维持多个信任关系时投入的物质成本。另一方面，过程信任中包含了国家间长期良性互动中产生的更高熟悉度、更多积极情绪、更亲密的情感，以及对彼此意图可信赖性的更高评价，从而也有利于进一步降低国家间信任关系的脆弱性，提升其稳定性。[①]

（二）过程信任的形成条件

如前文所述，过程信任的形成是多个国家之间长期互动、社会化程度不断提升的结果。因此，国家形成、维持和增强理性信任的经历实际上也在为过程信任的形成创造条件。然而，在理性信任的基础之上，过程信任的形成还需要另外满足以下几个条件：

---

① Shane R. Thye, Jeongkoo Yoon and Edward J. Lawler, "The Theory of Relational Cohesion: Review of a Research Program", *Advances in Group Processes*, Vol. 19, 2002, pp. 139–166; Linda D. Molm, et al., "Risk and Trust in Social Exchange: An Experimental Test of a Classical Proposition", *American Journal of Sociology*, Vol. 105, No. 5, 2000, pp. 1396–1427.

其一，特定区域/群体内多个国家之间能够在较长一段时期内维持信任关系。① 由于过程信任需以国家过去的信任经历作为参照，所以只有大部分国家之间能够建立持续性的互信关系，而不是只有个别国家之间能够形成信任，抑或普遍都是一次性交易或短暂的合作，各国才能找到足够的"参考依据"来选择更值得信任的合作伙伴，过去信任经历作为未来信任关系的参照和抵押才会成为可能。因此，在其他条件一致的情况下，国家之间信任关系持续的时间越长，国家能够参考的信任经历越多，越认为双方互信关系将持续给自身带来收益，就越容易形成过程信任。②

其二，特定区域/群体内多国之间在长期互动中逐渐形成了一个彼此较为熟悉的国际信任网络。一国在关键事件/冲突/危机中的行为选择及其声誉变化能够对该国与这个网络中其他国家信任关系的建立、增强或破坏产生显著影响。③ 由于过程信任不仅包含对两个国家之间互动过程的考察，也需分别参考它们与其他国家之间的信任经历，因此只有在一个同时包含了多组信任关系的国际信任网络中，各国对彼此的历史经验，以及各自在多重双边、多边互动中展现出来的利益偏好、价值取向、行为模式等都有较高的熟悉和了解程度，国家声誉才能够真正作为"参考依据"对国家行为造成实质影响，过程信任才有可能形成。这个国际信任网络的存在不仅使各国能够将彼此之间的信任状况和互动过程作为评价它们能力和意图可信赖性的依据，也能够通过在关键事件/冲突/危机中的合作行为和集体行动来改善彼此的声誉，培养亲密情感，并影响其他国家的行为选择。因此，在其他条件一致的情况下，特定区域/群体中越能够形成涵盖多组信任关系的国际信任网络，网络成员对彼此的

---

① Robert M. Axelrod, *The Evolution of Cooperation*, New York: Basic Books, Inc., 1984; Lynne G. Zucker, "Production of Trust, Institutional Sources of Economic Structure, 1840 – 1920", *Research in Organizational Behavior*, Vol. 8, 1986, pp. 53 – 111.

② Ioannis Lianos and Johannes le Blanc, "Trust, Distrust and Economic Integration: Setting the Stage", in Ioannis Lianos and Okeoghene Odudu, eds., *Regulating Trade in Services in the EU and the WTO: Trust, Distrust and Economic Integration*, Cambridge: Cambridge University Press, 2012, p. 27; Robert Jervis, "Realism, Neo-liberalism, and Cooperation: Understanding the Debate", *International Security*, Vol. 24, No. 1, 1999, pp. 42 – 63.

③ 参见［美］查尔斯·蒂利《信任与统治》，胡位钧译，上海世纪出版集团2005年版，第15—25页。

熟悉程度越高，越能够辨别彼此的声誉差异和变化，它们之间越有可能形成过程信任。

其三，在这个特定的国际信任网络中，至少有一个国家具备树立良好声誉的能力和意愿，能够成为被其他成员信任的枢纽或主导者。在无政府状态的国际社会中，在实力不对称和意图不确定的双重压力下，并不是每个国家都愿意且能够为建立和维持良好的声誉进行长期投资。因为这对国家的综合国力、综合治理能力国际传播力等方面都提出了更高的要求。[①]尤其是当信任网络中出现多组不同信任关系时，是否有国家具备对各种信任关系进行兼容、整合或平衡的能力和意愿，将直接关系着网络内部能否长期保持良性互动、维持互惠关系，以及各国能否在实现彼此预期收益的同时稳步提升对彼此的亲密程度和善意认知，从而更愿意将更多重大利益的实现寄托于其他成员的合作上。因此，在其他条件一致的情况下，特定国际信任网络中越能够涌现出信誉较高、声誉较好，有能力和意图兼容、整合和平衡网络内部信任关系，且值得其他成员信任的枢纽或主导者，该信任网络中的国家之间就越容易形成过程信任。

其四，特定区域/群体内各国的内外政策具有较强的连续性、稳定性和科学性。[②] 若域内各国因政府公信力差、国内社会分裂、政权更迭、党派斗争等因素而频繁大幅调整内外政策，或施行违背国家和人类社会历史发展规律的政策，那么它们之间不仅难以积累良性互动，也很难在互动中有效提升自身声誉和对彼此意图可信赖性的积极评价。因此，在其他条件一致的情况下，域内各国内外政策的连续性、稳定性和科学性越强，它们之间就越容易形成过程信任。

三 制度信任

（一）制度信任的主要来源

制度信任强调个体之间信任的建立、维持和发展不仅仅依靠个体之间

[①] 参见蒋芳菲、王玉主《国际信誉及其变化的条件——兼论中国国际信誉的变化》，《战略决策研究》2020年第6期。

[②] 本书中，"科学性" 主要是指国家政策符合客观实际与人类社会发展的内在规律，富有科学依据而不是凭空想象。

的潜藏利益和互动过程，更需依赖于稳定的社会制度环境和一定的信任文化水平。① 尤其是当个体之间存在利益冲突或不对称的权力关系时，值得信任的社会制度可以引导不完全互信的个体采取更加可信的行为，为维持个体之间的信任关系增加一定的内部激励和外部保障。② 因此，制度信任主要来源于国际社会中广泛存在的正式或非正式国际制度和文化规范。

首先，制度信任来源于国家之间正式签订的、合法的契约、合同、条约等各类制度和机制。各国将它们之间信任关系制度化的过程，实际上不仅体现了他们对彼此之间长期共同利益的更加重视，也体现了他们对这些契约、合同、条约等制度和机制本身的信任与认可。

其次，制度信任也来源于国际社会中广泛存在的各种传统、惯例、习俗和规范等。③ 在国家之间进行互动博弈的过程中，一些约定俗成的、相对稳定的、非正式的文化规范，以及共享的价值观念或信仰等也能够成为国家间信任的主要来源，潜移默化地影响国家行为，支撑他们在此基础上开展共同预期的行动，积累集体经验。

因此，制度信任实际上囊括了两个层次：一是即刻的、用于管控个体行为的制度信任（如契约合同），形成后便可保障和促进参与市场交换的各方利益；二是经过长期制度安排或制度化过程而成为某特定区域或群体自觉思想共识的制度信任，往往表现为集体历史经验积累而成的、相对稳定的信任文化。④ 可见，制度信任比理性信任和过程信任等个体层面的

---

① Christel Lane and Reinhard Bachmann, "The Social Constitution of Trust: Supplier Relations in Britain and Germany", *Organization Studies*, Vol. 17, No. 3, 1996, pp. 365 – 395；参见［美］卡伦·S. 库克、拉塞尔·哈丁、玛格丽特·利瓦伊《没有信任可以合作吗？》，陈生梅译，中国社会科学出版社 2019 年版，第 61 页。

② 参见［美］卡伦·S. 库克、拉塞尔·哈丁、玛格丽特·利瓦伊《没有信任可以合作吗？》，陈生梅译，中国社会科学出版社 2019 年版，第 114—115 页。

③ Lynne G. Zucker, "Production of Trust, Institutional Sources of Economic Structure, 1840 – 1920", *Research in Organizational Behavior*, Vol. 8, 1986, pp. 53 – 111.

④ Walter W. Powell and Paul J. Dimaggio eds., *The New Institutionalism in Organizational Analysis*, Chicago: The University of Chicago Press, 1991；参见［波兰］彼得·什托姆普卡《信任：一种社会学理论》，程胜利译，中华书局 2005 年版，第 160—184 页；周怡《信任模式与市场经济秩序——制度主义的解释路径》，《社会科学》2013 年第 6 期。

"特殊信任"(specific trust)层次更高。①

其一,制度信任是属于系统层面的"一般信任"(generalized trust),比理性信任和过程信任更加稳定。制度信任一旦形成,便能够让特定区域或群体中的行为体容易基于被普遍接受的制度和规范,而不只是基于个体之间的潜藏利益、互动过程、熟悉度或亲密度对彼此产生积极、稳定的预期。更重要的是,制度信任还能够向这个特定区域或群体之外的其他行为体传递出一些信号:我们是谁、我们认同的制度、文化、规范和价值观是什么、我们是否值得被信任等,从而也更容易使其他行为体对这个群体或共同体产生较为稳定的预期。② 因此,在很大程度上,制度信任能够成为整合不同国家、地区乃至整个国际社会的一种系统性力量,体系层面制度信任的形成和增强将有利于个体的国家之间建立和维持长期稳定的信任关系。③

其二,制度信任比理性信任和过程信任的形成难度更大、成本更高。因为无论是建立和完善一系列正式国际制度,还是基于正式和非正式制度的长期安排形成特定的文化、规范、规则和价值观念,都是一个涉及更多因素、需要付出较大物质和非物质成本,也更加复杂而漫长的过程。这一过程不仅会受制于制度构建者和参与者的价值理念、利益偏好和政策行为模式,也可能受到制度构建者与参与者之间互动过程的影响。

其三,制度信任的维持成本更低。如前文所述,理性信任和过程信任的形成、维持和发展都需要国家对外发出善意的、高成本的信号,并将实现彼此预期利益、树立国际声誉和维持与其他国家的良性互动长期作为

---

① 对制度信任以及人际信任(特殊信任)与系统信任(一般信任)之间差异与联系的代表性观点和评述,参见 Niklas Luhmann, *Trust and Power*, Chichester: John Weley and Sons, 1979; Lynne G. Zucker, "Production of Trust, Institutional Sources of Economic Structure, 1840 – 1920", *Research in Organizational Behavior*, Vol. 8, 1986, pp. 53 – 111; Brian C. Rathbun, *Trust in International Cooperation: International Security Institutions, Domestic Politics and American Multilateralism*, Cambridge: Cambridge University Press, 2012; Christel Lane and Reihard Bachmann, "The Social Constitution of Trust: Supplier Relations in Britain and Germany", *Organization Studies*, 1996, Vol. 17, No. 3, pp. 365 – 395; [波兰]彼得·什托姆普卡《信任:一种社会学理论》,程胜利译,中华书局2005年版,第55—92页。

② 参见[英]罗纳德·哈里·科斯、王宁《变革中国:市场经济的中国之路》,徐尧、李哲民译,中信出版社2013年版,第134页。

③ 参见蒋芳菲、王玉主《中美互信流失原因再探——基于对中美信任模式与互动过程的考察》,《太平洋学报》2019年第12期。

"关系专用性投资"。① 因此，一方利益偏好的变化或政策行为的重大转变都可能影响双方互动过程和利益博弈结果，进而影响对方对其能力和意图的综合评估。然而，特定区域或群体内的国家之间如果能够形成较高程度的制度信任，那么无论是老成员之间维持和增强互信的成本，还是新加入的成员与老成员之间建立、维持和增强互信的成本都会变得更低。这是因为国际制度、契约合同、传统习俗、文化规范等社会制度可以为国家理性计算和风险决策过程中提供一种"外部保障"，降低国家对彼此背叛可能性的预期，并提升他们对彼此意图可信赖性的评价。同时，社会制度也能够为国家之间的互动提供某些社会行为模式，改变他们的思维方式，从而更有助于提升国家对彼此的积极预期，对国家决策和互动过程产生积极影响。②

（二）制度信任的形成条件

从前文的论述中可以看出，作为一种系统性的"一般信任"，制度信任的形成至少包含了三层含义：一是这个系统中的成员形成了对制度构建者及其主导构建的正式国际制度和规则体系的信任；二是各成员在各类正式和非正式制度的长期安排下形成了特有的信任文化，以及属于同一群体或共同体的思想共识；三是在制度安排和信任文化的共同影响下，各成员能够对彼此产生更加积极、稳定的预期。因此，制度信任的形成与特定区域或群体内国际制度的确立和完善、信任文化的形成、国际信任网络的整合都密切相关。③ 具体而言，制度信任的形成条件主要包括（但不局限

---

① Andrew H. Kydd, *Trust and Mistrust in International Relations*, Princeton: Princeton University Press, 2005; Oliver E. Williamson, "Calculativeness, Trust and Economic Organization", *Journal of Law Economics*, No.34, 1993, pp.453 – 502.

② Lynne G. Zucker, "Production of Trust, Institutional Sources of Economic Structure, 1840 – 1920", *Research in Organizational Behavior*, Vol.8, 1986, pp.53 – 111; Niklas Luhmann, *Trust and Power*, Chichester: John Weley and Sons, 1979; James C. Coleman, *Foundation of Social Theory*, Cambridge: Harvard University Press, 1990, p.111; Walter W. Powell, "Trust-Based Forms of Governance", in Roderick M. Kramer and Tom R. Tyler, eds., *Trust in Organizations: Frontiers of Theory and Research*, Thousand Oaks: Sage, 1996, pp.51 – 67.

③ Lynne G. Zucker, "Production of Trust, Institutional Sources of Economic Structure, 1840 – 1920", *Research in Organizational Behavior*, Vol.8, 1986, pp.53 – 111; 参见周怡《信任模式与市场经济秩序——制度主义的解释路径》，《社会科学》2013 年第 6 期；[波兰] 彼得·什托姆普卡《信任：一种社会学理论》，程胜利译，中华书局 2005 年版，第 160—184 页。

于)以下几点:

其一,特定区域/群体内约束范围较广、歧视性①较弱、约束力和包容性②较强的正式国际制度的确立与完善。在无政府状态下,被其他合作伙伴背叛的代价对国家来说可能是极高的。尤其在一个国家实力严重不对称的特定区域或群体中,大国对小国的背叛比小国对大国的背叛更为致命,甚至可能使小国的国家安全直接面临严重威胁,因此小国对自身被背叛的不安全感会严重影响他们之间信任关系的建立和维持。同时,小国搭便车等投机行为也会在很大程度上抑制大国对小国的信任感。因此,尽管正式国际制度、规则等不具备国内法同等的强制性,但它仍能够通过对国家的合作或背叛行为进行一定的"补贴"或"征税"来提高国家的背叛成本,减少各国采取背叛或机会主义行为的动机,从而为实力不对称的国家之间形成和维持信任关系提供一定的外部制度保障。③

当然,并不是所有的国际制度、规则等都能够起到这种外部保障作用,不合理的国际制度规则甚至可能会起到相反的效果。关于这一点,亚当·斯密曾在《道德情操论》中做出了较为形象的解释。他将世界经济或国际政治经济秩序视为"大社会"(Great Society),并将其喻为国际象棋棋盘。在这个棋盘中,各博弈主体都会相互解读对方的意图,并基于个体的动机采取行动,这构成了他们各自的运行规则。制度构建者本身也是博弈参与人,各主体都会根据制度构建者设计的制度来预测其他参与者如何行动,并根据这些预期采取行动。只有当制度构建者的意图及其主导构建的制度能够与其他自利的博弈主体的运行规则保持一致,使各博弈主体产生"博弈是如何进行的""如果采取违反规定的行动,会产生什么后果"等共有信念,制度与个体博弈者之间才能处于均衡状态。④ 由此可见,正

---

① 本书中,歧视性主要是指国际制度对不同成员实行非平等待遇或限制的程度。
② 本书中,包容性主要是指国际制度对具有不同特征的国家行为体的包容和接纳程度。
③ Francis Fukuyama, *Trust: The Social Virtues and the Creation of Prosperity*, London: Hamish Hamilton, 1995; Toshio Yamagishi and Midori Yamagishi, "Trust and Commitment in the United States and Japan", *Motivation and Emotion*, Vol. 18, No. 2, 1994, pp. 129 – 166; Cass Sunstein, "Social Norms and Social Roles", *Columbia Law Review*, Vol. 96, 1996, pp. 903 – 968; A. A. Stein, *Why Nations Cooperate*, Ithaca, NY: Cornell University Press, 1990, p. 53.
④ 参见[英]亚当·斯密《道德情操论》,蒋自强等译,商务印书馆1997年版。

式国际制度规则对信任的激励和保障不是单纯依靠强制国家采取某些行为或禁止它们采取另一些行为，而是取决于这些制度、规定、规则能够在多大程度上反映不同参与者的运行规则，以及在多大程度上能够促使他们在互动中产生更加积极的共有信念。① 因此，在其他条件一致的情况下，制度构建者主导建立的制度规则越能够对所有参与者（包括制度构建者）形成真正的约束，反映不同参与者的运行规则，使各成员自愿接受、服从和不断内化这些制度和规则，就越有利于缓解各成员对于被彼此背叛或利用的不安全感，使它们产生更多对制度构建者以及制度本身的信任。②

其二，特定区域或群体内能够基于长期制度安排形成相对稳定的国际信任文化。③ 信任文化是各国经过长期互动博弈，在过去集体历史经验基础上形成的一套相对稳定的规则系统，它既包括了国际主流规范、规则、观念，又是一系列国际法和正式国际制度安排长期作用的结果。④ 相对稳定的信任文化不仅可以被各成员视为理性计算和风险决策过程中的一种非正式制度保障，也能够为成员之间的互动提供某些社会行为模式，有利于他们在积累集体历史经验的过程中利益目标更加一致、价值观念更加相容，逐渐形成集体身份和认同，并对彼此的能力和意图都产生更加积极稳

---

① Ioannis Lianos and Johannes le Blanc, "Trust, Distrust and Economic Integration: Setting the Stage", in Ioannis Lianos and Okeoghene Ododu, eds., *Regulating Trade in Services in the EU and the WTO: Trust, Distrust and Economic Integration*, Cambridge: Cambridge University Press, 2012, p. 40.

② 参见［日］青木昌彦《制度经济学入门》，彭金辉、雷艳红译，中信出版集团2017年版，第26—28页；Jon Elster, "Social Norms and Economic Theory", *Journal of Economic Perspectives*, Vol. 3, 1989, pp. 99 – 117; Jon Elster, *Alchemies of the Mind: Rationality and the Emotions*, Cambridge, UK: Cambridge University Press, 1999; Mark Granovetter, *Society and Economy: Framework and Principles*, Massachusetts: Harvard University Press, 2017; Robert Cooter, "Economic Analysis of Internalized Norms", *Virginia Law Review*, Vol. 86, 2000, pp. 1577 – 1601; Karen Cook and Russell Hardin, "Norms of Cooperativeness and Networks of Trust", in M. Hechter and K. D. Opp eds., *Social Norms*, New York: Russell Sage Foundation, 2001, pp. 327 – 347.

③ 什托姆普卡指出，信任文化的形成有赖于规范的一致性、秩序的稳定性、组织的透明度、环境的熟悉性以及行为体的责任性等因素，本书将借鉴其研究，将这几个方面作为判断特定区域/群体中是否能够形成信任文化的判断依据。参见［波兰］彼得·什托姆普卡《信任：一种社会学理论》，程胜利译，中华书局2005年版，第176—177页。

④ Walter W. Powell and Paul J. Dimaggio eds., *The New Institutionalism in Organizational Analysis*, Chicago: The University of Chicago Press, 1991; 参见［波兰］彼得·什托姆普卡《信任：一种社会学理论》，程胜利译，中华书局2005年版，第160—184页；周怡《信任模式与市场经济秩序——制度主义的解释路径》，《社会科学》2013年第6期。

定的预期。因此，在其他条件一致的情况下，特定区域/群体内越能够形成稳定的信任文化，往往越容易形成制度信任。

其三，特定区域或群体内的国际信任网络出现较为清晰、明确的边界。① 这种边界既可能是正式制度明确界定的成员身份，也可能是各成员在长期互动过程中基于非正式制度安排形成的身份共识。一方面，信任关系作为一种心理契约，其维持和增强都与边界的明确息息相关。在一个更加复杂的系统或群体内，集体身份和共有观念的形成更是有赖于信任网络边界的严格界定。模糊的信任网络边界不仅为成员的退出和骑墙创造了便利，也容易激励网络成员为追逐私利而采取有损网络整体利益或背叛其他成员的行为，从而会增强其他成员对于自身利益可能遭受损害的不安全感，不利于群体的稳定性和成员之间信任关系的维持和增强。② 另一方面，只有清晰、明确的信任网络边界才能对网络"内部成员"和"外部非成员"进行明确区分，通过对"外部非成员"发出"我们是谁""我们认同的制度、文化、规范是什么""我们是否值得信任"等明确信号，提升"内部成员"对彼此身份的认同感。③ 因此，在其他条件一致的情况下，特定区域或群体内基于正式和非正式制度构建的信任网络边界越清晰、明确，越容易形成制度信任。

其四，特定区域或群体内的国际信任网络内部能够形成一个相对高效稳定、分工明确、责任明晰、具有较强资源供给和利益协调能力的网络运转机制。④ 在很大程度上，制度信任的形成意味着各成员都自愿在区域或群体内部进行长期交易、开展集体活动，将自我发展与其他成员以及信任网络的发展有机结合。这不仅需要信任网络本身对成员具有长期吸引力，

---

① Robert Ardrey, *The Territorial Imperative: A Personal Inquiry into the Animal Origins of Property and Nations*, London: Collins, 1967；参见郑也夫《信任论》，中信出版社2015年版，第24、94页。

② 参见［美］查尔斯·蒂利《信任与统治》，胡位钧译，上海世纪出版集团2005年版，第66页；郑也夫《信任论》，中信出版社2015年版，第23、79页。

③ Robert Ardrey, *The Territorial Imperative: A Personal Inquiry into the Animal Origins of Property and Nations*, London: Collins, 1967；参见［英］罗纳德·哈里·科斯、王宁《变革中国：市场经济的中国之路》，徐尧、李哲民译，中信出版社2013年版，第134页；郑也夫《信任论》，中信出版社2015年版，第79—82、94页。

④ 参见［美］查尔斯·蒂利《信任与统治》，胡位钧译，上海世纪出版集团2005年版，第63—70页。

能够为各成员提供比其他信任网络更好的资源,也需要具有强大的内部利益分配和协调机制,使所有成员都能够有效管控利益冲突与分歧、和平解决争端成员之间的竞争与分歧,为群体及各成员的整体发展分工协作、承担相应的责任与义务。① 因此,在其他条件一致的情况下,特定区域/群体内越能够形成这种相对高效稳定、分工明确、责任明晰、具有较强可持续资源供给和利益协调能力的网络运转机制,越能够使所有成员在分工协作的基础上愿意为促进信任网络的协调运转和可持续发展承担相应的责任与义务,有效管控分歧、和平解决争端,他们之间就越容易形成制度信任。

其五,特定区域/群体内各国宪法,以及围绕宪法进行的一系列法律、法规和制度设计具有一定的相似性或兼容性。一方面,作为一国的根本大法,宪法往往承载了该国的主流意识形态、历史传统和价值观念。若域内各国宪法(及其承载的精神)存在较大差异,甚至相互排斥,他们对国际制度、规范的认知和内化都可能不同,身份共识的形成也可能更加艰难。另一方面,各国围绕宪法进行的法律、法规、制度设计是一种成本较高的资本专用性投资,也能够反映出各国基于同一套国际/区域制度规则体系而相互协调、进行内部制度调整的意愿②。因此,在其他条件一致的情况下,域内各国宪法(及其承载的原则精神)、法律、制度体系相似性或兼容性越高,他们之间就越容易形成制度信任。

四 道德信任

(一) 道德信任的主要来源

道德信任强调信任的道德性,它主要来源于人类本性中的乐观主义价值,以及国际信任文化不断演进过程中形成的道德规范。③ 诚然,"道德"这一概念在不同社会中有很多差异,但所有道德规范中的共性都是宣扬群体利益的重要性,并认为群体中具有利己主义本性的个体应为帮助其他成

---

① 参见[美]查尔斯·蒂利《信任与统治》,胡位钧译,上海世纪出版集团2005年版,第63—70页。

② David S. Law and Mila Versteeg, "The Declining Influence of the United States Constitution", *New York University Law Review*, Vol. 87, No. 3, 2012, pp. 762 – 858.

③ Eric M. Uslaner, *The Moral Foundation of Trust*, Cambridge: Cambridge University Press, 2002, pp. 17 – 23; Adam B. Seligman, *The Problem of Trust*, Princeton University Press, 1997.

员而在相当程度上克制自身欲望的任意伸张。① 因此，道德信任意味着国家通过对共享道德规范、价值观念的内化，都愿意通过自我督促、主动承担国际责任来获得其他国家的信任，提升对前景的控制感和对其他成员的正面预期。

首先，道德信任来源于人类本性中的乐观主义价值，即一种相信"世界是美好的"，并认为"自己的行动可以让世界和他人的未来变得更好"的乐观主义态度。在这种乐观主义价值观的引导下，国家不仅能普遍对自身发展前景保持自信和乐观，也能够对彼此产生一种持续的"安全感"和"信任感"，还倾向于将国家之间的信任理解为对彼此的"道德承诺"，愿意相信自身对这种承诺的坚守、对其他国家利益的主动关切和充分兼顾不仅有益于彼此，也是能够让世界变得更美好的行动。②

其次，道德信任来源于国家的高度社会化和高度发达的国际信任文化。国家对道德规范的内化并不是自动完成的，国家之间普遍性、持续性信任感的形成往往都需要通过各国国内社会经济长期稳定的发展、国际体系内较完善的制度保障和较高水平的国际信任文化来共同塑造，使各国在不断积累良性互动和集体经验的基础上逐渐产生"自身的合作行为能够让所有国家都变得更好"的共有价值观念。在这种价值观念的影响和对国际道德规范的共同坚守下，各国能够对彼此的意图可信赖性产生更为积极、稳定的预期，并能够在良性互动中产生更多对彼此的情感认同，更加愿意主动兼顾和关切其他国家的利益，从而能够使各国对信任关系的维护成为一种普遍的"自觉"或被普遍接受和认可的行为准则。③

道德信任是一种最高层次的信任类型。一是道德信任的稳定程度在四种信任类型中是最高的。与制度信任一样，道德信任也属于系统层面的"一般信任"。然而，在不同历史时期，制度信任水平会随着霸权国和地区主导国的变化、国际制度的变迁以及特定群体"集体经验"的变化等浮动，但道德信任可以在时间维度上保持更高的稳定性，因为支撑道德信任

---

① 参见郑也夫《信任论》，中信出版社 2015 年版，第 24—25 页。
② Eric M. Uslaner, *The Moral Foundation of Trust*, Cambridge: Cambridge University Press, 2002.
③ 参见 [美] 查尔斯·蒂利《信任与统治》，胡位钧译，上海世纪出版集团 2005 年版，第 35 页；郑也夫《信任论》，中信出版社 2015 年版，第 32 页。

的人类本性具有较高的稳定性，且共有价值观念和道德规范一旦形成便很难轻易改变。① 二是道德信任的形成难度在四种信任类型中是最大的。由于道德信任的形成有赖于国际体系内国际信任文化水平的全面提升、国家的高度社会化和各国对道德规范的高度内化，因此与其他三种信任类型相比，道德信任的形成难度最大，时间也最漫长，甚至需要数代人和世界各国长期共同努力才有可能实现。三是道德信任的维持成本在所有信任类型中最低。尽管制度信任的维持成本相对于理性信任和过程信任都更为有限，但维持制度信任仍需要一定的物质成本，尤其需要主导国承担较多的物质成本。然而，道德信任一旦形成，便意味着国际体系内的国家行为体都将彼此之间的相互信任视为一种道德承诺，背叛行为在观念上不被认同或道德上不被允许，任何国家的背信行为都自然会遭到来自其他国家的集体抵制或惩罚，因此背叛成本极大。② 由此可见，维持道德信任的物质成本已趋近于零，几乎可忽略不计。

然而，正如本章开头引用的那句话，以及笔者在对信任内涵进行阐释的时候所指出的，所有行为体之间完全的信任事实上并不存在。因为如果真是如此，那么便不存在不确定性，信任本身也就没有了意义。因此，即便道德信任是四种类型中信任层次最高的，它并不代表完全信任，也不能完全替代其他的信任类型。具体到不同的国家，他们之间的互信程度仍可能是存在差异的。就像在一个相亲相爱、相濡以沫的家庭中，即使各成员之间形成了较高程度的道德信任，他们都对彼此有较高的信任感和安全感，也愿意为了其他成员和家庭的整体利益主动承担责任，将彼此之间的信任视为一种道德承诺，不会轻易采取背叛其他家庭成员的行为，但这也不意味着所有成员之间都是完全信任的，不同成员之间的互信程度仍然可能存在差异。实际上，在整个国际社会中都形成普遍性的道德信任是一种理想状态，是国家间信任状态能够达到的最高愿景。

---

① Eric M. Uslaner, *The Moral Foundation of Trust*, Cambridge: Cambridge University Press, 2002, pp. 70 – 82.

② Russell Hardin, "Conceptions and Explanations of Trust", in Karen S. Cook ed., *Trust in Society*, New York: Russell Sage Foundation, 2001, pp. 3 – 39.

(二) 道德信任的形成条件

基于前文的讨论，在特定区域/群体内，道德信任的形成实际上也包含了三层含义：一是绝大多数国家都形成了一种乐观主义价值观和对其他国家普遍的信任感，对群体发展和世界未来充满了希望；二是各国都愿意严格恪守对其他国家的道德承诺，并在谋求自身发展的同时主动兼顾和关切其他国家的利益和发展，即便这意味着牺牲自身部分短期利益，因为他们相信其他国家也会这么做，且这么做也是于己长期有利的；三是任何国家的背叛或违约行为都会自动遭到其他国家的集体抵制和惩罚，因为这在各国看来都是一种无法容忍的违背国际道义的失德行为。因此，在制度信任的基础上，道德信任的形成条件还应包括（但不局限于）以下几点：

一是特定区域/群体内各国社会经济的长期稳定发展与社会文化的高度融合。国家对共有道德规范的内化不是自动完成的，国家之间普遍性、持续性的安全感、信任感和责任感需要通过各国社会经济长期稳定的发展、完善的国际制度保障，以及不同社会文化之间的高度融合来共同塑造。只有域内各国能够在长期交往互动中实现语言相通、文化相容、民心相连、和谐共生、共同发展，他们才可能不担心、不忧虑、不惧怕其他成员的富强会威胁到自身国家安全，并产生"自身合作行为能够让所有国家都变得更好"的共有价值观念。因此，在其他条件一致的情况下，域内各国社会化与文化融合程度越高，社会经济发展越稳定，他们之间越可能形成道德信任。

二是特定区域/群体内在长期制度安排下形成以信义为主导的国际信任文化。一方面，尽管资本或权力主导的国际信任文化比武力主导的国际规范更有利于激励国家间信任关系的建立和发展，但它的激励程度和范围仍是十分有限的。只有当区域/群体内以信义为主导的信任文化能够取代资本和权力主导的信任文化，各国普遍认可一套更高层次的、统一的、稳定的国际制度和道德规范，才可能有更多国家基于这套制度和规范对其他国家普遍保持一种"信任感"。另一方面，如前文所述，道德信任的形成来源于乐观主义共有价值观的产生，它意味着特定区域或群体内各成员都认为合作的收益远远高于背叛，坚守信义比追求权力最大化和唯利是图更有利于促进国家长远发展。只有当域内各国能够普遍接受以信义为主导的文化规范，认为短期内相对收益的差异会在长期的互利合作中得到补偿，对其他国家利益的兼顾和关切比背叛更能够促进自身发展，他们才可能形成对未来充满希望的乐观主义价值，自觉将"利己"与"利他"有机融合。因此，在其他条件一致的情况下，特定区域/群体内越能够形成以信义和互惠为主导的信任文化，且基于这种信任文化建立的国际制度和道德规范对国家决策行为的影响越大，越能使国家普遍具有安全感，并改变他们的利益认知与利益计算，就越可能形成道德信任。

三是国际社会中不同区域或群体内的信任网络之间能够长期保持互惠关系，并能够融合为更大范围的国际信任网络。任何特定区域或群体成员自然产生的"信任感"和乐观主义价值都不仅仅来源于某一区域或群体内部，也来源于且表现在各成员与诸多非成员国家之间长期良性的互动和交往中。尽管制度信任能够成为整合国家间关系的系统性力量，但如果形成了制度信任的不同区域或群体内部十分紧密，但彼此之间具有较强的竞争性和排他性，国际社会很可能会逐渐分裂成几个相互排斥、竞争，甚至相互敌对的"小圈子"。这不仅不利于信任网络的维持和制度信任水平的提升，也不利于各个群体内部形成更高层次的道德信任。① 只有当这些不同区域和群体都具有足够的平等性、开放性和包容性，能够在共同发展的理念下和优势互补的基础上相互尊重、平等互惠，融合为更大的、全球性的国际信任网络，不同区域或群体中的不同成员才有可能在互利共赢、共同发展的过程中变得更加自信、乐观，在更加一致的规范、相容的制度、稳定的秩序下形成更高层次的观念认同，不断提升自身的安全感与对其他国家的信任感。因此，在其他条件一致的情况下，国际社会中的不同区域或群体之间越能够在平等互利、开放包容的理念指导下保持持续性的互惠关系和良性互动，并融合为一个更大范围的、松散的国际信任网络，国际社会中就越可能形成道德信任。

四是国际体系中的主导国（尤其是霸权国、崛起国和地区大国）具有

---

① 参见［美］查尔斯·蒂利《信任与统治》，胡位钧译，上海世纪出版集团2005年版，第67页；［美］曼瑟·奥尔森《集体行动的逻辑》，陈郁、郭宇峰、李崇新译，上海人民出版社2018年版，第35—40页。

较高的国际领导力和国际信誉，对国际社会的治理理念具有较强的互惠性、开放性和包容性，且能够与彼此以及其他国家之间长期保持持续性互惠关系和良性互动。国际社会中主导国的价值理念和政策行为对于道德信任的形成至关重要。因为他们的理念、行为和互动过程不仅会对国际体系中国际制度和信任文化的形成和变迁都产生深远影响，也会对其他国家产生一定的示范效应，进而影响世界各国的理念、行为和互动过程。① 同时，他们的领导力和国际信誉也会对国际社会中信任网络的整合起到关键作用。因此，在其他条件一致的情况下，国际社会中主导国的领导力越强，国际信誉越高，治理理念和政策行为越具有互惠性、开放性和包容性，越能够与彼此以及其他国家和睦共生、共同发展、互尊互信、互利共赢，在与各国互动和进行全球治理的过程中越能够坚持正确的义利观、通过平等协商的方式解决冲突和分歧，那么就越可能激励世界各国普遍形成和睦共生、重信守义、互利共赢、包容发展的价值理念，从而越有利于在更大范围内形成道德信任。

综上所述，理性信任、过程信任、制度信任和道德信任反映了信任的四种不同来源和基础，即潜藏利益、互动经历、社会制度以及道德规范。同时，它们也分别代表了信任的不同层次和水平（参见图1-1）。随着信任层次的提高，信任形成的难度更大、耗时更长、涉及的范围更广、因素更多，但形成后的维持成本更低，稳定性也更强。此外，从这四种信任类型中还可得出一个推论，即信任是国家社会化的产物，信任产生的"趋利"动机实际上并非经济学家们眼中纯粹的经济利益（物质利益），而是经济利益和社会利益（非物质利益）的结合。② 从最低层次的工具理性信任到最高层次的道德信任，国家间的信任层次越高，意味着国家的社会化程度也越高，社会利益对国家间建立、维持和增强信任的驱动作用也越强。

---

① Alexander Wendt, *Social Theory of International Politics*, Cambridge: Cambridge University Press, 1999；参见阎学通《世界权力的转移——政治领导与战略竞争》，北京大学出版社2015年版，第37—52页。

② Mark Granovetter, *Society and Economy: Framework and Principles*, Massachusetts: Harvard University Press, 2017.

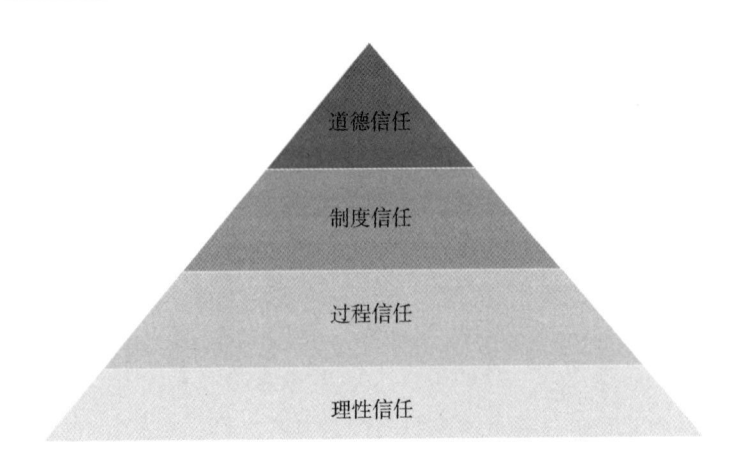

图 1-1　不同层次信任类型示意图

资料来源：笔者自制。

诚然，由于信任具有主观性和内隐性，我们往往很难精确地测量不同国家之间是否存在信任或是否形成了某种信任类型。然而，由于不同信任类型的主要来源存在差异，对国际环境、国家内部状况以及国家之间互动过程的要求都不同，因此我们仍可以通过观察不同时期特定区域或群体中是否具备形成条件来大致判断该区域或群体成员之间的主要信任类型。

五　不同信任类型的相互作用与转化

首先，不同的信任类型在一定程度上具有相互促进作用。例如，理性信任的形成、维持和增强有利于为过程信任的形成创造条件，反过来过程信任的形成也有利于进一步增强双方的理性信任。共同目标或潜藏利益的达成即预期的实现有助于双方增加共同经历，培养亲密情感，构建身份认同；同样，亲密情感的培养、良性互动的积累也有助于促进双方对彼此潜藏利益的重视和对彼此可信性的感知，并进一步增强双方采取行动满足对方利益的意愿。又如，国家间良性互动过程的持续积累有利于促进国际制度的发展和国际信任文化的演进；制度信任水平的提高反过来又有利于改善国家间的互动过程，降低信任关系的维持成本和不稳定性。因此,过程信任和制度信任也在很大程度上能够相互促进。但由于这几种信任模式的主要来源和形成条件不完全相同,因此这种促进作用仍是有限的。

其次,信任的形成和变化包含了自下而上和自上而下两种路径。信任的形成和转化最初是一个自下而上的过程。也就是说,当世界各国从互不信任到部分国家之间形成一定程度信任的过程中,往往都是从低层次的理性信任开始构建的。高层次信任是低层次信任发展到一定阶段的结果,尤其是一般信任(制度信任和道德信任)的形成最初都需以一定程度的特殊信任(理性信任和特殊信任)为基础。但随着国家社会化程度的提高、社会制度的不断完善、社会规范的不断演进,国家间信任的形成和转化便开始出现了自上而下和自下而上两种路径。

一方面,高层次信任形成后会对下一个循环中低层次信任的形成产生影响。尤其是一旦国际社会或特定区域/群体中逐渐形成了一定程度的系统性一般信任,那么这种一般信任就将对下一个阶段中成员之间特殊信任的形成和发展都产生较大影响。因为对于任何作为个体的国家来说,国际社会中和特定区域或群体中的既有制度安排、信任网络以及信任文化都将成为该国与其他国家之间下一个阶段中特殊信任形成和发展的背景条件和外部环境,会潜移默化地影响它们的利益偏好、理性认知和计算过程、行动能力以及行为模式。[①] 如果国际社会或特定区域/群体中一般信任形成后又遭到了严重破坏,那么再重新形成这种程度的一般信任可能需要消耗各国更长的时间和更高的成本。而在这个修复和重建一般信任的过程中,个体国家之间既有的特殊信任也容易受到负面影响,国家维持信任关系的难度及其所需付出的物质成本都可能会显著增加。

另一方面,低层次信任的变化也会反过来影响高层次信任的变化,尤其是国际社会中主导国之间的特殊信任变化也会在较大程度上影响到下一个阶段一般信任的形成和变化。例如,特定区域或群体中新成员的加入、主导成员的政策调整或重要成员之间信任关系的破坏都可能对区域/群体

---

① 参见[波兰]彼得·什托姆普卡《信任:一种社会学理论》,程胜利译,中华书局2005年版,第177—178页。

内成员之间的互动过程、制度建设、信任网络状态以及信任文化都造成影响，并可能影响到整个区域/群体中一般信任的形成和变化。

由此可见，每个国家的决策行为既会受到国际制度、信任网络和信任文化共同作用下形成的一般信任水平的影响，也会通过影响其他国家的行为选择和国家间的互动过程来影响下一个循环中信任的形成和转化。这也意味着，不同信任类型和形成和转换都不是一个线性过程，也不是一个一劳永逸的结果，而是一个不断建构和变化的过程。

最后，信任层次的变化具有阶段性特征。由于国家对彼此能力和意图的预期会随着信息、国内外环境、决策者主观认知等因素的变化而不断调整，并容易受到国家在国际重大危机或关键事件中行为选择及其后果的影响，因此国家间信任关系和特定区域/群体中信任层次的变化往往都具有较强的阶段性特征。也就是说，在各国都具备一定物质实力和履约能力的前提下，国家间信任层次的变化实际上是各国决策者在国内—国际双重博弈下各种政策行为长期累积的综合结果。[①] 尤其是在某些重大危机、冲突或关键事件前后，国家间信任关系和信任程度的变化往往是各国行为选择及其后果的"副产品"，并能够反映各国对彼此能力和意图是否具有可信赖性的评价变化。

第四节　判断信任程度及其变化的观测指标

从宏观层面观察区域内成员之间的主要信任来源以及地区内是否具备不同信任类型的形成条件，既有利于我们大致判断不同历史时期内特定区域/群体的整体信任层次变化，也有利于我们辨别特定历史时期地区内成员之间的基本信任状况。

然而，对于处在某一历史节点的特定国家来说，他们之间的特殊信任既可能以某一种信任来源为主，也可能同时包含了多种信任来源。他们之间信任程度的提升或信任关系的增强既有可能得益于某一种信任类型的维

[①] R. Putnam, "Diplomacy and Domestic Politics: The Logic of Two-Level Games", *International Organization*, Vol. 42, No. 3, 1988, pp. 427–460.

持和增强，也有可能是因为他们在与更多国家之间的互动中形成了更高层次的信任类型。同样，国家之间信任程度的下降既有可能归咎于国际社会或特定区域/群体中信任水平的整体下降，也可能是因为他们双方之间的信任关系遭到了破坏。在不同发展阶段，即便地区成员之间的主要信任来源（信任类型）变化不大，部分成员之间的信任程度仍可能发生较大变化。尤其是在区域合作进程中，核心成员或主导国家之间的双边信任程度变化往往能够对地区内整体信任程度的变化产生重要而深远的影响。因此，为了便于研究，笔者进一步尝试构建了判断主要成员之间信任程度及其变化的观测指标体系：

1. 利益指标（interest preference indicator）：国家在互动中越重视共同长期利益和绝对收益，采取信任行为与实现预期利益目标之间的时间差越长，它们之间的信任程度可能越高；相反，国家在互动中越重视各自短期利益和相对收益，采取信任行为与实现预期利益目标之间的时间差越短，则信任程度可能越低。

2. 授权指标（discretion-granting indicator）：如果国家在互动中对彼此的授权程度越高、暴露自身脆弱性和转移结果控制权的程度越高或意愿越强，越愿意在重要性和敏感性强、风险性高的问题领域合作，则它们之间的信任程度可能越高，反之则越低。

3. 威胁指标（threat perception indicator）：国家在互动中越倾向于认为对方不是自身国家安全的主要威胁，越愿意与彼此共同应对其他外部威胁，则它们之间的信任程度可能越高，反之则越低。

4. 风险性指标（risk indicator）。国家在互动中产生摩擦、危机和冲突的风险越小、频率越低、强度越小、时间跨度越短，决策者处理危机时越愿意"大事化小、小事化无"，越容易就解决方案达成共识，则他们之间的信任程度可能越高，反之则可能越低。

5. 制度化指标（institutionalization indicator）。国家越倾向于将他们的合作长期化、机制化、规范化，越致力于为维持长期稳定的互惠合作关系，提高合作水平进行国内、双边或多边的制度化建设，则它们之间的信任程度可能越高，反之则越低。

6. 政策协同性指标（policy coordination indicator）。国家在与彼此以及

与其他利益攸关方的互动中,或在参与集体行动的过程中,政策协同性越强、竞争性或对立性越弱,越有意识地兼顾或关切彼此利益,出现利益冲突时进行积极沟通和利益妥协的意愿越强,则它们之间的信任程度可能越高;反之则信任程度可能越低。

7. 情绪指标（emotion indicator）。政府和民众在互动过程中表现出的积极情绪越多,对长期维持和进一步增强双方互惠关系的信心越足,官方表态和国内舆论对彼此态度越积极,国内主流媒体对彼此的正面报道越多、负面报道越少,则它们之间的信任程度可能越高,反之则可能越低。①

值得提及的是,国家间信任程度应理解为信任双方在这几个维度表现的综合结果。我们需通过综合观测和多维比较它们在不同历史阶段的整体表现来判断它们信任程度的变化趋势。换言之,其中任何一个因素的消极变化都可能会对双方的信任关系造成损害,并引起双方互信程度的整体下降。这也印证了前文对信任的论述,国家之间增强互信的难度可能要远远大于破坏互信的难度。

本章小结

本章主要通过借鉴和融合经济学、社会心理学和国际关系学中关于信任问题的重要研究成果,对本书的核心自变量"信任"进行了概念界定,并将这一概念与其他相关概念的联系与区别进行了简要分析。在此基础

---

① 不可否认,国内经济发展状况、政权稳定性、领导人（及其决策团队）的品性、决策者与执行者之间的协同程度等因素都可能会影响国家之间的信任程度,但鉴于这些因素的影响都会通过国家的对外政策、行为以及互动过程体现出来,本书暂不做深究。关于对信任操作化的其他相关研究可参见 Aaron M. Hoffman, "A Conceptualization of Trust in International Cooperation", *European Journal of International Relations*, Vol. 8, No. 3, 2002, pp. 375 – 401; Lynne G. Zucker, "Production of Trust, Institutional Sources of Economic Structure, 1840 – 1920", *Research in Organizational Behavior*, Vol. 8, 1986, pp. 53 – 111; Linda D. Molm, et al., "Risk and Trust in Social Exchange: An Experimental Test of a Classical Proposition", *American Journal of Sociology*, Vol. 105, No. 5, 2000, pp. 1396 – 1427; Edward J. Lawler and Jeongkoo Yoon, "Network Structure and Emotion in Exchange Relations", *American Sociological Review*, Vol. 63, No. 6, 1998, pp. 871 – 894;参见蒋芳菲、王玉主《中美互信流失原因再探——基于对中美信任模式与互动过程的考察》,《太平洋学报》2019 年第 12 期;包广将《东亚国家间信任生成与流失的逻辑:本体性安全的视角》,《当代亚太》2015 年第 1 期。

上，笔者进一步将国家间信任划分为理性信任、过程信任、制度信任和道德信任四种主要类型，并深入探讨了这四种信任类型的主要来源、形成条件，以及相互作用与转化机制。为了能够直观地判断不同个体国家之间信任程度的相对变化，笔者还尝试构建了观测国家间信任程度变化的指标体系。

第二章

区域经济合作与区域一体化:概念界定与理论辨析

第一节 区域经济合作与区域一体化的定义

汉语中对"Region"有两种译法,即地区或区域;"Regionalism"相应也可译为"地区主义"或"区域主义"。传统上,学术界一般认为区域是指地理位置邻近、人文传统相近并在历史上有密切关系的一些国家所构成的国际单元。① 随着地区主义的兴起(the rise of regionalism),已有越来越多的学者认为它不是纯粹的地理区域,而是介于国际体系与国家行为体之间的"子系统";是一种社会建构,是以地理为表现形式的社会事实;或一个朝着国际政治经济实体过渡的概念。② 因此,"区域"既是一个地理概念,也是一个政治、经济与文化概念;既是一个空间概念,也是一个时间概念;是一个涵盖了地理位置、社会制度、政治经济关系以及文化规范的"次体系",介于国际体系与国家行为体之间的"子系统"。③ 在不同

---

① 参见梁志明《论东南亚区域主义的兴起与东盟意识的增强》,《当代亚太》2001年第3期。
② T. J. Pempel, "Introduction: Emerging Webs of Regional Connectedness", in T. J. Pempel ed., *Remapping East Asia: The Construction of a Region*, Cornell University Press, 2005, p. 4;参见范斯聪《东亚经济一体化的困境与出路——国际比较的视角》,人民出版社2015年版,第3—4页;参见彭述华《东亚经济一体化主导问题研究》,人民出版社2001年版。
③ Edward D. Mansfield and Helen V. Milner, "The New Wave of Regionalism", *International Organization*, Vol. 53, No. 3, 1999, pp. 589 – 627; Louis J. Cantori and Steven L. Spiegal, "The International Relations of Regions", in Richard A. Falk and Saul H. Mendlovitz, *Regional Politics and World Order*, San Francisco: W. H. Freeman, 1973, p. 335; Karolina Klecha-Tylec, *The Theoretical and Practical Dimentions of Regionalism in East Asia*, Palgrave Macmillan, 2017, pp. 7 – 17;参见梁志明《论东南亚区域主义的兴起与东盟意识的增强》,《当代亚太》2001年第3期。

历史时期内,区域所涵盖的范围、成员可能都会发生变化。

汉语中"合作"的含义较为宽泛,既可意指共同创作、写作、演奏,也可表示共同从事某项工作或事业以达到共同目的。不同学科对合作的理解也各有侧重。经济学倾向于将合作视为理性经济人为了实现共同利益目标而做出的一种决策或行为,往往与背叛相对应;而国际关系学则更倾向于将合作视为一种国家间关系的主要形态,往往与冲突或纷争相对应。例如,克劳斯·诺尔将国家之间的关系划分为合作、冲突和冷淡三种形式。①罗伯特则认为国家之间的关系主要有和谐、合作和纷争三种形态。②

本书中的合作主要指"国家行为体为了追求共同利益/目标而自愿进行政策调整和利益协调的行为、状态和过程"③。"区域经济合作"则可以理解为某个特定区域内,由国家推动的持续性、制度化的双边和多边经济合作活动,一种旨在谋求以建构和发展区域内双边和多边合作机制来促进本地区的和平与发展、不断提升域内各国民众的福利水平,并以实现区域一体化为共同目标的实践、状态和过程。

如果说区域一体化是区域经济合作的主要目标,那么究竟何为区域一体化?荷兰经济学家丁伯根(Jan Tinbergen)最早提出"经济一体化"的概念,并将其定义为:"域内成员通过相互协作,消除阻碍经济有效运行的人为因素,创造最便利的国际经济环境。"④ 美国经济学家贝拉·巴拉萨(Bela Balassa)在其基础上进一步发展了这一概念,并认为区域一体化主要是指域内各经济体通过消除各种壁垒,实现产品和要素自由流动而不受政府歧视与限制的状态和过程。⑤ 中国学者刘重力将这一概念定义为"特定区域内的两个或两个以上的经济体,为了实现区域整体和区域内各

---

① Klaus Knorr, *The Power of Nations: The Political Economy of International Relations*, New York: Basic Books, 1975, p. 3.

② Robert O. Keohane, *After Hegemony: Cooperation and Discord in the World Political Economy*, Princeton, N. J.: Princeton University Press, 1984, pp. 51 – 57.

③ Joseph Grieco, *Cooperation among Nations: Europe, America and Non-Tariff Barriers to Trade*, Ithaca: Cornell University Press, 1990, p. 22.

④ Jan Tinbergen, *International Economic Integration*, Elsevier, 1954; Jan Tinbergen, *Shaping the World Economy: Suggestions for an International Economic Policy*, New York: The Twentieth Century Fund, 1962.

⑤ Bela Balassa, *The Theory of Economic Integration*, London: Allen & Unwin, 1962, pp. 1 – 2.

经济体的经济利益,通过双边或多边谈判,签订旨在消除阻碍区域内商品和生产要素流动的各种壁垒的协议,进而形成区域性经济联合体的过程和目标。"① 我国学者宋玉华等则认为经济一体化包括广义和狭义两个不同范畴。其中,广义的经济一体化包括经济国际化和全球化的发展,以及通过制度安排使经济不断聚合和融合的过程;狭义的经济一体化则始于经济全球化相对应的概念,使各国为了适应经济发展的客观规律而进行的制度安排和制度创新,因此"区域经济一体化"可以理解为主权国家为了实现区域内外的经济合作、联合或融合而实行的制度安排。② 然而,也有学者倾向于从多维的视角理解区域一体化。例如约瑟夫·奈指出,一体化不仅仅意指经济一体化,也包含了政治一体化、文化一体化和法律制度一体化。③

本书将"区域一体化"理解为特定区域从部分整合为整体的状态和过程,其起点一般为个别成员之间双边经贸合作的建立,最终目标/理想愿景是域内成员之间实现政治、经济、社会、文化等多层次、多维度的"整体性融合",形成利益共享、责任共担、团结互信、和谐共生、共同发展的命运共同体。④ 如果区域一体化是一条线,那么区域经济合作则可以理解为这条线上不同的点,这条线上不同点之间所体现的合作水平以及成员之间

---

① 刘重力等:《东亚区域经济一体化进程研究》,南开大学出版社2017年版,第2页。
② 参见宋玉华等《开放的地区主义与亚太经济合作组织》,商务印书馆2001年版,第23—29页。
③ [美]詹姆斯·多尔蒂、小罗伯特·普法尔茨格拉夫:《争论中的国际关系理论》,阎学通、陈寒溪等译,世界知识出版社2003年版,第586页。
④ Bela Balassa, *The Theory of Economic Integration*, London: Allen & Unwin, 1962, pp. 1 – 18; Ioannis Lianos and Okeoghene Odudu, "Introduction", in Ioannis Lianos and Okeoghene Odudu, eds., *Regulating Trade in Services in the EU and the WTO: Trust, Distrust and Economic Integration*, Cambridge: Cambridge University Press, 2012, pp. 1 – 5; Jay Mitra, *Entrepreneurship, Innovation and Regional Development*, Abingdon and New York: Routledge, 2013; Shaun Breslin, Christopher W. Hughes, Nicola Phillips, and Ben Rosamond, eds., *New Regionalisms in the Global Political Economy*, London and New York: Routledge, 2002; Björn Hettne, "The New Regionalism Revisited", in Fredrik Söderbaum and Timothy M. Shaw eds., *Theories of New Regionalism*, New York: Palgrave Macmillan, 2003; C. M. Dent, *East Asian Regionalism*, London and New York: Routledge, 2008; Karolina Klecha – Tylec, *The Theoretical and Practical Dimensions of Regionalism in East Asia*, Palgrave Macmillan, 2017; Louise Fawcett and Andrew Hurrell, eds., *Regionalism in World Politics: Regional Organization and International Order*, New York: Oxford University Press, 1995; 参见张蕴岭《在理想与现实之间——我对东亚合作的研究、参与和思考》,中国社会科学出版社2015年版。

的融合程度都有所不同。① 因此,区域经济合作进程主要是指"特定区域内的国家行为体为了实现区域一体化而采取的合作方式和互动模式。"②

第二节 区域一体化进程中的主要合作机制

那么,我们应如何判断区域一体化进程的推进和区域经济合作的发展?对于这一问题,美国著名经济学家巴拉萨很早便给出了答案,即按照区域经济合作水平从低到高,可将区域经济一体化分为六个主要发展阶段:特惠关税区、自由贸易区、关税同盟、共同市场、经济联盟、完全经济一体化。③ 这种判断方式之所以能够获得中外诸多学者的青睐和认可,既是因为这种判断标准非常简单明了,且具有较强的可操作性;也是因为这些学者都倾向于将区域一体化视为合作在经济领域的功能性扩散,因此域内成员之间贸易便利化与自由化程度最能够体现区域经济合作水平。

然而,笔者认为这种判断方式仍存在一定的弊端。其一,尽管区域经济一体化是区域一体化的重要组成部分,但这种判断标准容易忽略政治和社会等其他维度的整合,并将经济领域的合作与其他领域的互动割裂开来,因此具有一定的片面性,故本书将区域一体化视为一种整体性融合的过程。其二,这种判断标准过于强调物质利益对区域经济合作的促进作用,相对忽略了政治因素、社会化程度和非物质利益对国家决策行为的影响,从而也不利于我们分析信任因素在区域经济合作中的作用。其三,如果仅以贸易自由化与便利化为判断标准,东亚区域一体化进程可能一直处于起步阶段。④ 这实际上并不利于我们客观评价过去半个多世纪以来东亚

---

① Edward D. Mansfield and Helen V. Milner, "The New Wave of Regionalism", *International Organization*, Vol. 53, No. 3, 1999, pp. 589 – 627;参见罗荣渠、董正华主编《东亚现代化:新模式与新经验》,北京大学出版社1997年版;范斯聪《东亚经济一体化的困境与出路——国际比较的视角》,人民出版社2015年版,第4—5页。

② 根据约瑟夫·奈的定义,进程主要是指国家行为体之间的互动方式和互动类型。Joseph S. Nye, *Understanding International Conflicts*, New York: Harper Collins, 1993, p. 30.

③ 巴拉萨认为区域一体化的理性愿景是区域内各成员国在经济联盟的基础上,全面实行统一的经济和社会政策,建立统一的货币制度,使各成员在经济上形成单一的经济实体。参见 Bela Balassa, *The Theory of Economic Integration*, London: Allen & Unwin, 1962。

④ 参见张鸿《区域经济一体化与东亚经济合作》,人民出版社2006年版,第3页。

各国为推动区域一体化进程而做出的努力,以及东亚区域经济合作所取得的历史进展。

也有学者从社会建构的角度来划分区域一体化的不同阶段,即按照区域化程度从低到高划分为五个层次:区域性;区域复合体;区域社会;区域共同体;区域国家。① 其中,区域性主要是指地理单位;区域复合体是指经济和安全上的相互依赖;区域社会主要是指地区向多层次、全方位发展,非国家行为体参与区域化进程,并在规则框架下互动;区域共同体主要是指区域逐渐向行为主体过渡,有明显的认同感、制度化和行为体特征;区域国家则类似于古代的王国,与现代社会的主权国家存在一定区别。② 这种判断方式的优势在于将地区经济、政治、文化等多个领域的一体化进程作为一个整体来考虑,有利于弥补经济学考虑区域一体化问题时对国家社会性的忽视,以及对非物质因素关注不足等问题。

然而,笔者认为这种判断方式也存在一定的弊端。一是相对而言,这种判断标准实际操作起来更加困难。如果需要考虑到参与区域经济合作主体的多元性,尤其是如果需要将跨国公司、非政府组织、普通民众等不同的非国家行为体参与区域经济合作的程度都加以考量,会大大增加观察和判断区域经济合作进程的难度。因此,为便于研究,本书更倾向于将主权国家视为东亚区域经济合作中的主要行为体。二是这种判断标准相对忽视了区域经济一体化在区域一体化进程中的基础性作用,从而导致其对各个阶段的划分界限仍存在一定的模糊性。例如,按照这种判断标准,东南亚地区(东盟)的一体化程度可能早已和欧洲的区域一体化处于同一发展阶段,这不仅可能造成理解和研究上的困难性,与客观现实可能也有些出入。三是这种划分标准将区域一体化视为以地理为表现形式的社会事实,不利于我们理解和分析美国在东亚区域一体化进程中所扮演的角色和所发挥的作用。美国在地理上显然并不是东亚国家,但它一直以来都对东亚区

---

① 参见范斯聪《东亚经济一体化的困境与出路——国际比较的视角》,人民出版社2015年版,第92页。

② 范斯聪:《东亚经济一体化的困境与出路——国际比较的视角》,人民出版社2015年版,第92页;Björ Hettne and Fredrik Söderbaum, "Theorising the Rise of Regionness", *New Political Economy*, Vol. 5, No. 3, 2000, pp. 457–472。

域经济合作的发展有着深远的影响,并在区域经济合作进程中发挥着一定的主导作用。因此,本书更倾向于将区域一体化视为一个同时包含时间和空间两个维度的概念,而不纯粹是以地理为表现形式。

基于以上分析,笔者决定从其他学科的一些相关研究中寻找线索。美国著名文化人类学家马歇尔·萨林斯（Marshall D. Sahlins）曾将人类社会中所有的合作和交易分为消极互惠（negative reciprocity）、平衡互惠（balanced reciprocity）和普遍性互惠（generalized reciprocity）三种主要机制。[1] 美国哈佛大学进化动力学中心主任、著名生物学家马丁·诺瓦克（Martin A. Nowak）教授的研究表明,合作是人类继突变和自然选择之后的第三个进化原则,并将人类社会中的合作概括为直接互惠、间接互惠、空间博弈、群体选择、亲缘选择五种主要机制。[2] 受到这些研究的启发,笔者意识到区域一体化进程实际上也可以理解为"各国政府主导下,域内国家之间合作机制形成、演变与进化的过程"。相比于经济学或社会学的角度,笔者认为这一视角不仅能够体现出国家之间政治、经济、社会等多个维度的整体融合,也更加符合现代主权国家之间开展区域经济合作的过程与状态。

有鉴于此,本书将区域一体化大致划分为直接互惠、间接互惠、群体选择性互惠、群体普遍性互惠四种主要合作机制。区域经济合作的阶段性发展则分别以这四种合作机制的建立为主要标志。这四种合作机制不仅在形成难度、合作方式、稳定程度等方面存在较大差异,还能够较为直观地反映出不同国家在区域经济合作中的互动过程、互信状态、融合程度等。值得强调的是,本书认为区域经济合作进程的发展并不是高层次合作机制替代低层次合作机制的过程,而是通过建立和维持更高层次的合作机制,使其与低层次合作机制之间相互嵌套、彼此促进、协同进化,不断激发域内成员之间形成更紧密的合作关系,达到更高的合作水平,最终实现区域一体化的过程。

---

[1] Marshall D. Sahlins, "On the Sociology of Primitive Exchange", in Banton, Michael, ed., *The Relevance of Models for Social Anthropology*, London and New York: Psychology Press, 2004, pp. 139-236.

[2] Martin A. Nowak, "Five Rules for the Evolution of Cooperation", *Science*, Vol. 314, Issue 5805, 2006, pp. 1560-1563;参见［美］马丁·诺瓦克、罗杰·海菲尔德《超级合作者》,龙志勇、魏薇译,浙江人民出版社2013年版。

一 直接互惠

直接互惠是区域经济合作中的第一种合作机制。顾名思义,直接互惠是指行为体之间建立的是一种"你帮助我,我也帮助你"的、能够使彼此从合作中直接受益的互惠关系(如图 2-1 所示)。[①]

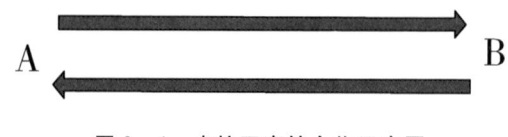

图 2-1 直接互惠性合作示意图

资料来源:笔者根据诺瓦克、阿克塞尔罗德等学者的研究自制而成。

这种互惠具有三个最核心的特征:一是合作双方直接进行交易;二是双方合作遵循简单的平等交换原则;三是双方明确期望自身付出的合作成本能够在下一回合的互动中及时换回收益。

首先,直接互惠发生于交易双方之间,这一机制的形成只需要两个行为体便可以实现。但只有这两个行为体能够在重复博弈中保持长期接触,且双方具备一定程度的理性认知能力,确保双方能够在互动中识别对方,并对双方的互动经历保留记忆,它们之间才可能建立直接互惠。[②]

其次,直接互惠机制下,交易双方都倾向于遵循最简单的平等交换原则和"一报还一报"策略。[③] 合作关系本质上是一种对称关系,因为如果 A 与 B 合作,也意味着 B 与 A 合作,双方都自愿参与一种合作性的风险

---

① Robert L. Trivers, "The Evolution of Reciprocal Altruism", *The Quarterly Review of Biology*, Vol. 46, No. 1, 1971, pp. 35 - 57; Martin A. Nowak, "Five Rules for the Evolution of Cooperation", *Science*, Vol. 314, Issue 5805, 2006, pp. 1560 - 1563.

② J. M. Grieco, "Anarchy and the Limits of Cooperation: A Realist Critique of the Newest Liberal Institutionalism", *International Organization*, Vol. 42, No. 3, 1998, pp. 485 - 507;参见 [美] 马丁·诺瓦克、罗杰·海菲尔德《超级合作者》,龙志勇、魏薇译,浙江人民出版社 2013 年版,第 38 页;参见 [美] 罗伯特·阿克塞尔罗德《合作的进化》,吴坚忠译,上海人民出版社 2017 年版,第 47 页。

③ Martin A. Nowak and K. Sigmund, "Tit-for-tat in Heterogeneous Populations", *Nature*, Vol. 355, 1992, pp. 250 - 253;[美] 马丁·诺瓦克、罗杰·海菲尔德:《超级合作者》,龙志勇、魏薇译,浙江人民出版社 2013 年版,第 36—47 页;[美] 罗伯特·阿克塞尔罗德:《合作的进化》,吴坚忠译,上海人民出版社 2017 年版,第 19—48 页。

与利益联盟中。① 因此，基于直接互惠机制建立的合作关系中，双方都期望双方的交易是等价的，即我为你付出了多少，那么你就需要对我回报多少；你为我付出了多少，那么我就对你回报多少。而且，合作双方都倾向于采取"一报还一报"的策略，即只要对方合作，我就合作；对方背叛我也背叛。② 因为双方都能意识到，双方未来还有再次相遇的可能，所以如果自己首先采取背叛行为，很可能也会使对方下次采取背叛行为。因此，只要未来对现在能够产生足够大的影响，两个行为体认识到双方再次相遇的概率较高，且一次背叛所带来的收益可能小于未来更多次合作可能带来的收益时，它们就可能更愿意选择合作行为，并维持这种合作关系。③

最后，交易双方明确期望合作成本能够在下一轮互动中换回预期收益。交易双方合作的持续取决于每一次合作中的利益实现，因此它们对合作中的成本收益有较为明确的计算，且要求合作行为与利益兑现之间的时间差较短。直接互惠建立初期，上一次合作中付出的成本如果无法在下一次的合作中及时得到相应回报，它们便可能迅速改变策略，进而采取背叛行为。④

从直接互惠的核心特征可以看出，其优势在于通过将交易双方置于更长期的互动中，使原本都认为背叛策略占优的双方都不再轻易选择做第一个背叛者，而是更倾向于通过合作来实现自身利益，从而使合作的建立和维持成为可能。⑤ 但其劣势在于，基于直接互惠机制建立的合作关系具有较强的脆弱性和不稳定性，其维持取决于合作双方在每一轮互动中的行为选择。一方偶然失误或背叛，抑或干扰信息的存在都可能导致双方合作的终止，甚至使双方陷入相互报复的恶性循环。⑥

---

① Bernard Williams, "Formal Structures and Social Reality", in Diego Gambetta ed., *Trust: Making and Breaking of Cooperative Relations*, Oxford: Basil Blackwell, 1988, pp. 3–13.
② 参见［美］罗伯特·阿克塞尔罗德《合作的进化》，吴坚忠译，上海人民出版社2017年版，第39页。
③ 参见［美］罗伯特·阿克塞尔罗德《合作的进化》，吴坚忠译，上海人民出版社2017年版，第40页。
④ 参见［美］罗伯特·阿克塞尔罗德《合作的进化》，吴坚忠译，上海人民出版社2017年版，第40—42页。
⑤ 参见［美］罗伯特·阿克塞尔罗德《合作的进化》，吴坚忠译，上海人民出版社2017年版，第42页。
⑥ 参见［美］马丁·诺瓦克、罗杰·海菲尔德《超级合作者》，龙志勇、魏巍译，浙江人民出版社2013年版，第48页。

总之，直接互惠是人类社会中一种最基础、最原始的互惠机制，它有助于我们理解，在无政府状态的国际社会中，国家为什么能够从相互背叛走向相互合作，能够建立并维持一定的合作关系。援引至区域经济合作，域内国家之间在多轮交流互动后，在国家层面建立正式的双边经贸合作关系，以及达成双边自由贸易或投资、协定等都可以视为直接互惠性合作机制已经形成并发挥作用。

二 间接互惠

间接互惠是区域经济合作中第二种主要合作机制，它主要是指行为体之间建立和维持着一种"我帮助你，就会有其他人来帮助我"的、能够使行为体从彼此的合作中间接受益的互惠关系（如图 2-2 所示）。[1] 其核心特征主要有以下几点：

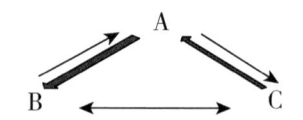

图 2-2 间接互惠性合作示意图

资料来源：笔者根据诺瓦克、海菲尔德等学者的研究自制而成。

其一，间接互惠建立于多个行为体（至少三方）之间。一方对另一方的合作行为并不期望对方能够直接给予即时回报，而是以此次合作作为"购买"声誉的成本，以确保自身能够从第三方或更多其他行为体得到回报。[2] 例如，A 国对 B 国采取某种合作行为，可能期望的不是 B 国立刻给予回报，而是希望未来能够从 C 国得到回报。由此可见，间接互惠需要行为体具有比直接互惠下更高的理性认知能力以及更高程度的利他动机。[3]

---

[1] Martin. A. Nowak and K. Sigmund, "Evolution of indirect reciprocity", *Nature*, Vol. 437, 2005, pp. 1291-1298.

[2] 参见［美］马丁·诺瓦克、罗杰·海菲尔德《超级合作者》，龙志勇、魏巍译，浙江人民出版社 2013 年版，第 67 页。

[3] Thomas Pfeiffer, et al., "Evolution of Cooperation by Generalized Reciprocity", *Biological Sciences*, Vol. 272, No. 1568, 2005, pp. 1115-1120.

其二，对于间接互惠机制下的任意双方而言，他们之间的交易短期内存在合作成本和相对收益上的差距，但只要各方期望的未来收益能够超过短期需要付出的合作成本，间接互惠便可以产生。① 对于 A 国和 B 国来说，A 国可能在与 B 国的某一次合作中成本更大或相对收益更少，但即便未来 A 国与 B 国相遇的可能性较低，或不一定能够在与 B 国的合作中获得更大收益，只要 A 国的合作行为能够使其在其他国家中树立好的声誉或名声，并可以鼓励其他国家学习和效仿，那么未来 A 国便可能在与 C 国的合作中获得更高的相对收益，从而使 A 国能够获得的长期收益大于短期合作成本。②

其三，与直接互惠相比，间接互惠中部分行为体的合作行为与他们利益兑现之间的时间差变得更长。A 国在与 B 国进行合作时，由于它所期望的并不是从 B 国得到即时回报，因此 A 国合作行为与预期利益兑现之间的时间差取决于 C 国的合作行为，但 B 国在与 A 国合作中付出的成本可能即刻便能换回更高的收益。由此可见，在间接互惠中，不同国家合作行为与利益兑现的时间差不同，在具体某一次合作中的相对收益也可能出现较大差异。

与直接互惠相比，间接互惠能够发展出更大规模、更为复杂的合作结构，也能使更多国家之间形成更为紧密的联系。③ 它有助于我们理解为何有些国家会对未来再次相遇机会没有那么大，或者短期内无法从对方获得直接回报的其他国家做出成本明显大于收益的利他性合作行为。

一般而言，基于间接互惠性合作机制建立的合作关系更具稳定性，也更有利于激励国家采取更多利他的合作行为，从而有利于增强行为体之间的合作关系，提升它们的整体合作水平。一方面，在这个包含了多个行为体的复杂合作结构中，随着合作规模的扩大，一方偶然的失误或背叛行为对合作关系的破坏作用更小。随着声誉机制的影响力越来越大，声誉差的

---

① 参见［美］马丁·诺瓦克、罗杰·海菲尔德《超级合作者》，龙志勇、魏巍译，浙江人民出版社 2013 年版，第 80 页。
② Richard Alexander, *The Biology of Moral Systems*, New York: Aldine de Gruyter, 1987.
③ 参见［美］马丁·诺瓦克、罗杰·海菲尔德《超级合作者》，龙志勇、魏巍译，浙江人民出版社 2013 年版，第 70—71 页。

国家对声誉好的国家的背叛行为可能会损害该国的长期收益；但声誉好的国家对声誉差的国家的背叛行为可能对该国与其他国家的合作关系不会造成太大影响。另一方面，这种合作机制有利于减少各国对合作中短期相对收益差距的重视，更愿意对彼此采取友善、利他的行为，从而也有利于促进国家间良性互动的积累和国际道德规范的演进。

间接互惠还可以与直接互惠相互嵌套，彼此促进，产生协同效应。也就是说，当国家之间这两种合作机制同时在多个国家之间建立并发挥作用时，间接互惠有利于促进更多国家之间建立、维持和提升直接互惠性合作关系，而直接互惠的维持和增强又有利于激发更多国家愿意支付更高的成本来维持合作关系。这既可能使更多国家从双边合作中受益更多，也可能使它们有更大的动力来树立国际声誉，进而从间接互惠性合作关系中受益更多。在这一背景下，国家对于维持各种双边合作关系的重视也可能会超过它们在某一次合作中的实际成本—收益比，从而有利于进一步拉长它们合作行为与利益兑现的时间差，并激发它们之间达成更高水平的合作。

然而，间接互惠的缺陷则在于，它可能会在长期互动中使一部分国际声誉较好、合作关系较多的行为体获得更多长期绝对收益和更高的实力地位。一方面可能会加剧部分资源禀赋或利益结构相似的国家之间的竞争和利益冲突；另一方面也可能会加剧不同行为体之间的相对实力差距，以及合作关系内部的不平等性。甚至可能使部分国家之间演变为不对称的权力关系，加剧优势方和劣势方之间的背叛成本差异，增强劣势方在合作中的不安全感，从而导致合作受阻。[1]

间接互惠性合作机制是人类社会和当今国际政治经济秩序中最普遍的一种合作机制。例如，市场中货币的发明、担保机构或中介的存在等，都是间接互惠的某种表现形式。即便是在无政府状态的国际社会中，也不乏间接互惠的例子。例如，A 国对 B 国实施经济援助，或在某次危机中对 B 国雪中送炭，可能主要不是希望 B 国能够立即给予回报（虽不排除这方面的考虑），而是希望能够因此获得更好的国际声誉，从而使 A 国在与其他

---

[1] 这与基欧汉和约瑟夫·奈指出的相互依赖与权力之间的转化关系有一定的相通之处。参见 Robert O. Keohane and Joseph S. Nye, *Power and Interdependence* (4th Edition), New York: Longman, 2011。

国家的互动与合作中获得更多收益。又如，当今国际体系中不同国家在美国主导的全球产业链中分工合作，并使用美元作为国际货币，其实也是以美国为中心的间接互惠与各国间直接互惠相互嵌套的表现。援引至区域经济合作，在域内国家长期互动过程中，基于某一个或多个中心枢纽建立的合作框架下，若不同国家之间存在明显的短期相对收益差距，但仍愿意维持合作，且至少有一个国家愿意在合作中做出短期成本明显高于短期收益的利他性合作行为，那么这意味着区域内间接互惠性合作机制已经形成并发挥作用。

三 群体选择性互惠

群体选择性互惠是区域一体化进程和区域经济合作中第三种重要的合作机制。它主要是指行为体之间建立和维持着一种"我们都属于某个共同的群体，为群体的生存和发展共同付出，并从整个群体的生存和发展中长期获益"的互惠关系（如图 2-3 所示）。其核心特征主要有以下几点：

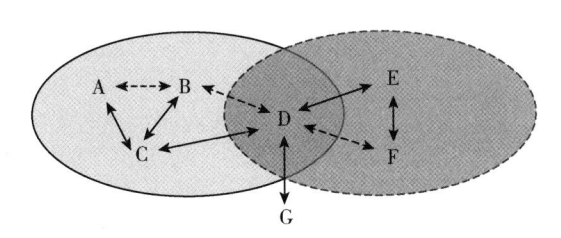

图 2-3 群体选择性互惠示意图

资料来源：笔者根据诺瓦克、海菲尔德等学者的研究自制而成。

首先，与间接互惠一样，群体选择性互惠同样建立于多个行为体（至少三方）之间，但它意味着群体内的个体都无法在不同群体之间太过自由地移动。① 正如诺瓦克所论证的，群体选择性互惠往往只可能发生于相对稳定的成员之间，因为如果每个个体都可随时在不同群体之间自由移动，那么合作者便可能难以得到回报，反而背叛者可以很低的成本盘剥一个群

---

① 参见［美］马丁·诺瓦克、罗杰·海菲尔德《超级合作者》，龙志勇、魏巍译，浙江人民出版社 2013 年版，第 113—114 页。

体并获得高收益后,再移动到下一个群体中继续盘剥其他成员。因此,如果某个群体中的成员可以自由在不同群体间移动,那么这个群体便很难形成稳定、高效的群体性互惠,反而背叛策略更占优并具有集体稳定性。只有当个体选择这个群体的收益成本比足够高,能够补偿其骑墙或迁移带来的影响时,才可能在这个群体中形成稳定高效的群体选择性互惠。

其次,群体选择性互惠的建立和维持往往源于不同群体之间的竞争性或群体外部共同威胁的存在。一般而言,群体被敌对群体消灭的可能性越大,或面临的外部共同威胁越强,越有可能激发个体为群体生存发展做出合作行为的动机,从而越可能使它们为了同一个目标建立群体选择性互惠。

最后,群体选择性互惠机制下,任何个体都愿意为群体的整体利益牺牲部分个体利益,通过增加群体在与其他群体之间的竞争中存活和胜出的可能性,使个体付出的短期成本得到长期补偿。① 因此,与直接互惠和间接互惠相比,群体选择性互惠中个体的短期合作行为往往具有更强的利他性,付出合作成本与兑现预期利益之间的时间差也可能更长。但个体从群体选择性互惠中期望获得的收益主要不是直接或间接来自某一个或几个其他成员,而是主要来源于整个群体的存活和发展所带来的长期收益,个体为群体的生存和发展所做出的利他主义行为和需要牺牲的个体利益则是获得这种长期收益需要付出的成本。

在很大程度上,群体选择性互惠有利于帮助我们理解为何个体国家会愿意为某个特定群体的生存和发展做出短期成本明显大于收益的利他性合作行为,也有利于理解为何有的群体能够在某些相对固定的成员之间形成并长期维持较为高效、稳定的合作,而有的群体却充满了背叛,或者转瞬即逝;为何某一个体的利他性合作行为能够在一个群体中树立较好的声誉,并能够使其从其他成员中得到更多的回报,但在有的群体中这种付出却可能难以得到相应的补偿?阿克塞尔罗德曾在《合作的进化》中强调,在一个充满随时可能背叛的"小人"的世界中,背叛策略具有集体稳定性,它可以阻止任何一个采取合作策略个体的侵入,因为没有任何人会回

---

① 参见［美］马丁·诺瓦克、罗杰·海菲尔德《超级合作者》,龙志勇、魏薇译,浙江人民出版社 2013 年版,第 114、118 页。

报新来者的合作行为。① 但如果采取合作策略的新来者是一个群体，那么合作的建立和进化仍是可能的。② 笔者由此得到的推论是，群体选择性互惠应该是一种比个体之间直接互惠和间接互惠层次更高、也更加稳定的合作机制。因为这种互惠机制的形成不仅本身就代表了合作从个体到群体的进化，也能够成为比个体之间的互惠关系更有利于改变"小人"世界、促进合作进化的系统性力量。

同时，群体选择性互惠的优势还在于，它形成后能够与直接、间接互惠之间相互嵌套，并产生协同效应，从而有利于在允许个体间同时保持竞争与合作关系的同时，限制它们之间的竞争烈度和范围，并抑制它们采取背叛行为的动机。就像一支新组建的足球队，为了队伍建设和整体发展，每个队员都需要为了队伍能够赢得比赛而分工协作。尽管他们付出这些成本可能主要不是为了从某一个或几个其他队员那里获得直接或间接收益，而是希望从整支队伍的发展和胜出中获得更大的长期收益。但这些成员之间被群体选择性互惠下形成的多边合作及其所激发的直接或间接互惠性合作关系都可能在一定程度上增进成员之间的感情，从而有利于缓解队员之间的内部竞争，以及部分球员的投机行为对队伍整体发展带来的负面影响。

然而，群体选择性互惠也存在一定的缺陷。例如，如果所有群体内部个体间合作的建立和维持都基于与其他群体之间的敌对或竞争关系，那么它有可能会使世界分裂为不同的紧密的"小圈子"，甚至使个体之间的竞争和冲突上升为群体间的冲突和对抗，造成族群冲突或种族主义现象。③

群体选择性互惠也普遍存在于当今国际政治经济秩序中。小到企业、跨国公司，大到主权国家、国际组织、经济联盟或大国主导的同盟体系，都可以理解为不同规模、不同形式的群体选择性互惠。援引至区域经济合作，如果特定区域内各成员以某种正式制度形式确认了群体的范围和彼此的成员身份，使群体内各成员都不能过度自由地移动于这个群体与其他竞

---

① 参见［美］罗伯特·阿克塞尔罗德《合作的进化》，吴坚忠译，上海人民出版社 2017 年版，第 43 页。
② 参见［美］罗伯特·阿克塞尔罗德《合作的进化》，吴坚忠译，上海人民出版社 2017 年版，第 44 页。
③ 参见［美］卡伦·S. 库克、拉塞尔·哈丁、玛格丽特·利瓦伊《没有信任可以合作吗？》，陈生梅译，中国社会科学出版社 2019 年版，第 2 页。

争或敌对群体之间，且群体内部存在有效的分工协作和利益协调机制，使各成员既不能轻易采取背叛群体的行为，也愿意为这一群体以及其他成员的发展牺牲部分个体短期利益，那么这便意味着群体选择性互惠已经形成并发挥作用。

四 群体普遍性互惠

群体普遍性互惠是区域经济合作中第四种重要的合作机制，也是最高层次的合作机制。它主要是指群体内的所有行为体之间都可以普遍建立和维持着一种"互尊互信、互爱互助、共同发展"的互惠关系（如图 2-4 所示）。

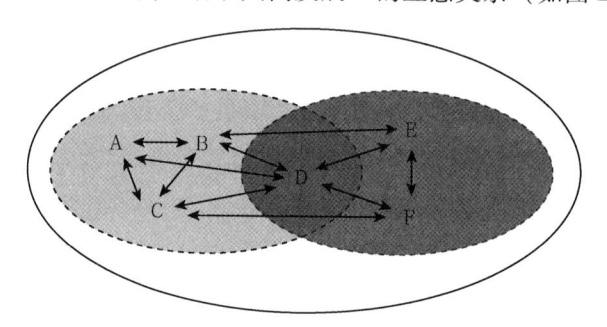

图 2-4 普遍性互惠示意图

资料来源：笔者根据诺瓦克、费弗尔等学者的研究自制而成。

普遍性互惠的核心特征主要有：

其一，群体普遍性互惠建立于一个群体中的任意两个或多个行为体之间。它比直接互惠和间接互惠都需要更少的理性认知能力或信息作为双方未来行动的基础，但群体内所有行为体都对彼此的善意有更大的确定性。[①] 也就是说，普遍性互惠的发生并非源于行为体对某一次合作中成本收益的理性计算或对成员过去互动经历的准确记忆，而是源于行为体长期与不同的行为体进行良性互动后形成的利他性共有观念。

其二，群体普遍性互惠机制下，每一方都可能对群体中的其他成员直接或间接做出短期成本明显大于收益的合作行为，且这种合作行为并不期

---

① Thomas Pfeiffer, et al., "Evolution of Cooperation by Generalized Reciprocity", *Biological Sciences*, Vol. 272, No. 1568, 2005, pp. 1115 – 1120.

望直接从对方,或间接从其他成员得到任何特定的短期回报,而是希望在与所有成员共同发展的过程中一起创造更多的长期收益和更好的社会环境。因此,普遍性互惠机制下,成员在合作中的利他性更加明显,具体某一次合作行为与预期利益实现之间的时间差可以无限拉长,个体的利己性与利他性已在合作中形成了新的动态平衡。

其三,群体普遍性互惠机制的建立意味着群体内部已形成了"你中有我,我中有你;我为人人,人人为我"的共同体。群体选择性互惠机制下,群体内部成员尽管都愿意为群体的生存和发展而采取利他性合作行为,但它们之间仍然可能存在不同程度的竞争,并在群体间竞争中具有采取背叛行为的利己动机。而在群体普遍性互惠机制下,群体内各成员的个体利益与集体利益已相互融合,成员之间关系更加亲密、融洽,每个成员都更倾向于将彼此视为亲密的合作伙伴或志同道合的朋友,而不是可能阻碍自身发展的竞争对手,且它们都将自身与其他各个成员以及整个群体的共同发展融为一体。

其四,群体内部普遍性互惠机制的建立意味着群体本身也具有较强的开放性和包容性,并与其他群体及其成员之间能够形成和睦共生、互利共赢的合作关系。因为如果不同群体之间是相对封闭、对立、缺乏互动的,那么不仅这个群体内部的成员难以与其他非群体成员建立并保持合作关系,个体自身发展也可能受到较大限制,从而将在很大程度上阻碍群体内部成员普遍形成互惠共荣的集体观念。

群体普遍性互惠有利于我们理解为什么在有的群体中,每一个个体都会愿意在其他个体需要的时候无私地对他们提供帮助,即便是在短期内无法获得任何直接或间接回报的情况下;为什么有的群体内部成员之间竞争激烈、关系紧张或背叛者居多,互惠程度有限;而有的群体却有着绝大多数互帮互助的合作者,且能够比其他群体具有更强的凝聚力和适应性,形成更高的互惠程度。由此可见,群体普遍性互惠可以理解为一种最高层次的群体选择性互惠,因为它能够激发出个体之间的直接或间接互惠,也能够包容更多不同类型的个体和群体,在内外合作的相互促进中使各种互惠机制层层嵌套,协同进化,远远强于各个部分的简单相加。它不仅有利于进一步增强群体内部的凝聚力与合作效率,也有利于整体提升群体的稳定性和适应性,以及不同个体之间、群体之间的融合程度和互惠程度。

就区域经济合作而言,区域一体化的最高目标——区域内成员之间相互高度融合并形成利益共享、责任共担、团结互信、和谐共生、共同发展的共同体,实现区域内多个维度的整体融合实际上就是群体普遍性互惠机制得以建立、维持,并与其他三种互惠机制相互嵌套,协同进化的结果。如果区域内任意两个或多个国家之间都愿意对彼此采取不求任何特定回报的利他性合作行为,且都愿意将自身与其他成员的发展,以及地区整体的和平与繁荣融为一体,这个区域/群体及其成员能够与其他区域/群体及其成员都在开放包容的理念下和睦共生、互利互惠,那么便可以理解为群体普遍性互惠机制已经形成并发挥作用。

(金字塔图:从顶到底依次为"群体普遍性互惠"、"群体选择性互惠"、"间接互惠"、"直接互惠")

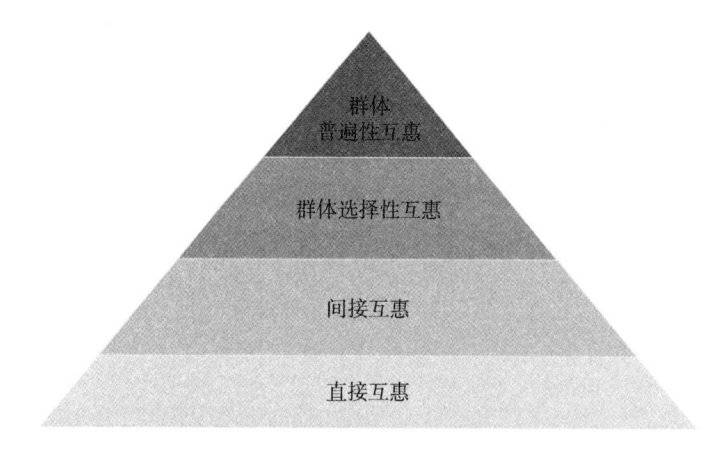

图 2-5 不同层次合作机制示意图

资料来源:笔者自制。

综上所述,直接互惠、间接互惠、群体选择性互惠和群体普遍性互惠分别是四种不同层次的合作机制,它们既能够代表地区各国之间可能形成的不同合作模式,也能够体现区域一体化进程的不同发展阶段(如图2-5所示)。合作机制的层次越高,不仅涉及的国家越多,形成难度越大,内部合作结构越复杂、稳定,成员之间的互惠程度和融合程度也越高。然而,本书所理解的区域经济合作和区域一体化进程不是单纯地从某一种经济合作形式转变为另一种更高层次的经济合作形式,也不是超国家行为体取代主权国家,或高层次合作机制替代低层次合作机制的过程,而是在区域合作机制的演进过程中，高层次合作机制与低层次合作机制之间相互嵌套、层层选择、彼此促进、协同进化，共同组成国际政治、经济、社会秩序的基础，最终实现区域/群体内部个体利益与群体利益相互平衡与有机融合、区域/群体之间和睦共生、互利共赢的复杂过程。①

第三节 判断区域经济合作变化的观测指标

从宏观层面观察地区成员之间建立和维持的主要合作机制有利于我们大致判断特定区域/群体在一体化进程中整体处于哪个历史发展阶段，以及在这一发展阶段内成员之间主要采取哪种合作模式。然而，合作机制的演进是一个相对复杂且曲折漫长的过程，因此区域经济合作的发展也并非一个线性过程。在不同时期，即便成员之间建立和维持的合作机制变化不大，它们之间的实际合作水平、质量，以及它们参与区域经济合作的状态仍可能存在较大差别。有鉴于此，笔者进一步尝试从微观层面构建了判断特定区域/群体成员之间合作状况及其相对变化的观测指标：

1. 域内贸易/投资总量：域内主要成员之间贸易和投资总量越大，经济联系越紧密，相互依存程度越高，它们之间的合作水平可能越高，反之则越低；

2. 域内贸易/投资增速：域内主要成员之间贸易和投资增速越快，它们之间的合作状况可能越好，反之则越差；

3. 域内贸易/投资在世界贸易/投资中的占比：区域内贸易和投资在世界贸易/投资中的比重越大、对各成员国内经济社会发展和世界经济增长的重要程度越高，它们之间的合作水平可能越高，反之则越低；

4. 域内自由贸易协定数量：域内各成员之间启动谈判和正式签订的双边、多边 FTA 数量越多，它们之间的合作水平可能越高，反之则越低；

5. 域内自由贸易协定的增速：域内成员之间启动谈判和正式签订的双边和多边 FTA 增速越快，它们之间的合作状况可能越好，反之则越差；

---

① 诺瓦克等学者也将这一逻辑称为"多层选择"。参见［美］马丁·诺瓦克、罗杰·海菲尔德《超级合作者》，龙志勇、魏巍译，浙江人民出版社 2013 年版，第 118—119 页。

6. 域内自由贸易协定质量：域内成员之间达成的双边、多边 FTA 涵盖的域内成员越多、自由化便利化水平越高、促进区域经济增长和各成员福利改善的作用越大，它们之间的合作水平可能越高，反之则越低；

7. 区域性多边合作机制与对话合作平台的数量：域内成员之间建立的区域性多边合作机制与对话合作平台数量越多，交流渠道越通畅、越多元，它们之间的合作水平可能越高，反之则越低；

8. 区域性多边合作机制与对话合作平台的质量：区域性多边合作机制与政府间对话合作平台涵盖的域内成员越多，机制越健全，运转效率越高，在成员之间进行利益协调和推进区域一体化进程的作用越大，越能够促进成员之间进一步增强互信与合作，它们之间的合作状况可能越好，反之则越差；

9. 合作涉及的问题领域：域内成员在双边或多边合作中涉及的问题领域涵盖范围越广，重要性和敏感性越强，风险性越高，它们之间的合作水平可能越高，反之则越低。

在很大程度上，区域经济合作水平的变化与区域一体化进程的演变应理解为各成员在这几个维度指标变化的综合结果。其中任何一个因素的消极变化都可能会影响区域经济合作水平的整体提升或区域一体化进程的稳步推进。因此，我们需通过综合比较各指标在不同时期的相对变化来整体判断成员之间的合作状况变化与区域经济合作的演变过程。

本章小结

本章主要围绕区域经济合作和区域一体化展开了探讨。基于对区域经济合作和区域一体化的概念界定，笔者将区域经济合作与区域一体化视为"点"与"线"的关系，并将区域一体化进程的推进和区域经济合作的发展理解为四种主要合作机制的建立和演进过程，高层次合作机制与低层次合作机制之间能够相互嵌套、层层选择、彼此促进、协同进化，共同推动区域经济合作水平的不断提升。为了更加直观地判断和比较不同历史阶段内主要成员之间合作水平的相对变化，笔者还尝试构建了观测区域经济合作水平相对变化的指标体系。

第三章

国家间信任与区域经济合作的关系

第一节 信任影响区域经济合作的宏观机制

本节主要探讨四种主要国家间信任类型与区域经济合作中四种主要合作机制之间的内在关系,以便从宏观层面分析信任在区域经济合作中的主要作用。

一 直接互惠:理性信任

本书认为,直接互惠性合作的建立和维持需以交易双方的理性信任为基本前提。换言之,对于区域内两个特定的国家来说,它们之间形成基于潜藏利益的理性信任是双方能够建立和维持直接互惠的必要条件。

在囚徒困境中(如表3-1所示),当囚犯1和囚犯2互不相识或无法沟通时,背叛策略对双方来说都是占优的。之所以双方都倾向于选择背叛,是因为在双方的理性计算中,都包含了对对方的理性不信任:一是双方都认为对方会选择背叛,即认为对方是不值得信任的,不相信对方会采取合作行为;二是双方都认为对方不信任自己,那么即便自己选择了合作,也不认为对方会相信自己做出了这样的选择。因此,如果要使双方从背叛占优到合作占优,那么就必须改变这两个层面的不信任。为了厘清信任在双边合作建立和维持过程中的作用,我们可以借鉴美国斯坦福大学凯伦·库克(Karen S. Cook)教授与日本北海道大学山岸俊夫(Toshio Yamagishi)

教授提出的"囚徒困境/风险博弈"(Prisoner's Dilemma Game with Risk)。[1] 这项研究通过在重复博弈中引入"风险"因素,不仅很好地对信任行为与合作行为进行了明确区分,而且也增加了每一轮互动中风险和利益的"不确定性",从而比其他博弈类型更有利于直观阐释信任与合作的关系。同时,研究者们特地选取了不同文化背景的行为体参与博弈,也有助于帮助我们理解行为体偏好上的差异对行为体信任程度和合作水平造成的实际影响。

表 3-1　　　　　　　　　　囚徒困境示意表[2]

		囚犯 1	
		合作	背叛
囚犯 2	合作	3, 3	0, 5
	背叛	5, 0	1, 1

在博弈开始时,具有不同个体特征(可以包括国家、种族、性别等)的 A 和 B 同时分别拿到不同颜色且数量不等的若干枚硬币,[3] 每一轮双方可以决定给对方多少硬币,以及决定是否归还对方给的硬币。如果他们选择归还,那么这一轮双方均可获得双倍收益,如果选择不还,则同伴的损失等于本人的收益。每一轮双方决定向对方投资的硬币数量就代表了他们对对方的信任水平,给对方硬币的行为则可以被认为是信任行为;而当他们选择归还对方的硬币时,这种行为可以被理解为合作行为。[4]

在双方给予对方硬币之前,假设 A 和 B 都需要一定比例的不同颜色硬币才能够买到他们需要的商品(合作具有客观必要性),并获得更多收益(合作可以创造双倍收益),那么只有当 A 和 B 都认识到自己需要的硬

---

① Karen Cook and Toshio Yamagishi, et al., "Trust Building via Risk Taking: A Cross-Societal Experiment", *Social Psychology Quarterly*, Vol. 68, No. 2, 2005, pp. 121 – 142.

② 参见 [美] 罗伯特·阿克塞尔罗德《合作的进化》,吴坚忠译,上海人民出版社 2017 年版,第 6 页。

③ 库克等人假设 A 和 B 的起始条件一致,即各拥有 10 枚硬币。此处,笔者对库克等人的研究做出了几点改进:一是为了展示 A 和 B 资源禀赋上的差异,假设双方所持硬币颜色不同;二是为了体现 A 和 B 具有一定的实力差异,假设双方的起始硬币数量不等;三是为了展示 A 和 B 对彼此的信息不完全掌握,因此没有明确标明硬币数量。

④ Karen Cook and Toshio Yamagishi, et al., "Trust Building via Risk Taking: A Cross – Societal Experiment", *Social Psychology Quarterly*, Vol. 68, No. 2, 2005, pp. 121 – 142, 127.

币有赖于对方给予，且对方具备给予自己期望的硬币数量的能力时，他们才会有意愿开始交换硬币。由此可见，对双方潜藏利益的感知，以及对对方具有基本履约能力的判断，即双方都认识到"我期望实现的利益客观上需要和你合作才能实现，而你客观上具备满足我预期的能力"是双方建立合作的前提之一。但仅凭这种感知，还不足以让双方真正建立合作，因为双方仍不能确认对方是否具有帮助自己实现预期收益、而不是利用自己的意图。

如果 A 比 B 更加重视这种潜藏利益，或有更强的购物意愿，或有更大的承担风险的能力和更强的偏好，A 可能比 B 优先通过给予对方一定数量硬币的方式发出合作信号。当 A 向 B 做出这种信任行为时，他实际上同时发出了两个层面的信号：一是在向对方暗示自己的合作意向，即告诉对方自己是值得信任的；二是也发出了自己不害怕被剥削或背叛的信号，即告诉对方自己是信任对方的。接收到 A 的合作信号后，如果 B 也愿意返还相同数量的硬币，那么 B 的合作行为便也在向 A 证明，自己的能力和意图都是值得信任的，且自己也信任 A。至此，双方才真正建立了理性信任，并达成了第一次直接互惠。

在第一轮互动中，A 和 B 相互给予和返还对方的硬币数量越多，承担风险的意愿越强，信号成本越高，就越有利于减少双方之间的不信任，促进合作的达成。[①] 如果第一轮或某一轮中 B 没有返还 A 给予的硬币，或返还数量少于收到的硬币，那么 A 在下一轮互动中可能也会相应减少给予 B 的硬币数量，甚至停止给予 B 更多的硬币，因为 B 的这些行为都容易使 A 增加被剥削或背叛的不安全感，并减少对 B 的信任程度。随着博弈不断重复，如果 A、B 双方都能够不断在双边合作中通过对方的合作行为不断调整并顺利实现自己的预期利益，那么他们合作中承担风险的意愿将不断增强，彼此的信任程度和合作水平也会随之提高。[②] 这不仅意味着他们每一

[①] Andrew H. Kydd, *Trust and Mistrust in International Relations*, Princeton: Princeton University Press, 2005.

[②] Karen Cook and Toshio Yamagishi, et al., "Trust Building via Risk Taking: A Cross-Societal Experiment", *Social Psychology Quarterly*, Vol. 68, No. 2, 2005, pp. 121-142, 128-129, 132; Ioannis Lianos and Johannes le Blanc, "Trust, Distrust and Economic Integration: Setting the Stage", in Ioannis Lianos and Okeoghene Odudu, eds., *Regulating Trade in Services in the EU and the WTO: Trust, Distrust and Economic Integration*, Cambridge: Cambridge University Press, 2012, p. 37.

轮合作中涉及的硬币数量可能会显著增加,他们对于合作中的成本收益和利益兑现时间的容忍度也可能有所提升。也就是说,他们之间的合作可能会从严格执行平等交换原则演变为在多轮合作中保持成本收益的动态平衡。然而,如果在较长一段时期内,双方出现了成本收益上的严重失衡,或一方的预期利益无法或没有实现,或一方在互动中频繁出现背叛或投机行为,那么 A、B 双方的直接互惠关系也很可能会因为理性信任的破坏而破裂。

值得提及的是,在合作建立初期,双方因文化背景、实力差异等个体特征因素产生的风险偏好差异可能会影响双方之间的合作水平,但随着双方互动的不断累积和熟悉度的不断提升,这种影响变得微乎其微。[①]

二 间接互惠:理性信任、过程信任

相对于直接互惠,间接互惠的建立和维持需要多个行为体(至少三方)之间在长期互动中形成一定程度的理性信任,也需要不同行为体能在长期维持直接互惠关系的基础上形成一定程度的过程信任。换言之,多个行为体之间理性信任和过程信任的形成是间接互惠性合作得以建立和维持的基本前提和必要条件。

首先,间接互惠性合作中,如果 A 对 B 的利他性合作行为是希望从 C 得到相应的回报,那么从 A 的角度来看,其合作行为至少透露了以下三层信息:一是在与 B、C 在长期互动中,A 对三方之间的相互联系和潜藏利益都有比较清醒的认知。二是 A 对 B、C 的可信赖性都有较高的把握,至少在 A 看来,B、C 都有与 A 建立或维持合作关系的意向,其他三方都不会因此利用 A 的脆弱性或背叛 A,甚至对 A 造成严重威胁。三是 A 对 C 的履约能力也有足够的信心,认为他们客观上具备实现 A 的预期利益的能力。因此,A 对 B、C 的理性信任是 A 会对 B 采取利他性合作行为的基本前提。

其次,从 C 的角度来看,A 对 B 做出的利他性合作行为之所以能够对 C 产生效力,使其愿意与 A 建立直接互惠性合作,或者也对 A 采取利他性

---

① Karen Cook and Toshio Yamagishi, et al., "Trust Building via Risk Taking: A Cross-Societal Experiment", *Social Psychology Quarterly*, Vol. 68, No. 2, 2005, pp. 121 – 142, 133, 139.

合作行为，那么这至少也说明了两点：一是在 A、B、C 的长期互动过程中，他们之间已经形成了一定程度的过程信任，使得声誉机制能够在这个群体中发挥作用。只有在这个前提下，A 从 B 那里"购买"声誉的行为或 A 与 B 之间的信任经历才能够成为 A 与 C 之间双边合作关系中的特殊"抵押"或"担保"，使 C 愿意对 A 采取合作行为。二是 C 也能够对 A、B、C 之间的潜藏利益，尤其是与 A 之间的潜藏利益有较为清晰的认知。同时，他还需要对 A 的合作意图、可信赖性以及履约能力都有足够的信心，否则 C 也不会对 A 做出合作行为。可见，C 对 A 的理性信任也是他愿意帮助 A 实现其预期利益的前提之一。

最后，从这个间接互惠结构的中间枢纽 B 的角度来看，A 对 B 做出的利他性合作行为实际上需要通过 B 传递到 C，那么意味着 B 与 A、C 都长期维持着较为密切的互惠关系，否则 B 可能会认为 A 的合作行为是为了从 B 直接得到相应的回报，而不是为了获得 C 的合作回报。只有 B 对自身与 A、C 之间的互动经历、潜藏利益都有正面感知，并能够将 A 的预期正面传递给 C，使 C 对于他和 A 之间的潜藏利益有更强烈的正面感知，并激励 C 采取 A 所希望的合作行为，B 才能够成为这个间接互惠结构中有效的中间枢纽。①

三 群体选择性互惠：理性信任、过程信任、制度信任

群体选择性互惠的建立和维持需以理性信任、过程信任以及制度信任这三种信任类型的形成为必要前提。

首先，在群体选择性互惠的建立和维持过程中，制度信任的形成不仅是确保群体成员忠诚度、抑制背叛行为，并使他们不过于自由地移动于不同群体的必要前提，也是能够激励成员为群体生存和发展采取利他性合作行为、协调个体利益与群体利益冲突的关键因素。只有当群体内部形成了一定程度的制度信任，群体选择性互惠才可能得以建立和维持。

一方面，由于群体中的每个个体都仍然具有强烈的利己主义动机，如果每个个体对群体内部制度构建者的意图以及制度本身都缺乏足够的信

---

① 参见［美］卡伦·S.库克、拉塞尔·哈丁、玛格丽特·利瓦伊《没有信任可以合作吗?》，陈生梅译，中国社会科学出版社 2019 年版，第 92 页。

任，认为这个群体内部的制度安排不完全符合自身利益，或成员之间的互动与自身行为模式不完全一致，那么个体在不同群体之间骑墙或自由移动将成为常态，背叛策略反而对个体来说更占优。这显然会影响群体内部的凝聚力和群体边界的稳定，从而阻碍群体选择性互惠的建立和维持。

另一方面，尽管群体选择性互惠主要源于群体之间的竞争或共同的外部威胁，但群体成员之间不同程度的内部竞争、利益冲突或不对称权力关系都会在一定程度上增强个体在群体内的不安全感，并抑制它们为群体和其他成员牺牲部分个体利益，做出利他性合作行为的意愿。① 因此，如果群体内没有值得信赖的社会制度来提高个体背叛的成本，缺乏稳定的信任文化激励个体采取更加可信的行为，那么群体选择性互惠也同样无法建立。② 只有当个体基于值得信赖的制度、机制、规则和稳定的信任文化产生了更多追求共同利益、减少内部冲突的认识，以及"个体付出的短期成本都能够从群体和其他成员的生存和发展中得到长期补偿"的共有观念，它们才可能愿意为了集体目标牺牲短期个体利益。③

其次，群体选择性互惠的建立还需要以较高程度的过程信任为前提。因为对任何一个个体来说，选择一个群体意味着它希望自身的合作行为能够得到其他成员的回报，而不是背叛或利用。因此，它之所以会选择 A 群体，而不是 B 群体或 C 群体，必然也是其对不同群体内各成员的声誉，尤其是成员之间互动历史和信任经历进行综合比较、再三权衡后的结果。群体内部合作者越多，背叛者越少，各成员的声誉越良好，良性互动积累得越多，亲密程度越高，它们就越有可能基于对彼此声誉的信任而愿意为群

---

① John Schopler, et al., "Individual-Group Discontinuity as a Function of Fear and Greed", *Journal of Personality and Social Psychology*, Vol. 19, No. 4, 1993, pp. 419–431; Chester A. Insko, et al., "Interindividual-Intergroup Discontinuity as a Function of Trust and Categorization: The Paradox of Expected Cooperation", *Journal of Personality and Social Psychology*, Vol. 88, No. 2, 2005, pp. 365–385.

② Robert. O. Keohane, *International Institutions and State Power*, Boulder, CO: Westview Press, 1989, pp. 106–108; 参见［美］卡伦·S. 库克、拉塞尔·哈丁、玛格丽特·利瓦伊《没有信任可以合作吗?》, 陈生梅译, 中国社会科学出版社 2019 年版, 第 114—115 页。

③ P. M. Haas, "Do Regimes Matter? Epistemic Communities and Mediterranean Pollution Control", *International Organization*, Vol. 43, No. 3, 1989, pp. 377–403; Ioannis Lianos and Johannes le Blanc, "Trust, Distrust and Economic Integration: Setting the Stage", in Ioannis Lianos and Okeoghene Odudu, eds., *Regulating Trade in Services in the EU and the WTO: Trust, Distrust and Economic Integration*, Cambridge: Cambridge University Press, 2012, p. 36.

体和其他成员做出利他性合作行为，从而也越有利于群体选择性互惠的形成、群体的稳定发展和整体互惠水平的提升。相反，如果一个群体内部充满了背叛者，各成员声誉都较差，那么它们即不会相信彼此具有做出利他性合作行为的动机，也不会相信自己的合作行为能够得到相应的回报，从而都不会愿意为了群体的生存和发展而做出自我牺牲或合作行为，那么自然也难以建立和维持高效、稳定的群体选择性互惠。

最后，群体选择性互惠的建立和维持还需建立在成员之间较高程度的理性信任基础之上。一方面，各成员对群体之间竞争/敌对程度的感知，或对共同外部威胁的感知和重视程度会直接影响它们对于彼此合作必要性的认知，以及它们在合作中的成本收益计算。它们对共同威胁（利益目标）的感知越强烈，越倾向于认为自身的生存和发展有赖于对方的合作行为，以及群体整体的生存和发展，那么它们就越愿意缓和或搁置个体之间的竞争和冲突，为了共同的群体利益而承担相应的责任和义务，甚至牺牲部分个体利益，从而也就越有利于群体选择性互惠的建立和维持。另一方面，在群体选择性互惠中，成员之间合作的建立和维持也取决于它们经过一段时间的互动后，是否实现了预期收益，即通过群体的整体发展为个体发展带来更多长期利益。如果各成员为群体的生存和发展付出了巨大的短期成本，但迟迟无法推动群体的发展或无法从群体发展中实现预期收益，它们维持这种合作的动力可能也会大大减弱，甚至可能做出背叛行为，从而可能影响群体选择性互惠的维持。

四　群体普遍性互惠：理性信任、过程信任、制度信任、道德信任

群体普遍性互惠的建立和维持需要以四种信任类型的形成和维持为必要前提。

首先，群体普遍性互惠需要以道德信任的形成为前提。普遍性互惠需要群体内任意两个或多个行为体之间都能建立和维持良好的合作关系，即便在彼此互动不多或短期成本收益不平衡的情况下，仍能够对彼此的善意有较大的确定性，愿意为实现对方利益而做出具有利他性的合作行为，且不求任何特定的回报。因此，只有当群体内已经形成了基于共同道德规范和共有价值观念的道德信任，即所有行为体都对彼此产生并维持着一种高

度的安全感和信任感，愿意将彼此的信任与合作关系视为一种道德承诺，对自身和世界发展前景都较为自信和乐观，不担心自己的合作行为会被对方利用或背叛，而是相信自己的行为能够让大家都变得更好，且会在所有成员的共同发展中得到相应的回报，行为体才可能基于这种高程度的一般信任与任意其他熟悉或不熟悉的、特征相似或不同的、相对实力差距较大或较小的个体之间都建立普遍性互惠关系。如果成员之间无法基于统一的道德规范和价值观念形成这种普遍的信任感和乐观主义价值观，那么群体普遍性互惠也就难以建立和维持。

其次，群体普遍性互惠的建立和维持还需要以较高程度的制度信任为基础。在很大程度上，只有当各成员都高度信任和认同群体内部形成的制度、文化、规范和价值观，并因此自愿成为这个群体的一分子，为这个群体的生存和发展承担相应的责任和义务，它们之间才可能建立普遍性互惠。这也意味着，各成员对群体整体利益的重视已不仅仅是出于对成本利益的计算，更是源于对这个群体本身及其各个成员的信任、认可和责任感。即便部分成员的身份在不同群体中可能存在重叠，但他们并不会因此采取背叛任何一个群体的行为，反而会成为协调不同群体利益、整合各方资源、融合多个信任网络、引领规范演进的主导力量。如果各成员缺乏足够的制度信任，无论是对制度建设者的能力或善意产生质疑，还是对其他成员的行为或群体的发展前景存在担忧，都将影响群体内部的凝聚力和稳定性，破坏成员之间的相互信任与认同，从而阻碍群体普遍性互惠机制的建立和维持。

最后，群体普遍性互惠的建立也需要建立在一定的理性信任和过程信任基础之上。由于群体普遍性互惠仍需建立在具体的两个或多个个体之间，那么这意味着每一个个体对它们彼此之间潜藏利益和互动经历仍需要有一定的感知，且整体都具有较强的履约能力和较好的声誉。一方面，即便群体中每一个成员对彼此都是充满善意的，它们之间的合作仍需建立在共同发展、互利共赢这一共同利益目标基础之上。如果个别成员无法感知到与其他成员之间未来巨大的共同利益，或因履约能力严重不足而在合作过程中无法帮助其他成员实现共同利益目标，也可能使其他成员因缺乏理性信任而影响合作积极性，导致普遍性互惠机制难以建立。另一方面，只有当每一个成员都在长期互动中累积了足够多的良性互动，产生了更加亲密的情感,并树立了良好的声誉,它们才能够在不进行理性计算的情况下产生利他性的冲动,愿意在彼此需要帮助的时候做出利他性合作行为,且不会因为彼此偶然的背叛或失误等怀疑彼此的意图。如果个别成员的声誉较差,频繁背叛其他成员,或与其他成员之间存在强烈的感性不信任,那么群体普遍性互惠也难以建立。

总之,本书认为,尽管只有信任并不一定能够合作,但是如果没有信任,合作便无法建立和发展。从宏观层面来看,信任对区域经济合作的影响主要表现为两个方面:一是不同层次合作机制的建立和维持都需以相应层次信任类型的形成为基本前提,信任是区域经济合作建立和发展的必要条件;二是在不同历史时期内,成员之间的主要信任类型决定了它们之间的主要合作模式与整体合作状态(如图 3-1 所示)。[①] 因此,成员之间的信任来源越广泛,整体信任层次越高,信任关系越稳定,它们之间能够建立的合作机制层次就可能越高,合作模式可能越丰富,合作结构可能越复杂,合作机制之间也越能够像俄罗斯"套娃"一样相互嵌套,协同进化,使域内成员之间达到更高的互惠水平与融合程度。

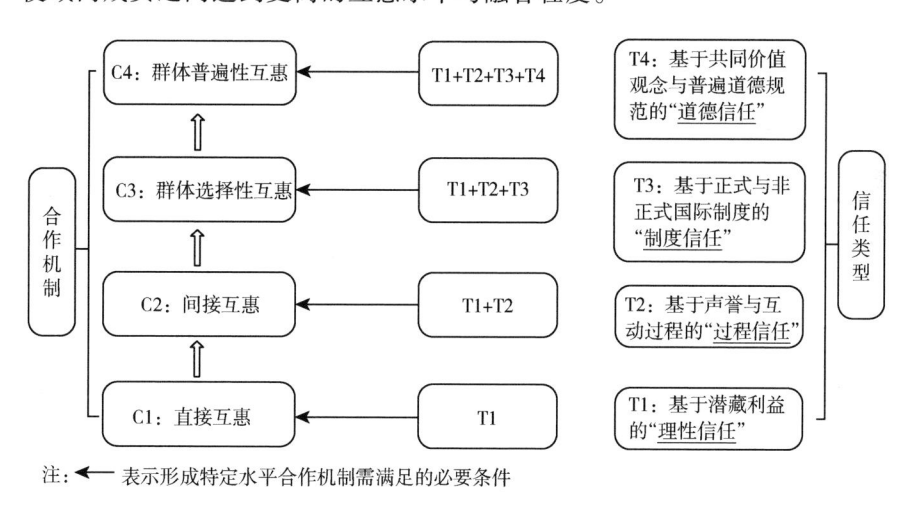

注:← 表示形成特定水平合作机制需满足的必要条件

图 3-1 信任类型与区域合作机制关系示意图

资料来源:笔者自制。

---

① Aaron M. Hoffman, "A Conceptualization of Trust in International Cooperation", *European Journal of International Relations*, Vol. 8, No. 3, 2002, pp. 375–401.

第二节　信任影响区域经济合作的微观机制

在参与区域经济合作的过程中，主要成员之间信任程度的变化又会如何影响它们的决策行为和互动过程呢？笔者将试图在这一节中回答这一问题，并从微观层面进一步阐释信任对区域经济合作的影响。本书认为，信任因素可以通过影响各成员的风险偏好、利益偏好、合作动机、合作成本以及情感变化来影响国家在区域经济合作中的决策行为与互动过程，进而影响区域经济合作的整体进程与状态。

一　信任与风险偏好

对于任何一个成员来说，参与区域经济合作就相当于他们为了实现预期利益目标而自愿进入与其他成员之间的风险联合中，因此各成员的决策行为必然会受到它们各自风险偏好的影响。[①] 成员之间信任程度的变化则可以通过影响决策者的风险偏好来影响各成员在区域经济合作中的决策行为和互动过程。

一方面，成员之间信任程度的变化会直接影响决策者对于自身合作行为被其他成员背叛或利用的预期，进而影响他们对其他成员采取合作行为并承担合作风险的意愿。由于信任本身是行为体在合作中将不确定性确定化的一种心理简化机制，因此它能够比理性计算更快、更经济、更彻底地帮助决策者判断对方是否会选择背叛自己，进而影响决策者在下一轮合作中承担风险的意愿。例如，在两个不同的历史阶段，如果成员之间经过前一阶段的互动显著提升了它们之间的互信程度，那么各国决策者可能都会更加相信其他成员会在下一阶段采取合作行为，他们自身在下一阶段互动中采取合作行为并承担合作风险的意愿也会进一步增强，从而可能导致各国之间的合作水平进一步提升。相反，如果成员之间的信任程度出现了显著下滑或长期处于较低水平，那么他们对于自身采取合作行为可能带来的

[①] Bernard Williams, "Formal Structures and Social Reality", in Diego Gambetta ed., *Trust: Making and Breaking of Cooperative Relations*, Oxford: Basil Blackwell, 1988, pp. 3 – 13.

风险就会感知更加强烈,并更加担心彼此会做出背叛或有害于己的行为。这种强烈的风险感知或对于被对方背叛的担忧都会减少它们在参与区域经济合作的过程中采取合作行为并承担合作风险的意愿。①

另一方面,成员之间信任程度的变化也会影响各国决策者对于自身脆弱性的预期,进而影响他们为了推进区域经济合作进程而主动承担更多合作风险的积极性。② 由于合作进程的推进有赖于信任层次的提升,因此这在很大程度上需要各成员在关键事件/危机/冲突发生时,通过一些主动的、大胆的、前瞻的风险承担行为来共同促进信任层次的跳跃。③ 然而,随着合作机制的不断进化,每个成员在合作中面临的风险和不确定性都会呈几何倍数增长,因此它们对于这种主动承担风险行为的顾虑实际上会越来越多。因为在国内—国际双重博弈中,决策者不仅需要担忧其他国家的背叛对本国造成的利益损害,也需要考虑国内反对声音对政权稳定性可能造成的负面影响。因此,如果各成员无法在建立更高层次的合作机制之前共同构建更高层次的信任来将更多的不确定性确定化,那么随着区域经济合作的推进,各成员在合作中的不安全感反而都会显著提升。

例如,对于已经建立了直接互惠和间接互惠机制的区域/群体来说,下一阶段如果需要进一步建立更高层次的群体选择性互惠,那么制度信任的形成必不可少。因为在这个过程中,即便部分成员之间已经在直接互惠和间接互惠机制下对彼此维持着较高的理性信任与过程信任,但这仍不足以抵消个别成员采取背叛策略可能对整个区域及其成员带来的风险。尤其对于区域/群体内的劣势成员来说,它们既会担心自己有被强势成员背叛或利用的风险,也会担心自身不具备承受、应对或管控这种风险的能力,更会担忧这些风险对其在国内的政权合法性造成威胁。如果各成员之间如果无法形成更高层次的制度信任,那么部分成员就容易随着合作的发展反而对自身脆弱性产生更消极的预期,并因为这种不安全感的增加而减少采

---

① 参见王正《信任的求索:世界政治中的信任问题研究》,北京时代华文书局2017年版,第254页。
② 参见王绍光、刘欣《信任的基础:一种理性的解释》,《社会学研究》2002年第3期。
③ Nicholas J. Wheeler, "Nuclear Abolition: Trust-Building's Greatest Challenge?", Research Paper commissioned by the International Commission on Nuclear Non-proliferation and Disarmament, Sep. 2009.

取风险承担行为、推动区域经济合作进程的积极性,从而可能导致整个区域/群体当前的行动与合作都停滞不前。①

二 信任与利益偏好

对于每一个成员来说,参与区域经济合作的过程实际上也是它们通过合作实现国家利益的过程。因此,这一过程也不可避免地会受到各国决策者(及其团队)利益偏好的影响。② 由于信任本身是对行为体未来行动的一种积极心理预期,因此成员之间信任程度的变化也会影响决策者的利益偏好,进而影响各国在区域经济合作中的决策行为。

一是成员之间信任程度的变化可能影响决策者对短期利益和长期利益的偏好变化。在合作建立初期,成员之间的信任程度整体较低,因此它们对短期利益的重视程度往往超过长期利益。随着信任程度的不断提升,它们越认为彼此的能力和意图具有可信赖性,越倾向于认为其他成员未来会采取合作行为,就越会愿意将更长期利益目标的实现寄托在与对方的合作中,也越愿意为了实现共同的长期利益而牺牲部分短期利益,从而使得互惠关系得以维持和发展。③ 相反,如果各成员对彼此的信任程度不断下滑,那么它们可能就会越来越担心对方会在今后的行动中采取背叛或有害于己的行为,也越不相信对方会帮助自身实现长远利益目标,越不愿意为了长期利益而牺牲短期利益。

二是成员之间信任程度的变化可能影响决策者对个体利益和群体利益的偏好变化。当特定群体中各成员之间的信任程度整体提升时,每一个个体对自身能够从群体整体发展中获益的预期就会更加积极,维持与其他成

---

① J. David Lewis, Poland Oregon and Andrew Weigert, "Trust as a Social Reality", *Social Forces*, Vol. 63, No. 4, 1985, pp. 967 – 985.

② Jeffry A. Frieden, "Actors and Preferences in International Relations", in David A. Lake and Robert Powell eds., *Strategic Choice and International Relations*, Princeton: Princeton University Press, 1999, pp. 39 – 76.

③ Ioannis Lianos and Johannes le Blanc, "Trust, Distrust and Economic Integration: Setting the Stage", in Ioannis Lianos and Okeoghene Odudu, eds., *Regulating Trade in Services in the EU and the WTO: Trust, Distrust and Economic Integration*, Cambridge: Cambridge University Press, 2012, p. 37; A. Hasenclever, P. Mayer and V. Rittberger, *Theories of International Regimes*, Cambridge University Press, 1997, p. 34.

员之间友好合作关系的意愿也会更强,那么他们可能也越愿意为了实现各成员之间的共同利益而牺牲部分个体利益,或者说他们愿意为了实现群体利益而牺牲的个体利益也越多。相反,成员之间的信任程度如果出现了较大程度的下滑,或个别成员之间的信任关系出现了严重破坏,那么它们就会更加担心自身在实现群体利益过程中做出的利他性合作行为会被其他成员利用会背叛,从而使他们既牺牲了个体利益,也难以从群体的发展中长期获益。在这种情况下,个体成员可能就会更加偏好于维护自身的个体利益,不愿意为群体利益牺牲个体利益。

三是成员之间信任程度的变化还可能影响决策者对绝对利益和相对利益的偏好变化。特定群体中各国之间信任程度越低,各国越担忧其他国家(尤其是敌对国家)相对收益的增加会使其采取损害自身利益的行为,或增加对方背叛的可能性,它们对相对收益的偏好就越可能超过绝对收益;各国的主要目标就越不是将自身能够获得的绝对利益最大化,而是防范其他国家获得更高的相对收益;它们也越可能会在其他成员(尤其是敌对成员)相对收益超过自己时采取背叛策略。① 相反,当各成员之间的信任程度越高,它们对绝对利益的重视程度就越容易超过相对收益,越容易认为其他成员收益的提升会有益或至少无害于己。

三 信任与合作动机

各成员在区域经济合作中的决策行为和互动过程会受到各国决策者合作动机的影响。成员之间信任程度的变化不仅会影响它们在合作中的利己动机,也会影响利他动机在合作行为中的比重。

一方面,成员之间信任程度的变化可能会导致它们在合作中利己动机的变化。对于任何一个合作者来说,其合作动机首先都具有一定的利己性。换言之,只有当决策者认为合作对本国有利时才会产生合作的动机。

---

① Ioannis Lianos and Johannes le Blanc, "Trust, Distrust and Economic Integration: Setting the Stage", in Ioannis Lianos and Okeoghene Odudu, eds., *Regulating Trade in Services in the EU and the WTO: Trust, Distrust and Economic Integration*, Cambridge: Cambridge University Press, 2012, p. 28; Kenneth N. Waltz, *Theory of International Politics*, Boston: McGraw-Hill, 1979, p. 105; J. M. Grieco, "Anarchy and the Limits of Cooperation: A Realist Critique of the Newest Liberal Institutionalism", *International Organization*, Vol. 42, No. 3, 1998, pp. 485–507.

美国学者马斯洛曾提出了著名的需求层次理论，即将人类基本的需求或动机分为生理、安全、归属、自尊、自我实现这五个不同层次。[①] 随着成员之间信任程度的变化，他们在参与区域经济合作过程中的利己动机也可能发生变化。当成员之间信任程度较低时，他们建立和维持合作的利己动机可能仅仅是为了获得赖以生存的物质利益或获得更加安全、稳定的周边环境。当他们之间的信任程度不断提升，最终整体达到较高水平时，各成员参与合作的利己动机也可能进一步上升为满足归属或自尊或自我实现的需求。

另一方面，成员之间信任程度的变化还会改变他们在合作中利他动机的变化。事实上，除了利己动机，各国决策者在区域经济合作中采取合作行为的动机也可能具有一定的利他性。[②] 例如，当 A、B 都能够且愿意通过合作满足 C 的预期利益时，C 可能更愿意选择与 A 合作，而不选择与 B 合作，这很可能是因为 C 更愿意在实现自身利益的同时帮助 A 实现其预期利益。又如，当 B 能够且愿意满足 C 的某种重要预期利益时，如果仅从利己动机出发，C 很可能会与 B 建立合作。但如果 C 知道其合作伙伴 A 的利益可能会因此受损，那么 C 很可能会因此犹豫不决，放弃与 B 的合作，或者在合作中尽可能减少对 A 的利益损害。在这两个例子中，C 的决策行为都不是纯粹出于利己的动机。由此可见，国家之间合作关系的建立和维持往往是决策者利己动机与利他动机的结合，成员之间信任程度的变化也可以通过影响他们的利他动机来影响其决策行为和互动过程。

一般而言，如果域内成员之间的信任程度越高，意味着他们越相信对方未来的行为将有益于或至少无害于己，越认为自身利益目标越能够通过对方合作来实现，那么他们往往就会越重视与彼此合作关系的维持，越倾向于在决策时将对方利益纳入考虑范围，愿意确保自身的决策行为尽量有益于或至少无害于其他成员，而不仅仅只考虑自我利益的实现。同时，他

[①] 参见［美］亚伯拉罕·马斯洛《动机与人格》，许金声等译，中国人民大学出版社 2007 年版，第 21—23 页。

[②] Bernard Williams, "Formal Structures and Social Reality", in Diego Gambetta ed., *Trust: Making and Breaking of Cooperative Relations*, Oxford: Basil Blackwell, 1988, pp. 3 – 13.

们可能也会更愿意为了帮助实现对方的利益来做出妥协和牺牲。由此可见，域内成员之间的信任程度越高，利他动机在决策者合作动机中的比重越大，他们就越有可能采取利他性合作行为，进而使成员之间达到更高的合作水平。

四 信任与合作成本

各成员在区域经济合作中的决策行为也会显著地受到合作成本的影响。一般而言，各国参与区域经济合作的成本越高，他们采取合作行为的意愿可能就会越低，区域经济合作进程的推进可能也就越艰难。如果达成特定水平的合作需要域内成员付出一定的合作成本，并需以一定程度的信任为必要前提，那么成员之间信任程度的变化也可以通过影响到他们达成合作所付出的物质成本来影响国家在区域经济合作中的决策行为，进而影响区域经济合作的进程和状态，这一点我们可以通过无差异曲线的原理来理解。

如图 3-2 所示，C1 和 C2 分别代表两种不同合作水平的无差异曲线，C2 给合作者带来的效用高于 C1。C1 这条线上所有各点代表不同组合形式的合作成本与信任程度能够给合作者带来的效用是相同的，因此在成员之间合作水平不变的情况下，当成员之间的信任程度从 x_1 上升至 x_2 时，由于它们对于对方采取背叛行为和对未来不确定性的忧虑都大大下降，因此

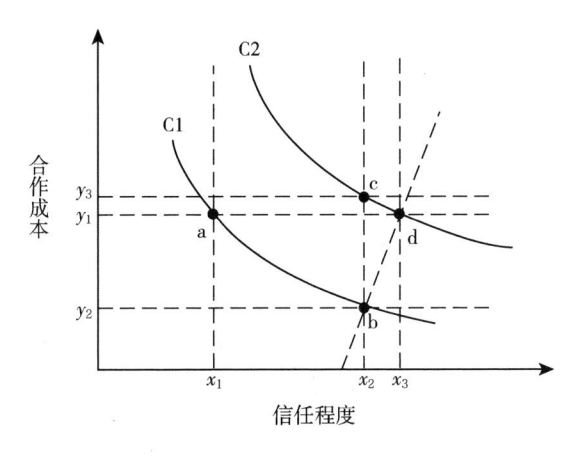

图 3-2 信任程度与合作成本的关系示意图

资料来源：笔者自制。

需要付出的交易成本就能够从 y_1 下降至 y_2,那么各成员就更可能以更少的合作成本达成合作。相反,如果成员之间的信任程度出现了明显的下降,那么它们就需要花费更大的成本来减少未来的不确定性,并确保预期利益的实现,从而导致它们在合作中需要付出的交易成本明显增加。① 如果各成员不愿意付出更高的合作成本,那么它们之间的合作水平很可能就会下降。

在推进区域经济合作的过程中,如果成员之间希望将合作水平从 C1 提升至 C2,那么各成员之间如果能够将信任程度从 x_2 进一步提升至 x_3,它们就不需要额外付出合作成本便可以达成更高水平的合作。相反,如果成员之间希望将合作水平从 C1 提升至 C2,但各成员之间的信任程度却反而从 x_2 下滑至 x_1,那么各成员需要付出的实际成本将可能出现大幅度的增长,导致它们之间达成这种合作的难度更大。

五 信任与情绪变化

正如认知心理学家们所揭示的,各国在区域经济合作中的决策行为并不是纯粹的理性认知所支配,也会受到决策者情绪/情感变化的影响。② 由于信任本身同时包含了理性因素和非理性因素,因此成员之间信任程度的变化不仅会影响决策者的理性认知,也会影响决策者的情感变化,进而影响各国在区域经济合作中的决策行为和互动过程。

当互不信任的成员之间逐渐产生信任、建立信任关系时,它们更加积极、主动的合作行为即源于决策者对于自身预期利益能够实现、对方有能力和意图充分履约等理性认知,也包含了决策者对于自身被对方信任且对方值得信任、双方熟悉度、亲密度不断增加带来的喜悦感和愉快的情绪体

---

① J. Ikenberry, "The Future of International Leadership", *Political Science Quarterly*, Vol. 111, No. 3, 1996, pp. 385 – 402.

② R. S. Lazarus, "Thoughts on the Relations Between Emotion and Cognition", *American Psychologist*, Vol. 37, No. 9, 1982, pp. 1019 – 1024; Carroll E. Izard, "Emotion Theory and Research: Highlights, Unanswered Questions, and Emerging Issues", *Annual Review of Psychology*, Vol. 60, 2009, pp. 3 – 11; R. J. Dolan, "Emotion, Cognition, and Behavior", *Science*, Vol. 298, No. 5596, 2002, pp. 1191 – 1194; Anthony Damasio, *Descartes' Error: Emotion, Reason and Human Brain*, New York: Penguin Books, 2005.

验，反映了它们在互动中不断积累积极情绪的过程。随着成员之间信任程度的进一步提升，各国决策者对彼此可信赖性的认知和积极、愉悦的情感也都会进一步提升。而这种更高强度的积极情感不仅能够使各国决策者对彼此之间的潜藏利益产生更加强烈的感知，进一步提升它们能够实现共同利益目标的信心，也能够激发他们采取更多合作行为和对彼此的情感认同，进而产生更多积极参与集体行动的"情感冲动"。

但成员之间信任程度的下降或信任关系的严重破坏对决策者带来的负面情绪和情感伤害可能要远远大于建立、增强互信带来的积极情绪。这不仅可能会使决策者产生自身预期收益未能实现，对方未能充分履约等理性认知，也容易使他们因为自身被对方背叛、不被对方信任，或受到不公待遇而产生更加强烈的失望、不满、愤怒等负面情绪，进而导致它们对彼此产生更加强烈的防范心理，甚至陷入彼此恶意报复或故意背叛的恶性循环，从而对区域经济合作的整体发展都造成较大负面影响。[1]

综上所述，在不同历史时期，国家间信任程度的变化将对它们的政策行为和互动过程都产生深远影响。当国家间信任程度出现阶段性上升时，由于决策者承担风险的意愿可能更强，更愿意为了实现长期利益和群体利益而牺牲部分短期利益和个体利益，可能具有更高层次的利己动机和更多利他动机，产生的积极、愉快情绪更多，需要为合作付出的成本也更低，所以他们可能会在下一阶段的互动中更加倾向于采取更多合作行为，参与区域经济合作的积极性可能越高，为推进一体化进程承担更多成本、风险和责任的意愿可能越强，从而也越有可能推动区域经济合作进程的发展和成员间合作水平的整体上升。相反，当国家间信任程度出现阶段性下滑，或信任关系遭到严重破坏时，由于决策者对自身脆弱性的预期更强，主动承担风险的意愿更弱，更偏好于维护短期个体利益，利己动机更强，消极、负面情绪更多，需要为合作付出的成本也更多，所以它们在下一阶段互动中可能更倾向于采取背叛行为，参与区域经济合作的积极性可能越低，为推进一体化进程承担更多成本、风险和责任的意愿可能越弱，从

---

[1] S. Robinson, "Trust and the Breach of the Psychological Contract", *Administrative Science Quarterly*, Vol. 41, No. 4, 1996, pp. 574–599；参见严进《信任与合作——决策与行动的视角》，航空工业出版社2007年版，第70页。

而也越可能导致成员之间合作水平下降和区域一体化进程受阻或倒退。

由此可见,国家间信任与区域经济合作的关系并非简单的线性关系或二维循环,而是信任(理性认知与情感变化)、行为(合作或背叛)与互动结果(区域经济合作的进程和状态)之间共同构成了一种立体的螺旋式上升关系(如图3-3所示)。在区域经济合作中,各国在上一阶段达到的信任水平会驱使它们做出特定的行为选择,并在互动中产生一定的结果,这种结果又会影响下一阶段国家间信任的形成和变化,并驱使新的行为,周而复始,不断改变区域经济合作的过程和状态。

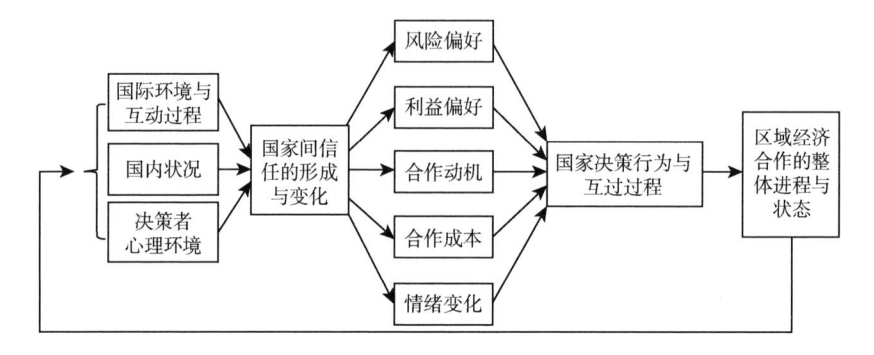

图 3-3 信任、行为与互动结果三维关系示意图

资料来源:笔者自制。

第三节 区域经济合作中的"信任赤字"

基于上述讨论,本书认为,信任实际上可以理解为各成员在区域经济合作中的某种"隐性预算"。在不同历史时期内,地区内成员之间的信任层次决定了区域合作能够达到的"上限"。各成员彼此互不信任时,预算趋近于零,合作自然也就无法建立。成员之间的信任层次越高,它们之间能够达到的合作层次就越高。

因此,类似于"财政赤字","信任赤字"本质上可以理解为区域经济合作进程中的信任"供不应求",即成员之间的实际信任程度与建立和提升合作机制所需要的信任程度之间存在落差,成员所期望达到的合作层次超出了它们所能够达到的合作层次(如图3-4所示)。相反,

"信任盈余"则可以理解为区域经济合作进程中的信任"供过于求",即成员之间的整体信任层次超过了建立和维持合作机制所需要的信任层次,成员之间能够达到的合作层次高于现阶段的实际合作层次。因此,衡量区域经济合作中是否存在"信任赤字"问题或"信任赤字"是否严重的标准应是看信任层次与合作层次之间的落差,而不仅仅是看信任程度的高低。区域经济合作中出现"信任赤字"问题,并不必然意味着成员之间整体信任程度很低,不存在"信任赤字"问题也不意味着成员之间信任程度很高。

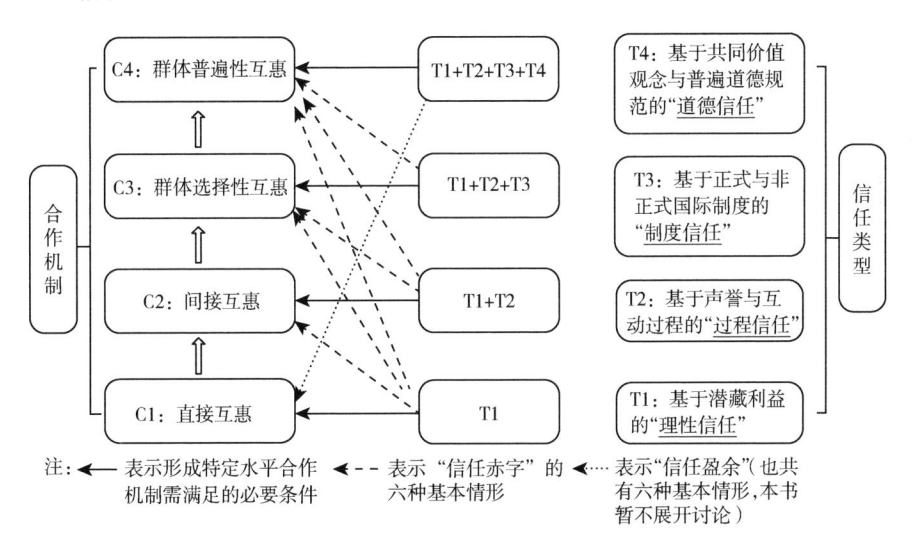

合作机制:
- C4:群体普遍性互惠 ← T1+T2+T3+T4
- C3:群体选择性互惠 ← T1+T2+T3
- C2:间接互惠 ← T1+T2
- C1:直接互惠 ← T1

信任类型:
- T4:基于共同价值观念与普遍道德规范的"道德信任"
- T3:基于正式与非正式国际制度的"制度信任"
- T2:基于声誉与互动过程的"过程信任"
- T1:基于潜藏利益的"理性信任"

注:← 表示形成特定水平合作机制需满足的必要条件　◄-- 表示"信任赤字"的六种基本情形　◄┈ 表示"信任盈余"(也共有六种基本情形,本书暂不展开讨论)

图 3-4　主要信任类型与区域合作机制关系示意图

资料来源:笔者自制。

有鉴于此,"信任赤字"问题的出现实际上可能源于两个不同方面的因素:一是信任供给减少。在成员之间合作层次变化不大的情况下,如果成员之间信任层次整体出现了明显下降,或核心成员之间的信任关系遭到了严重破坏,这些因素都可能导致区域内维持现有合作层次的信任供给不足,从而出现"信任赤字"。二是信任需求增加。在成员之间信任层次变化不大的情况下,如果成员之间主观期望或客观需要建立更高层次的合作机制,那么这也可能会引发或加剧各成员对高层次合作的追求与低层次信任状态之间的矛盾。尤其当这两方面因素同时出现恶化，甚至产生"叠加效应"时，区域经济合作进程中的"信任赤字"问题便会更加凸显。

本章小结

在前文的基础上，本章进一步尝试从宏观和微观两个层面构建了关于国家间信任与区域经济合作的理论分析框架，厘清了信任与区域经济合作之间的关系，并阐释了信任因素究竟如何影响区域经济合作的进程和状态，以及区域经济合作中"信任赤字"的本质和原因。

从宏观层面来看，本书认为，在区域一体化进程中，不同层次合作机制的建立和维持需要以相应层次信任类型的形成为基本前提，在不同历史时期，成员之间的主要信任类型决定了它们之间的主要合作模式与整体状态。当区域经济合作中的信任供不应求时，就会出现"信任赤字"问题。从微观层面来看，在区域经济合作中，信任、行为和互动结果三者之间是一种立体的螺旋式上升关系。成员之间信任程度的变化会通过影响决策者的风险偏好、利益偏好、合作动机、合作成本以及情绪变化来影响它们参与区域经济合作过程中的决策行为和互动过程，进而影响区域经济合作的整体进程和状态，以及下一阶段他们之间的信任变化。

第四章

国家间信任与东亚区域经济合作的
形成和演变

第一节 东亚区域经济合作的范围与阶段划分

关于东亚区域经济合作的涵盖范围和主要成员,学界一直存在一定的争议。尤其是近年来随着"东亚区域经济合作"和"亚太区域经济合作"在各类媒体和学术著述中频繁交替出现,两者的涵盖范围似乎变得更加模糊不清。为了便于后文阐述信任因素对东亚区域经济合作的影响,笔者认为有必要先对东亚区域经济合作的涵盖范围进行简要的阐述和概括。

从地缘政治的角度来看,"东亚地区"和"亚太地区"的区别较为明显。其中,东亚地区主要包括中国、日本、韩国、朝鲜、蒙古国,有时也包括俄罗斯远东地区。亚太地区包括整个环太平洋地区,即包括加拿大、美国、墨西哥、秘鲁、智利等美洲国家,中国、日本、韩国、东盟十国等亚洲国家和地区,以及澳大利亚、新西兰等大洋洲国家和地区。

从地缘经济的角度来看,"东亚地区"和"亚太地区"则存在较大的重叠。东亚地区一般涵盖中国、日本、韩国、蒙古国、俄罗斯远东地区以及新加坡、印尼、泰国、越南、马来西亚等东南亚十国;亚太地区则主要是指太平洋西岸的俄罗斯远东地区、中国、日本、韩国、东盟十国以及澳大利亚和新西兰。[①]

---

① 参见刘重力等《东亚区域经济一体化进程研究》,南开大学出版社2017年版,第2—3页。

由于本书关注的是第二次世界大战结束以来,以区域经济合作为主要表征的区域一体化进程,因此无论是东亚区域经济合作还是亚太区域经济合作,都特指对东亚或亚太地区一体化进程和域内经济合作起到重要作用的国家,其涵盖范围与上述两种界定方式都略有区别。本书中,东亚区域经济合作的主要成员或"东亚主要经济体"一般特指中国、日本、韩国和东盟十国。① 另外,作为"第二次世界大战"结束以来国际政治经济秩序的主导国之一,美国与东亚国家之间存在特殊而紧密的政治经济联系和利益纠葛,且对东亚区域经济合作进程影响深远,因此本书把美国界定为东亚区域经济合作中特殊的"域外成员"。② 本书部分章节会涉及对"亚太区域经济合作"的探讨,其涵盖范围除了上述 14 个国家以外,还包括印度、澳大利亚和新西兰。因俄罗斯和蒙古国两国参与东亚区域经济合作程度较低,暂不列入本书讨论范围。

由于国家间信任的变化具有阶段性特征,尤其容易受到重大事件/危机/冲突中各国政策行为及其后果的影响,本书据此大致将东亚区域经济合作的形成和演变划分为萌芽期(1967—1989)、兴起期(1989—1997)、发展期(1997—2008)、滞缓期(2008—2017)、突变期(2017—2020)五个主要历史阶段。③ 在本章中,笔者将根据前文构建的理论分析框架,试图对东亚国家间信任的形成和变化与东亚区域经济合作的形成和演变

---

① Takashi Terda, "Constructing an 'East Asian' Concept and Growing Regional Identity: From EAEC to SEAN + 3", *The Pacific Review*, Vol. 16, No. 2, 2003, p. 255.

② Ted Galen Carpenter, "Washington's Smothering Strategy: American Interests in East Asia", *World Policy Journal*, Vol. 14, No. 4, 1997, pp. 20 – 31.

③ 本书对东亚区域经济合作的讨论主要集中于"第二次世界大战"结束后至 2020 年底这段时间,对主要东亚成员信任程度的赋值和东亚区域经济合作相关数据不包括 2021 年以后的情况。关于东亚区域经济合作的历史阶段划分,目前学界尚未达成共识。大部分研究倾向于以 1997 年亚洲金融危机和 2008 年全球金融危机作为两个主要分水岭;也有不少研究强调东亚区域经济合作始于 20 世纪 60 年代,并将 1967 年东盟的成立、1989 年亚太经合组织的成立等作为东亚区域经济合作进程的重要里程碑。为了更细致地展现东亚区域经济合作的历史演变过程,本书将其大致划分为五个历史阶段,并将 2017 年美国特朗普政府上台也作为其中一个重要转折点。另外,笔者认为,"二战"结束至东盟成立这段时间,东亚区域经济合作一直处于酝酿之中,与成员间的互不信任息息相关。因此本书在对成员间信任程度赋值时,将这一阶段视为初始状态,以更好地体现"二战"结束后成员间的互不信任如何阻碍了东亚区域经济合作的萌芽,以及萌芽期成员间信任的初步建立、信任程度的相对变化如何影响了东亚区域经济合作的萌芽。参见蒋芳菲《东亚区域经济合作中的"信任赤字":演变与动因》,《当代亚太》2022 年第 6 期。

进行纵向梳理,从宏观和微观两个层面分析信任因素对东亚区域经济合作的影响。在宏观层面,笔者将分析不同历史阶段内东亚国家间主要信任类型的形成和变化如何影响东亚区域合作机制的建立和演变(如表4-1所示)。在微观层面,笔者将分析不同时期东亚主要成员之间信任程度的变化如何影响了它们参与区域合作的决策行为和互动过程,进而影响区域经济合作的进程和状态(如表4-2、表4-3和图4-1—图4-5所示)。

表4-1　东亚成员之间的主导信任类型与合作机制

	萌芽期 (1967—1989)	兴起期 (1989—1997)	发展期 (1997—2008)	滞缓期 (2008—2017)	突变期 (2017—2020)
信任类型	理性信任	理性信任 过程信任	理性信任 过程信任	理性信任	理性信任 (+过程信任?)
合作机制	直接互惠	直接互惠与间接互惠相互嵌套 (以美国为中心)	直接互惠与间接互惠相互嵌套 (东盟为中心)	直接互惠	直接互惠 (+间接互惠?)

资料来源:笔者自制。

表4-2　东亚地区内国家间信任程度变化一览表

	酝酿期 (1945—1967)	萌芽期 (1967—1989)	兴起期 (1989—1997)	发展期 (1997—2008)	滞缓期 (2008—2017)	突变期 (2017—2020)
中美	-6	6	-3	3	-1	-7
日美	4	-2	2	3	5	1
韩美	6	5	5	6	6	1
美国—东盟	—	-6	2	-3	2	0
中日	-6	2	2	1	-5	1
中韩	-6	-3	3	5	-4	2
日韩	-3	1	3	3	2	-5
中国—东盟	—	-1	2	5	1	3

续表

	酝酿期 （1945—1967）	萌芽期 （1967—1989）	兴起期 （1989—1997）	发展期 （1997—2008）	滞缓期 （2008—2017）	突变期 （2017—2020）
日本—东盟	—	-3	-3	2	1	3
韩国—东盟	—	—	1	3	2	6
东盟内部	-6	1	2	6	3	4
东亚成员与美国之间的信任程度	1.33	0.75	1.5	2.25	3	-1.25
东亚成员之间的信任程度	-5.25	-0.5	1.42	3.57	0	2
东亚地区内国家间整体信任程度	-2.43	0	1.45	2.64	0.91	1

资料来源：笔者根据本书构建的信任程度变化观测指标体系，对各个阶段的东亚国家间信任程度进行综合打分、整理计算而得。对于 7 项观测指标中的任意一项指标，分别有 -1、0、1 三档分数。以威胁指标为例，如果信任双方倾向于认为彼此不是自身国家安全的主要威胁，并愿意与对方共同应对其他外部威胁，则计 1 分；如果信任双方倾向于认为对方是自身国家安全的主要威胁，且不愿意与对方共同应对其他外部威胁，则计 -1 分，其他情况（包括双方威胁感知不明确、存在较大波动性或领域差异性，或同时存在对彼此的威胁感知和共同应对外部威胁的意愿等）均计 0 分。因此，每一对信任关系中，其信任程度的总分都在 [-7，7] 之间波动。若总分在 [-7，-5] 之间，则表示高度不信任；若总分在 [-4，-2] 之间，则表示较不信任；若总分在 [-1，1] 之间，则表示处于信任和不信任之间波动的不确定状态；若总分在 [2，4] 之间，则表示比较信任；若总分在 [5，7] 之间，则表示高度信任。另外，由于东盟国家作为一个整体参与东亚区域经济合作，因此为便于研究，本书只对东盟内部的整体信任程度进行了赋值，不再对东盟内部各国间的双边信任程度一一进行打分。"东亚成员与美国之间的信任程度""东亚成员之间的信任程度""东亚国家间整体信任程度"均为相应国家间信任程度的平均数。

表 4-3　　　　　　　　　东亚成员间合作状况变化一览表

	萌芽期 (1967—1989)	兴起期 (1989—1997)	发展期 (1997—2008)	滞缓期 (2008—2017)	突变期 (2017—2020)
域内贸易/投资总量	1	1	1	0	1
域内贸易/投资增速	1	1	1	-1	1
域内贸易/投资占比	1	1	1	1	1
域内自贸协定数量	0	1	1	1	1
域内自贸协定增速	0	0	1	-1	0
域内自贸协定质量	0	0	1	-1	0
区域性多边合作机制与对话合作平台数量	1	1	1	1	0
区域性多边合作机制与对话合作平台质量	0	1	1	-1	1
合作问题领域	1	1	1	1	1
总分（相对变化）	5	7	9	0	6

资料来源：笔者根据本书构建的合作状况变化观测指标体系，对各个阶段的东亚国家间合作状况进行赋值、整理计算而得。对于任意一项指标，当其环比呈现出显著的正向变化时计 1 分，呈显著的负向变化计 -1 分，方向性不明显或存在较大波动性计 0 分。将 9 项指标的打分加总，便能刻画出当前阶段相比于上一阶段的改善或恶化幅度（总分在 [-9, 9] 之间波动）。每一阶段的总分不代表合作的绝对水平，只是衡量合作状况的相对变化。

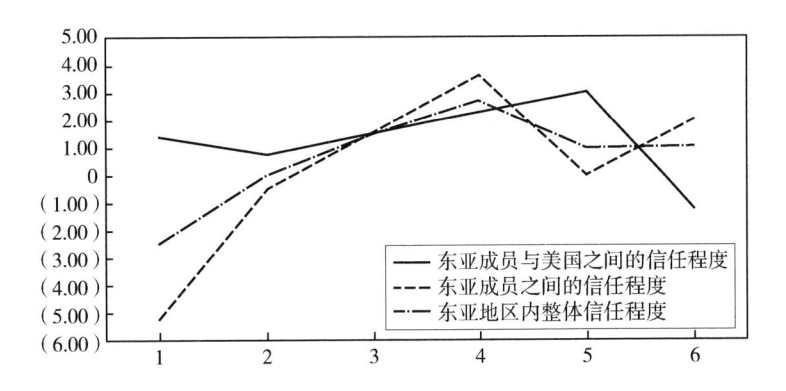

图 4-1　东亚地区内国家间信任程度的整体变化

资料来源：笔者根据本书构建的信任程度变化观测指标体系，对各个阶段的东亚国家间信任程度进行综合打分、整理计算而得。

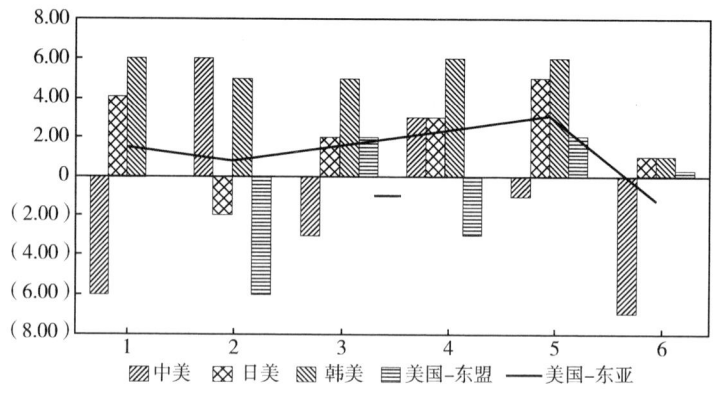

图 4-2 美国与东亚成员之间的信任程度变化

资料来源:笔者根据本书构建的信任程度变化观测指标体系,对各个阶段的东亚国家间信任程度进行综合打分、整理计算而得。

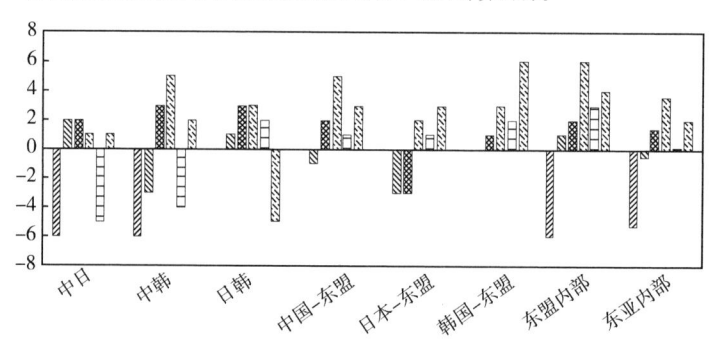

图 4-3 东亚内部成员之间的信任程度变化

资料来源:笔者根据本书构建的信任程度变化观测指标体系,对各个阶段的东亚国家间信任程度进行综合打分、整理计算而得。

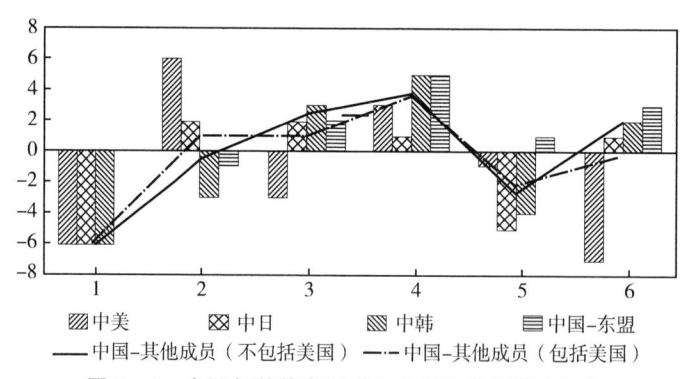

图 4-4 中国与其他东亚成员之间的信任程度变化

资料来源:笔者根据本书构建的信任程度变化观测指标体系,对各个阶段的东亚国家间信任程度进行综合打分、整理计算而得。

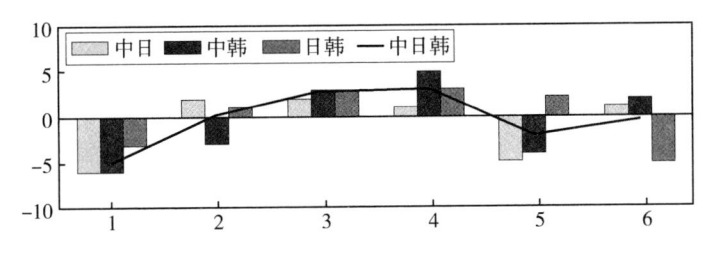

图 4-5　中日韩之间的互信程度变化

资料来源：笔者根据本书构建的信任程度变化观测指标体系，对各个阶段的东亚国家间信任程度进行综合打分、整理计算而得。

第二节　东亚区域经济合作的萌芽（1967—1989）

一　初步互动与东亚区域经济合作的酝酿

"第二次世界大战"结束后，在美苏两极格局和"冷战"的国际大背景下，东亚地区逐渐形成了两大阵营相互对峙的局面。其中，日本、韩国、印尼、马来西亚、菲律宾、泰国、新加坡等国属于美国主导的资本主义阵营；中国、朝鲜、越南、老挝等国则属于苏联主导的社会主义阵营。这对东亚地区成员之间的信任状态产生了深远影响。①

一是刚刚经历了抗日战争和朝鲜战争等多次"热战"的国家之间对彼此仍充满了敌意。尤其是日本在"第二次世界大战"中为了构建所谓的"大东亚共荣圈"，对东亚各国发动的侵略战争给这些国家和人民都带来了巨大伤害，大大增强了其他东亚国家对日本意图上的不信任，从而对此后日本与这些国家之间的合作产生了一定的消极影响。

二是受意识形态因素和美苏战略竞争的负面影响，分别属于两大阵营的东亚各国在政治和安全上尖锐对立，经济上彼此割裂，良性互动极为有限，生存安全直接或间接受到了对方阵营的威胁，因此东亚各国对阵营内部主导国（美国或苏联）的信任程度都高于对彼此的信任程度。

---

① 参见［挪威］文安立《全球冷战：美苏对第三世界的干涉与当代世界的形成》，牛可等译，世界图书出版公司2012年版。

三是受长期反殖民、反侵略战争和内战的影响,大部分东亚成员积贫积弱,政权仍不稳固,决策者对自身脆弱性的预期十分强烈,履约能力也十分有限,从而也难以迅速对彼此产生信任。

因此,在冷战初期,东亚主要成员之间,尤其是分属于不同阵营的东亚国家之间几乎处于相互割裂、互不信任的状态,各国对彼此能力和意图可信赖性的预期都较为消极。① 尽管追求"国家生存安全"这一共同利益目标使得两大阵营内部成员能够与主导国之间形成一定程度的理性信任,但在美苏战略竞争加剧、地区安全局势较为紧张的情况下,各成员之间普遍信任程度很低,它们与主导国之间的理性信任也是较为脆弱和不稳定的。一方面,各阵营内部中小国家与美苏之间极其不平等的权力关系使得它们对彼此履约能力和自身脆弱性的感知有显著差异,从而严重限制了它们之间建立稳定信任关系的可能性和必要性,也导致地区内一些历史遗留问题难以得到有效解决。另一方面,长期反侵略、反殖民的斗争历史使得东亚各国对于摆脱大国控制、追求政治经济自主的诉求都较为强烈,这与美苏希望进一步加强介入和控制地区事务的战略目标之间显然存在一定冲突。这种利益目标上的分歧不仅抑制了东亚各国对主导国意图可信赖性的积极评价,也抑制了美苏与东亚各国之间提升互信水平的动力。

在这一背景下,尽管日本和部分东南亚国家早在20世纪50年代便萌发了区域经济合作的构想,并开始了一些区域合作的尝试,但都未能成功建立稳定的区域经济合作机制。一是为了抵御共产主义"威胁",1955年泰国与菲律宾正式加入由美国主导的东南亚条约组织(又称东约组织)。这一具有集体防御性质的组织为美国介入东南亚地区事务、参与越战提供了一定理论依据,但因成员之间争端不断,对"威胁"的感知程度不一,且大部分成员对军事事务的实际贡献极少,因此这一组织很快就变得无足轻重。② 二是

---

① 参见[美]乔万尼·阿瑞吉、[日]滨下武志、[美]马克·塞尔登《东亚国际体系与东亚的崛起》,载王正毅、[美]迈尔斯·卡勒、[日]高木诚一郎主编《亚洲区域经济合作的政治经济分析:制度建设、安全合作与经济增长》,上海人民出版社2007年版,第61页。

② 参见王正毅《亚洲区域化:从理性主义走向社会建构主义?》,载王正毅、[美]迈尔斯·卡勒、[日]高木诚一郎主编《亚洲区域经济合作的政治经济分析:制度建设、安全合作与经济增长》,上海人民出版社2007年版,第11页。

自 20 世纪 60 年代初期开始，经济迅速发展的日本便开始提出构建"太平洋经济共同体"的设想，并提倡在太平洋地区建立"太平洋自由贸易区"，但未能得到美国和其他地区成员的积极响应，只能不了了之。① 三是为了共同抵御共产主义的"威胁"，1961 年马来亚、菲律宾、泰国尝试建立了"东南亚联盟"（Association of Southeast Asia），但因马来亚和菲律宾的领土争端和断交而失败。② 四是马来亚、菲律宾和印尼于 1963 年 8 月尝试建立了马菲印尼联盟（Maphilindo Confederation），但由于各成员都对彼此的意图有强烈的不信任，担心自身的合作行为被其他国家利用或背叛，不久便以失败告终。③ 这些失败的合作经历都说明，此时的东亚国家之间尚不具备开展区域经济合作的信任基础。

二 互信形成与东亚区域经济合作的萌芽

直到 20 世纪 60 年代中后期，随着部分东亚成员之间信任关系的建立和信任程度的显著提升，东亚区域经济合作才逐渐从酝酿开始走向萌芽。

（一）东亚成员之间的信任状况变化

从宏观层面来看，在美苏战略竞争加剧、地区冲突不断的背景下，为了共同应对外部威胁、促进本国经济发展，东亚部分国家之间初步建立了以理性信任为主导的信任关系，从而为直接互惠性合作机制在东亚多国之间的建立和发展奠定了基础。从微观层面来看，在这一阶段内，多国之间的信任程度都出现了不同程度的提升（尤其是中美、中日、东盟内部），但美日之间的信任程度出现了明显下滑（如表 4-4 所示）。

---

① 参见金辅耀《关于太平洋经济共同体的探讨》，《国际问题研究》1983 年第 2 期；高连福《"太平洋经济共同体设想"在日本的演变与发展》，《亚太经济》1985 年第 3 期。

② Michael Leifer, *ASEAN and the Security of Southeast Asia*, London: Routledge, 1989, p. 3; 参见王正毅《亚洲区域化：从理性主义走向社会建构主义？》，载《亚洲区域经济合作的政治经济分析：制度建设、安全合作与经济增长》，上海人民出版社 2007 年版，第 11 页。

③ Michael Antolik, *ASEAN and the Diplomacy of Accommodation*, M. E. Sharpe, INC., 1990, pp. 13-14.

表 4-4　　　　　　　　萌芽期信任程度变化显著的国家

	中美	中日	东盟内部	日美
酝酿期 (1945— 1967)	利益指标：-1 授权指标：-1 威胁指标：-1 风险性指标：-1 制度化指标：0 政策协同性指标：-1 情绪指标：-1 总分：-6	利益指标：-1 授权指标：-1 威胁指标：-1 风险性指标：-1 制度化指标：0 政策协同性指标：-1 情绪指标：-1 总分：-6	利益指标：-1 授权指标：-1 威胁指标：-1 风险性指标：-1 制度化指标：0 政策协同性指标：-1 情绪指标：-1 总分：-6	利益指标：1 授权指标：1 威胁指标：0 风险性指标：1 制度化指标：1 政策协同性指标：0 情绪指标：1 总分：4
萌芽期 (1967— 1989)	利益指标：1 授权指标：1 威胁指标：1 风险性指标：1 制度化指标：1 政策协同性指标：0 情绪指标：1 总分：6	利益指标：1 授权指标：0 威胁指标：0 风险性指标：0 制度化指标：1 政策协同性指标：0 情绪指标：0 总分：2	利益指标：0 授权指标：0 威胁指标：0 风险性指标：0 制度化指标：1 政策协同性指标：0 情绪指标：0 总分：1	利益指标：0 授权指标：0 威胁指标：-1 风险性指标：-1 制度化指标：0 政策协同性指标：-1 情绪指标：-2 总分：-6

资料来源：笔者根据本书构建的信任程度变化观测指标体系进行综合打分、整理计算而得。

其一，20世纪60年代后期开始，中美之间开始进行日益密切的交流和互动，初步建立了以理性信任为主导的信任关系。从尼克松政府对中国释放的种种友好信号与中国的积极回应，到乒乓外交、基辛格和尼克松访华以及《上海公报》的发表，再到中美正式建交，实现关系正常化，这些都表明双方在多次的信号传递与互动过程中逐渐建立了初步互信。[①] 在这一阶段内，尽管中美因台湾问题而在政策协同性指标上出现了一定的波动，利益指标、威胁指标、授权指标、风险性指标等其他六项指标都出现了显著改善。很大程度上，中美信任程度的提升不仅有利于东亚地区的稳定与和平，也对中国与其他东亚国家之间互信与合作关系的建立起到了重要的促进作用。

其二，为了共同抵御外部威胁、寻求解决地区争端的有效方法以及在东西方冲突中能够更好地维护国家安全、不断提升在国际政治经济格局中的地位，东南亚国家之间对彼此之间共同的潜藏利益有了更加明确

---

① 参见蒋芳菲、王玉主《中美互信流失原因再探——基于对中美信任模式与互动过程的考察》，《太平洋学报》2019年第12期。

的感知。^① 1967 年 8 月,新加坡、马来西亚、印尼、菲律宾和泰国通过《曼谷宣言》,宣布东南亚国家联盟(简称东盟,英文简称 ASEAN)成立。^② 1976 年,东盟成员签订《东南亚国家联盟协调一致宣言》[③] 和《东南亚友好合作条约》[④]。1984 年,文莱加入东盟,成为第六个成员国。[⑤] 尽管这一阶段内不同成员在大部分指标的表现上仍存在一定的差异性和波动性,但与上一阶段相比,东盟成员之间的信任程度得到了显著提升。东盟成立后,不仅大部分成员之间发生争端的频率、强度和范围都有所减小,交流和互动频率不断增加,从各国领导人在东盟首脑会议上的表态也可以看出,他们为了促进地区和平与发展、扩大成员之间合作关系的决心和信心也明显更加强烈。

其三,20 世纪 70 年代初开始,中国与日本、马来西亚、泰国、菲律宾等国先后建交,基于彼此在政治、经济上的潜藏利益建立了以理性信任为主导的信任关系,东亚地区信任网络初步成形并不断扩大。尤其是 1972 年中日正式恢复邦交和 1978 年《中日和平友好条约》《中日长期贸易协定》的签订不仅为中日双边经贸合作的迅猛发展打开了闸门,也为东亚区域经济合作的兴起奠定了基础。在这一阶段内,"靖国神社"等历史问题、贸易摩擦等使得中日两国在风险性、政策协同性等多项指标上都呈现出较大的波动性或领域差异性,但双方对共同经济利益的追求和致力于维持长期互惠合作关系的决心使得双方在利益指标和制度化指标上一直表现良好。与上一阶段相比,中日之间的信任程度也在波动中有所提升。

其四,日美信任关系遭受较大破坏。冷战初期,美日为了共同应对社会主义阵营威胁而结成了军事同盟。但《美日安保条约》的极其不平等性

---

① 参见王正毅《边缘地带发展论:世界体系与东南亚的发展》,上海人民出版社 1997 年版,第 86—87、94 页。
② The ASEAN Declaration (Bangkok Declaration), Bangkok, August 8, 1967, https://asean.org/the-asean-declaration-bangkok-declaration-bangkok-8-august-1967/.
③ The Declaration of ASEAN Concord, Bali, Indonesia, February 24, 1976, https://asean.org/?static_post=declaration-of-asean-concord-indonesia-24-february-1976.
④ Treaty of Amity and Cooperation in Southeast Asia, Bali, Indonesia, February 24, 1976, https://asean.org/treaty-amity-cooperation-southeast-asia-indonesia-24-february-1976/.
⑤ "Association of Southeast Asian Nation", Ministry of Foreign Affairs, Brunei Darusalam, http://www.mfa.gov.bn/Pages/association-of-southeast-asian-nation-(asean).aspx.

使日本一直对于自身国家主权的被迫损害耿耿于怀，也担忧会被美国卷入地区冲突或战争。因此酝酿期内双方便在威胁指标、政策协同性指标和情绪指标上都出现了较大波动。自20世纪60年代开始，越南战争、台海问题、朝鲜半岛等地区不稳定因素的增加，日本民众反美呼声日益高涨，以及美国隐瞒改善对华关系、日美贸易摩擦愈演愈烈等一系列因素都使得日本政府对美国产生了更明显的"离心倾向"和较为强烈的负面情绪。① 也正因如此，日本决定将更多精力转移到改善中日和日本—东盟关系上来。而日本的行为反过来又使美国因预期失败而对日本产生了更多不满，并增加了对日本经济迅速增长的威胁感知和打压日本的决心。因此，在这一历史时期，日美在风险性指标、威胁指标和情绪指标上都呈现出明显的负向变化，其他指标也表现出了更大的波动性和领域差异性，双方整体信任程度明显下滑。

（二）东亚区域经济合作的初步发展

随着东亚地区内更多国家对彼此能力和意图的预期从消极变为积极，并初步建立了信任关系，东亚区域经济合作也开始出现一系列积极变化。从宏观层面来看，以直接互惠为核心的双边经贸合作在更多成员之间建立和发展，并成为东亚各国之间的主导合作模式。从微观层面来看，与冷战初期相比，20世纪60年代末至80年代末，东亚地区在域内贸易总量、增速和占比、区域性对话合作平台数量以及合作涉及的问题领域等五个指标都出现了明显的正向变化。

一是域内双边贸易量增长迅速，中日、日本—东盟等部分成员之间的经济联系日益紧密。从20世纪60—80年代，日本取代苏联成为中国最大的贸易伙伴。② 1973年，中国在中东石油危机后首次向日本出口100万吨大庆原油，并于1978年与日本达成了以石油、煤炭换取日方技术设备的贸易协定。据统计，1980年中日贸易总额达89亿美元，比1970年增长10倍以

---

① 参见严双伍、郝春静《日美同盟关系中日本的"向心力"与"离心力"》，《东北亚论坛》2018年第2期。
② Erika Platte, "Japan-China Trade: Performance and Prospects", *Hitotsubashi Journal of Economics*, Vol. 32, No. 2, 1991, pp. 111 – 126.

上；1989 年中日贸易额达 189 亿美元，比十年前再次翻了一番。① 又如，1967—1980 年，日本对东盟国家的出口从 11.07 亿美元增长至 130.3 亿美元，增加了 11.8 倍；自东盟国家的进口从 11 亿美元增至 212.15 亿美元，增长了 19.3 倍；尤其从印尼的进口从 1.97 亿美元增至 131.67 亿美元，增加了 67 倍。② 另外，东亚各国与美国的双边经贸合作也进一步增强，中国等域内成员对美国之间的经济依赖程度不断加深。例如，1978—1992 年，中美贸易额从 11 亿美元增至 331 亿美元，增长了 29 倍。③

二是域内贸易占比明显提升。自 20 世纪 70 年代开始，东亚各国之间的内部贸易联系显著增强，在世界贸易中的份额迅速上升。1978—1992 年，中国大陆对东亚出口占其总出口的比例由 26% 上升至 45%；中国香港则由 3% 上升至 38%；中国台湾由 7% 上升至 19%。④ 截至 1990 年，东亚内部贸易在世界贸易总额中的占比上升至 4%，而拉美仅为 0.5%。⑤ 1980—1992 年，东亚出口在世界出口总额中的占比从 14.4% 上升至 24%。⑥

三是东南亚部分成员之间成功建立了区域内第一个多边对话合作平台。尽管从功能上来看，东盟直至冷战结束前都主要是一个应对外部威胁、维护国家安全的政治论坛，成员之间的经济合作一直处于讨论阶段，但东盟的成立仍是东亚区域经济合作中的一个重要里程碑。⑦ 它不仅使其

---

① 参见刘江永《中日经贸关系的回顾与展望》，《现代国际关系》1991 年第 1 期。
② 参见裴默农《日本—东盟的"特殊关系"与日本的"太平洋圈"发展战略》，《国际问题研究》1982 年第 4 期。
③ 参见 [美] 乔万尼·阿瑞吉、[日] 滨下武志、[美] 马克·塞尔登《东亚国际体系与东亚的崛起》，载《亚洲区域经济合作的政治经济分析：制度建设、安全合作与经济增长》，上海人民出版社 2007 年版，第 64 页。
④ Sueo Kojima, "Alternative Export-Oriented Development Strategies in Greater China", *China Newsletter*, Vol. 113, 1994, p. 18.
⑤ Mitsuhiro Kagami, *The Voice of East Asia Development Implications for Latin America*, Tokyo: Institute of Developing Economies, 1995, p. 6; C. H. Kwan, *Economic Interdependence in the Asia-Pacific Region: Towards a Yen Bloc*, London Routledge, 1994, p. 108.
⑥ Mitsuhiro Kagami, *The Voice of East Asia Development Implications for Latin America*, Tokyo: Institute of Developing Economies, 1995, pp. 29 – 30; Sueo Kojima, "Alternative Export-Oriented Development Strategies in Greater China", *China Newsletter*, Vol. 113, 1994, p. 18.
⑦ Roger Irvine, "The Formative Years of ASEAN: 1967—1975", in A. Boinowski ed., *Understanding ASEAN*, St. Martin's Press, 1982, pp. 8 – 36; Nicholas Tarling, *Regionalism in Southeast Asia: to Folster the Political Will*, Abindon, Oxon: Routledge, 2006, p. 134; 参见刘重力等《东亚区域经济一体化进程研究》，南开大学出版社 2017 年版，第 3—4 页；参见王正毅《亚洲区域化：从理性主义走向社会建构主义？》，上海人民出版社 2007 年版，第 11 页。

成员之间建立了一个较为稳定的信息沟通和交流机制，有利于增强各成员国对于和平解决地区争端的信心，促进地区长期和平，提升东南亚小国在大国战略竞争背景下的安全感，也有利于使各成员国不断积累良性互动，加强兼顾彼此利益的意识，提升对彼此潜藏利益的共同感知，从而为东盟成员之间，以及东盟与其他成员之间信任关系的建立、维持和增强都奠定了基础。①

四是部分成员之间合作的问题领域也得到了拓展。例如，日本在贸易、援助、技术转让、贷款和投资等方面都是中国和其他一些东亚国家的主要合作伙伴。1981—1988年，日本对华出口技术多达732项，居各国对华技术转让之首。至冷战结束前，中美在联合应对苏联方面展开了密切合作，频繁的高层互访和军事交流开始积极展开，并在情报、科技、文化、农业、贸易、交通等诸多领域签订合作协议。美国还通过对华提供技术支持、放宽对华出口限制等方式进一步增强了中美之间的互信与合作。

第三节　东亚区域经济合作的兴起（1989—1997）

一　东亚成员间的信任状况变化

自20世纪80年代后期开始，国际形势、各国国内状况以及各国互动过程的变化使得东亚成员之间的信任状况开始出现一系列变化，这对冷战结束初期东亚区域经济合作的发展产生了深远影响。从宏观层面来看，地区内各国之间理性信任的进一步增强、过程信任的初步形成为间接互惠性合作机制的初步建立提供了信任基础。从微观层面来看，域内成员之间的信任程度稳步提升，美国与大部分东亚成员之间的信任关系都有所改善，但中美信任程度出现了明显下降（如表4-5所示）。

---

① 参见梁志明《论东南亚区域主义的兴起与东盟意识的增强》，《当代亚太》2001年第3期。

表 4-5　　　　　　　　　兴起期信任程度变化显著的国家

	日美	美国—东盟	中韩	日韩	中美
萌芽期 (1967— 1989)	利益指标：0 授权指标：0 威胁指标：-1 风险性指标：-1 制度化指标：0 政策协同性指标：0 情绪指标：-1 总分：-2	利益指标：-1 授权指标：-1 威胁指标：-1 风险性指标：-1 制度化指标：0 政策协同性指标：-1 情绪指标：-1 总分：-6	利益指标：-1 授权指标：-1 威胁指标：-1 风险性指标：0 制度化指标：0 政策协同性指标：0 情绪指标：0 总分：-3	利益指标：0 授权指标：0 威胁指标：1 风险性指标：-1 制度化指标：1 政策协同性指标：0 情绪指标：0 总分：1	利益指标：1 授权指标：1 威胁指标：1 风险性指标：1 制度化指标：1 政策协同性指标：0 情绪指标：1 总分：6
兴起期 (1989— 1997)	利益指标：0 授权指标：1 威胁指标：0 风险性指标：0 制度化指标：1 政策协同性指标：0 情绪指标：0 总分：2	利益指标：0 授权指标：0 威胁指标：0 风险性指标：1 制度化指标：0 政策协同性指标：1 情绪指标：0 总分：2	利益指标：1 授权指标：0 威胁指标：0 风险性指标：0 制度化指标：1 政策协同性指标：0 情绪指标：1 总分：3	利益指标：0 授权指标：0 威胁指标：0 风险性指标：0 制度化指标：0 政策协同性指标：1 情绪指标：1 总分：2	利益指标：0 授权指标：-1 威胁指标：0 风险性指标：-1 制度化指标：0 政策协同性指标：0 情绪指标：-1 总分：-3

资料来源：笔者根据本书构建的信任程度变化观测指标体系进行综合打分、整理计算而得。

其一，与上一阶段相比，这一时期东亚主要成员之间的理性信任得到了进一步增强，信任程度稳步提升，从而为区域经济合作的发展奠定了更加坚实的信任基础。一方面，这得益于20世纪60年代以来各国双边经贸合作的建立、维持和增强。各国在经济迅速发展、不断实现彼此预期利益的过程中，整体提升了各自的履约能力与合作意图的正面感知，进一步提升了对地区发展前景的信心和对彼此之间潜藏利益的重视程度。[1] 加上欧洲和北美区域经济一体化的示范效应以及可能对东亚各国带来的挑战，东亚各国对于彼此之间的共同利益目标也有了更加强烈的感知。另一方面，这也得益于东亚地区安全环境的逐渐改善和各国国内状况的整体改善。随着苏联解体和冷战结束，国际安全环境整体变得更加和平、宽松，东亚各国政权也在国家建设和经济发展中变得更加稳固。加上后冷战初期朝核问

---

[1] Zhang Yunling, *Designing East Asian FTA: Rationale and Feasibility*, Social Sciences Academic Press, 2006, pp. 4, 20-21；参见耿协峰《地区主义的本质特征——多样性及其在亚太的表现》，《国际经济评论》2002年第1期。

题的日益凸显，中日韩三国也增强了共同抵御朝核威胁、维护地区和平与稳定的意愿。在这种国内外政治安全环境下，东亚各国对彼此的威胁认知逐渐减少，加强合作的意识和意愿都进一步加强。

正是在这一背景下，冷战结束初期，中韩信任程度出现了较大幅度的提升，尤其是双方在利益指标、制度化指标和情绪指标上呈现出明显的正向变化。1991年，中国支持韩国、朝鲜同时加入联合国。1992年，中韩正式建交，并签订《中韩贸易协定》等四个协定。1994年，中韩签订《中韩政府文化合作协定》《中韩农业技术合作谅解备忘录》。1995年，中、韩、朝、俄、蒙在联合国总部签署建立图们江自由贸易区开发政府间组织协议。在此期间，两国高层互访频繁，交流机制不断完善，两国领导人还每年定期进行会晤，为增强双方政治互信奠定了坚实基础。[①]

其二，在前期互动的基础上，东亚各国与美国之间初步形成了一定程度的过程信任，信任程度得到了进一步提升，地区内也逐渐形成了以美国为中心的国际信任网络。一是在政治因素和市场因素的共同作用下，东亚成员纷纷建立、维持和增强直接互惠性合作关系的过程中，东亚地区逐渐开始形成一个较为松散的国际信任网络。二是苏联解体后，随着美国成为世界上唯一的超级大国和东亚最大的出口市场，东亚各国对美国的信任和依赖程度整体高于对彼此的信任和依赖程度，从而使美国逐渐成为东亚地区信任网络中的主要枢纽。至20世纪90年代初，东亚与美国之间已共同构成一条完整的生产—消费链条，这在很大程度上导致美国主导推进区域经济合作的意愿更加强烈。[②] 三是在经济全球化和区域一体化迅猛发展的浪潮下，声誉机制在东亚地区信任网络中的作用逐渐凸显，东亚各国对于树立良好国际声誉的能力和意愿也都有所增强。在这一背景下，努力增强与美国之间的互信合作关系、积极向美国证明自身能力和意图上的可信赖性逐渐成为冷战结束初期东亚各国对外政策的重点。

例如，自中美关系缓和、中国改革开放以来，随着美国和其他东亚国家对中国能力和意图都产生了更加积极的预期，中国也得以与更多国家建

[①] 参见刘宝全等《中韩建交二十年大事记》，《当代韩国》2012年第3期。

[②] 参见周小斌主编《亚太地区经济结构变迁研究（1950—2010）》，社会科学文献出版社2012年版，第1页。

立和增强互惠合作关系,并逐渐发展成为东亚地区的加工制造中心和出口中心。① 然而,冷战结束初期,受美国对华政策调整的影响,中美之间的信任程度急剧下滑,尤其是风险性指标、情绪指标等出现了明显的负向变化。在这个过程中,中国与其他东亚国家之间的关系也受到了一定的负面影响。② 因此,为了进一步修复中美关系,减少美国和其他东亚国家对中国的不信任,中国在对外政策行为上也更加注重自身声誉建设:一方面积极向美国发出高成本合作信号,对其他东亚成员采取合作行为;另一方面对自身与美国和周边各国之间的利益冲突和分歧都保持着较大的战略克制。

又如,冷战时期,受美苏战略竞争、越南战争等因素的影响,东南亚大部分国家与美国之间的信任程度极低。直至 20 世纪 80 年代末 90 年代初,部分东盟成员对美国仍然疑虑和防范未消,这也是为什么 1990 年马来西亚总理马哈蒂尔会提出构建将美国排除在外的 EAEG 构想。然而在美国的反对下,日、韩都对这一构想持消极态度,东盟内部也出现了反对声音,这些都使东盟更加意识到改善美国—东盟关系的重要性和必要性。因此,为了进一步提升美国、内部成员和东亚其他国家对东盟的信任和认可,东盟开始一边积极扩容,推进区内自贸区建设,努力提升内部凝聚力和吸引力;一边积极改善与美国之间建立和增强互信关系,力图使自身成为一个地区大国无法忽略的存在。③ 1994 年 7 月,中国作为东盟的协商伙伴国、美国作为东盟的对话国同时参加了于泰国举行的东盟地区论坛首次外长会议。正如会议通过的主席论坛声明所言,"东盟地区论坛将对亚太地区建立信任和开展预防性外交的努力做出重要贡献",东盟不仅为地区各国与美国之间保持联系和对话、增进互信与共识提供了重要平台,也使美国和其他成员逐渐对东盟的能力和意图产生了更多积极预期,使其日益成长为能够在东亚大国之间进行利益协调、影响国家间互动的重要

---

① Zhang Yunling, *Designing East Asian FTA: Rationale and Feasibility*, Social Sciences Academic Press, 2006, pp. 20–21;参见张蕴岭《亚太经济一体化与合作进程解析》,《外交评论》2015 年第 2 期。

② 例如,1989—1990 年,在美国的施压下,日本也被迫对华实行了经济制裁,一度对中日双边经贸合作造成了较大负面影响。不仅日本对华出口明显减少,日本政府还冻结了三次日元贷款。

③ Lee Kirn Chew, "PM Tells ASEAN: Stay Cohesive to be Counted", *The Straits Times*, July 24, 1993; Yang Razali Kassim, "Reconfigured ASEAN Will Make Presence Felt in Asia-Pacific", *Business Times*, July 25, 1995.

力量。① 在东盟的积极努力下，美国与东盟之间的信任程度开始逐渐提升。

此外，冷战结束后，为了应对朝核威胁，并防范中国在亚洲地区的崛起，日本在经历了一段时间的挣扎后，开始一边努力重新强化美日同盟，一边积极稳定日韩关系，以重新获得美国的信任，争取美国在经济和安全上对日本的支持与保护，确保三国在朝鲜问题上的一致立场。1996 年，克林顿访日期间与日本桥本首相共同发表了《美日安全保障共同宣言——面向 21 世纪的同盟》。1997 年，日美安全协商委员会发表《日美新防卫合作指针》。随着日本与美国和韩国在授权、制度化等指标上的正向变化，他们之间的信任程度开始逐渐提升。

其三，冷战结束后，美国对多边国际制度的完善和对自由贸易的推崇为东亚地区国家间信任关系的建立和发展提供了比冷战时期更为有利的外部制度环境，从而使各国决策者都更加坚定了在多边国际贸易制度下加深复合相互依赖、将促进国内经济发展置于国家战略首位的信念。② 同时，东亚各国在 20 世纪七八十年代以来共同创造"东亚奇迹"、形成东亚区域生产网络的过程中，基于国际贸易制度和市场运行机制的长期安排开始逐渐产生了更强的区域经济合作意识，并基于对东亚广阔发展前景的信心初步构建了一种地区认同。③ 尽管与欧美等地区相比，东亚地区的系统性信任基础仍比较薄弱，但国际制度环境的改善、各国区域经济合作意识的形成和地区认同的增强使东亚国家间的一般信任水平也得到了一定提升，从而为后冷战时期东亚区域经济合作的兴起和发展奠定了重要基础。

然而，冷战结束后，美国为了防止东亚地区出现潜在的战略竞争对手，并维护美国在东亚巨大的现实利益以及对东亚地区秩序的主导权，对

---

① Chairman's Statement: The First Meeting of the ASEAN Regional Forum, July 25, 1994, Bangkok.
② Michael Wesley, "Asia's New Age of Instability", *The National Interest*, No. 122, 2012, pp. 21–29.
③ Michio Morishima, *Japan's Choice: toward the Creation of a New Century*, Tokyo: Iwanami Shoten, 1995; Kazuko Mori and Kenichiro Hirano eds., *A New East Asia——toward a Regional Community*, Singapore NUS Press, 2007; 参见［韩］金大中《21 世纪的亚洲及其和平》，北京大学出版社 1994 年版；参见张蕴岭《在理想与现实之间——我对东亚合作的研究、参与和思考》，中国社会科学出版社 2015 年版，第 7 页。

东亚地区进行了经济与安全二元背离的制度安排。① 一方面，美国自冷战开始就在东亚构筑了以反共为宗旨的辐轴式军事同盟体系，并在冷战结束后进一步加强了与日、韩之间的双边同盟关系，巩固了以美国为中心的辐轴式安全结构。另一方面，冷战结束后东亚两大阵营之间的大墙终于倒塌，绝大多数东亚成员之间都在政治和市场因素的共同作用下建立了紧密的经济联系，美国也为了追求经济利益而大力推动与东亚各国双边贸易合作关系的发展。② 这种经济与安全相互背离的制度安排不仅加剧了美国与东亚各国在"信任"与"值得信任"之间的失衡，抑制了中国等非美国盟友对美国意图及其主导国际制度的积极预期，也深远地影响了东亚区域一体化的价值规范，以及地区成员之间的信任关系和互动过程。③ 在这种制度的长期安排下，东亚地区逐渐形成了权力和资本共同主导的信任文化，使各国逐渐在权力竞争与追求经济利益的过程中变得更加撕裂。不仅如此，美国还在东亚大行"民主价值观外交"，力图以意识形态划线，构建符合美国价值理念的价值观同盟。④ 这也在一定程度上加剧了东亚各国在价值观念上的分歧，增加了各成员提升相互认同和内部凝聚力、形成共有身份观念和道德规范的难度，阻碍了地区内制度信任和道德信任的形成。

二 东亚区域经济合作的新进展

20世纪80年代末至90年代初，随着成员间信任状况出现上述一系列变化，东亚区域经济合作也逐渐呈现出新的变化。从宏观层面来看，东亚各国开始纷纷积极参与美国主导的亚太区域经济合作，并在美国的主导下建立了更高层次的间接互惠性合作机制，并与直接互惠相互嵌套、彼此促

---

① David Shambaugh, "Tangled Titans: Conceptualizing the U.S.-China Relationship", David Shambaugh ed., *Tangled Titans: The United States and China*, Rowman & Littlefield Publishers, 2012, pp.17-18; Victor D. Cha, "Powerplay: Origins of the US Alliance System in Asia", *International Security*, Vol.34, No.3, 2009/2010, p.158; 参见信强《东亚一体化与美国的战略应对》，《世界经济与政治》2009年第6期；参见齐皓《东亚"二元背离"与中美的秩序竞争》，《战略决策研究》2018年第3期。

② 参见信强《东亚一体化与美国的战略应对》，《世界经济与政治》2009年第6期。

③ 参见蒋芳菲、王玉主《中美互信流失原因再探——基于对中美信任模式与互动过程的考察》，《太平洋学报》2019年第12期。

④ 参见信强《东亚一体化与美国的战略应对》，《世界经济与政治》2009年第6期。

进，共同推动了东亚区域经济合作的发展，激发了东亚成员之间合作水平的提升。在微观层面，东亚各国对地区发展前景普遍更加乐观，对彼此政策行为的预期也更加积极，大部分东亚成员之间的经济联系更加紧密，合作领域不断拓展，合作水平稳步提升。因此，与萌芽期相比，这一时期东亚域内贸易/投资总量和增速、域内贸易/投资占比、域内FTA数量、域内多边合作机制和政府间对话合作平台的数量和质量、合作涉及的问题领域这7项指标都有进一步改善。

其一，中日、中韩、中国—东盟之间的双边贸易额都稳步增长，成员之间的相互依赖程度进一步提高，域内贸易/投资在世界贸易/投资中的占比也进一步提升。20世纪80年代末至90年代初短短几年时间里，东亚各国之间的相互出口便从30.2%增长到近40%；相互进口从28.2%增加到34.5%；地区内部的相互贸易比重在全部贸易中的占比超过40%。[1] 1990—1995年，东亚贸易占世界贸易的比重从19.09%上升至24.3%。[2] 与此同时，东亚地区吸引的FDI也在增长，且流入东亚的FDI占世界FDI的比重也从1990年的11.6%上升至1995年的22.39%。[3] 自20世纪90年代开始，包括东亚在内的亚太地区也成为美国最大的出口市场和投资区域。

其二，东盟内部经济一体化进程加速发展，东盟成员顺利推进FTA谈判。东盟于1992年召开的第四届首脑会议正式决定开始启动自贸区谈判，并签署了《东盟加强经济合作框架协定》和《东盟自由贸易区共同有效优惠关税协定》，确定了未来经济合作的基本方向和加速削减区域内部贸易关税率的计划。1996年4月，东盟成员签署《东盟工业合作计划》，并于11月开始执行。

其三，区域内多边合作机制和对话合作平台建设取得新的进展。1989年，APEC（亚太经合组织）作为亚太地区第一个政府间官方经济合作组织正式成立。[4] 1994年，《茂物宣言》提出地区贸易投资自由化的长远计划，

---

[1] 参见张帆《论"后雁型模式"时期的东亚区域经济一体化》，《国际贸易问题》2003年第8期。

[2] 参见佟伟伟、吕瑶《东亚区域内国际或区际直接投资与贸易的发展分析》，《信阳师范学院学报》（哲学社会科学版）2017年第3期。

[3] 参见佟伟伟、吕瑶《东亚区域内国际或区际直接投资与贸易的发展分析》，《信阳师范学院学报》（哲学社会科学版）2017年第3期。

[4] 中国1991年才加入APEC。

并宣布"不迟于2020年在亚太地区实现自由、开放贸易和投资的目标"。①1995年和1996年，APEC又先后发表了《大阪行动议程》和《APEC马尼拉行动计划》。不仅如此，东盟对于促进东亚成员之间增强互信与合作的积极作用也进一步增大。1994年东盟主导建立了地区内第一个官方安全对话机制东盟地区论坛（ARF），并得到了美国和其他东亚成员的支持。APEC和ARF的建立不仅是冷战初期东亚区域合作取得的重要进展，也为成员之间进一步增强对话交流、提升信任程度提供了重要平台。例如，自90年代初期开始，中韩两国领导人连续十多年都在APEC首脑会议期间定期进行会晤，这为中韩两国信任程度的稳步提升、双边合作的深化和拓展都起到了重要的积极作用。

值得提及的是，这些机制和平台的建立从侧面反映出东亚区域经济合作的"新区域主义"特征，即具有突出的跨区域性。② 这也印证了这一阶段东亚成员与美国之间信任程度整体提升、美国成为东亚区域信任网络中心对东亚区域经济合作进程的潜在影响。尤其从APEC的性质可以看出，APEC对各成员不具有约束性或强制性，而是主要通过领导人的承诺，以及各成员之间的共同协商和自愿行动来进行合作，并从这些合作中直接或间接受益。APEC既有长远目标和规划，也有实现目标的具体手段，既不是基于某一个特定的短期利益目标而建立，也不是致力于打造一个相对封闭的经济集团，而是期望能够构建一个开放的多边贸易体制。③ 因此它既不是群体选择性互惠，也不是直接互惠，而是一种以美国为中心、直接互惠与间接互惠相互嵌套的合作机制。因此，在很大程度上，APEC的成立和一系列计划的提出不仅是东亚地区内信任层次整体提升、各成员与美国之间信任程度提高的结果，也表现出东亚各国对美国和APEC引领亚洲区域经济一体化进程寄予的更高期望。④

---

① 参见高军行、全毅《东亚区域经济一体化的进程及特点》，《郑州航空工业管理学院学报》2008年第5期。

② Norman D. Palmer, *The New Regionalism in Asia and the Pacific*, Toronto, MA: Lexington Books, 1991, pp. 1–5, 12.

③ 参见陆建人、王旭辉《东亚经济合作的进展及其对地区经济增长的影响》，《当代亚太》2005年第2期；刘重力等《东亚区域经济一体化进程研究》，南开大学出版社2017年版。

④ 参见宋玉华《开放的地区主义与亚太经济合作组织》，商务印书馆2001年版；高军行、全毅《东亚区域经济一体化的进程及特点》，《郑州航空工业管理学院学报》2008年第5期。

第四节 东亚区域经济合作的发展(1997—2008)

一 东亚成员间的信任状况变化

1997年7月，一场突如其来的金融危机从泰国迅速蔓延到东南亚、东北亚以及其他地区。各国在应对此次危机过程中的政策行为和互动过程不仅改变了它们之间的信任状况，也对此后东亚区域经济合作的发展产生了深远影响，从而使这次危机成为东亚区域经济合作历史进程中的一个重要转折点。

从宏观层面来看，东亚成员之间的理性信任和过程信任都显著增强，美国在东亚国际信任网络中的地位下降，东亚地区内部逐渐形成了以东盟为中心的区域信任网络。从微观层面来看，东盟与美国之间的信任程度明显下降，但中美、中国—东盟、日本—东盟以及东盟内部成员之间的信任程度都显著提升，东亚各国之间的信任程度整体已超过了它们与美国之间的互信程度（如表4-6所示）。

表4-6　　　　　　　　发展期信任程度变化显著的国家

	中美	美国—东盟	中国—东盟	日本—东盟	东盟内部
兴起期 (1989—1997)	利益指标：0 授权指标：-1 威胁指标：0 风险性指标：-1 制度化指标：0 政策协同性指标：0 情绪指标：-1 总分：-3	利益指标：0 授权指标：1 威胁指标：0 风险性指标：1 制度化指标：0 政策协同性指标：1 情绪指标：0 总分：2	利益指标：1 授权指标：0 威胁指标：0 风险性指标：0 制度化指标：0 政策协同性指标：1 情绪指标：0 总分：2	利益指标：0 授权指标：-1 威胁指标：-1 风险性指标：0 制度化指标：0 政策协同性指标：0 情绪指标：-1 总分：-3	利益指标：0 授权指标：0 威胁指标：0 风险性指标：0 制度化指标：1 政策协同性指标：1 情绪指标：0 总分：2
发展期 (1997—2008)	利益指标：1 授权指标：0 威胁指标：1 风险性指标：0 制度化指标：1 政策协同性指标：0 情绪指标：1 总分：3	利益指标：0 授权指标：-1 威胁指标：0 风险性指标：0 制度化指标：0 政策协同性指标：-1 情绪指标：-1 总分：-3	利益指标：1 授权指标：1 威胁指标：1 风险性指标：1 制度化指标：1 政策协同性指标：1 情绪指标：1 总分：5	利益指标：0 授权指标：0 威胁指标：1 风险性指标：0 制度化指标：1 政策协同性指标：1 情绪指标：0 总分：2	利益指标：1 授权指标：1 威胁指标：1 风险性指标：1 制度化指标：1 政策协同性指标：1 情绪指标：1 总分：6

资料来源：笔者根据本书构建的信任程度变化观测指标体系进行综合打分、整理计算而得。

其一，美国在此次金融危机中的不作为严重损害了美国在东亚地区的国际声誉，使美国与东亚成员之间的过程信任遭到了较大破坏，尤其导致东盟成员对美国的信任程度大大下降。一是美国主导的 APEC 在应对危机时毫无建树，1998 年吉隆坡会议也未能通过部门早期自由化计划，使东亚成员大为失望，从此 APEC 框架下的亚太区域经济合作逐渐趋于虚化。[①]二是金融危机后泰国和其他东亚国家纷纷向国际货币基金组织（IMF）求助，但其开出的"药方"反而导致各国经济状况进一步恶化。[②] 三是尽管美国对韩国提供了大量资金援助，助其度过危机，但对泰国等东南亚国家提供的直接帮助十分有限，从而引发了这些国家对美国强烈的不满情绪。这一系列因素都导致东亚各国对美国能力和意图可信赖性的评价大大降低，对美国主导的合作机制也更加冷淡，反而将更多的目光转向东亚地区内部，并将应对危机的希望主要寄托于中国和日本的合作上。在这一背景下，美国在东亚国际信任网络中的枢纽地位也明显下降。

其二，中国在此次危机中的利他性合作行为大大提升了东盟等东亚成员与中国之间的信任程度，也显著改善了中国与美国之间的互信合作关系。

一方面，亚洲金融危机爆发后，中国在出口急剧下降的情况下，不仅没有通过货币贬值来刺激出口，反而为了帮助其他国家度过危机而采取了坚持不让人民币不贬值的政策举措，并对泰国、印尼等国及时提供了资金援助，从而大大提升了东盟对中国的信任与认可，使得中国与东盟在亚洲金融危机后的多项信任指标都出现显著改善，双边信任程度显著提升。[③] 1997 年中国与东盟正式宣布建立面向 21 世纪的睦邻互信伙伴关系，双方承诺通过和平方式解决彼此之间的分歧或争端，不诉诸武力或以武力相威胁，为促进本地区的和平与稳定，增进相互信任，有关各方同意继续自我克制，并以冷静和建设性的方式处理有关分歧。[④] 2002 年，中

[①] 参见全毅《东亚区域经济合作模式》，载张蕴岭、沈铭辉主编《东亚、亚太区域合作模式与利益博弈》，经济管理出版社 2010 年版。

[②] 参见张蕴岭《在理想与现实之间——我对东亚合作的研究、参与和思考》，中国社会科学出版社 2015 年版，第 8—12 页。

[③] 参见张蕴岭《在理想与现实之间——我对东亚合作的研究、参与和思考》，中国社会科学出版社 2015 年版，第 12 页。

[④] 参见《中华人民共和国与东盟国家首脑会晤联合声明 面向二十一世纪的中国—东盟合作》，《人民日报》1997 年 12 月 17 日第 6 版。

国与东盟签署《南海各方行为宣言》,确立了双方和平解决地区争端、共同维护地区稳定和加强南海合作的基本原则。[①] 2003 年,中国率先作为域外大国加入《东南亚友好合作条约》,并与东盟一致认为"中国—东盟关系发生了重要、积极的变化",共同将中国—东盟关系进一步升级为"面向和平与繁荣的战略伙伴关系"。[②] 此外,中国与各东盟成员之间也频频发表联合声明,表明了各自的合作意图(如表 4-7 所示)。在很大程度上,金融危机后中国—东盟互信程度的迅速提升为此后双方共同维护地区和平与安全、共同推进东亚区域经济合作进程奠定了较为坚实的信任基础。

表 4-7　1997—2008 年中国与东盟成员国双边联合声明一览表

时间	联合声明	原则	主要内容
1999.02	中泰联合声明	高层交往	促进大湄公河次区域经济合作
1999.05	中马联合声明	多层次交流	和平解决南海问题、建立多极秩序
2000.04	中新联合声明	外交磋商	战略安全合作
2000.05	中印联合声明	多层次交流与合作	坚持反弹道导弹和东南亚裁减核武器,坚持亚洲价值观
2000.05	中菲联合声明	长期稳定	致力于维护南海的和平与稳定
2005.04	中菲联合声明	保持交往与合作	决定建立致力于和平发展的战略性合作关系,继续致力于维护南海地区和平与稳定
2007.01	中菲联合声明	深化合作	深化中菲致力于和平与发展的战略性合作关系
2000.06	中缅联合声明	睦邻友好	打击跨国犯罪,促进大湄公河次区域经济合作
2000.11	中柬联合声明	相互理解和信任	加强经贸等多层次和领域的交流与合作
2000.12	中越联合声明	睦邻友好、全面合作	加强合作、打击跨国犯罪、和平解决争端
2006.11	中越联合声明	睦邻友好、全面合作	经贸合作、支持入世、解决边界问题
2008.06	中越联合声明	睦邻友好、全面合作	发展中越全面战略合作伙伴关系

---

① 参见《南海各方行为宣言》,中华人民共和国外交部,https://www.fmprc.gov.cn/web/wjb_673085/zzjg_673183/yzs_673193/dqzz_673197/nanhai_673325/t848051.shtml。

② 参见《中华人民共和国与东盟国家领导人联合宣言》,《人民日报》2003 年 10 月 10 日第 7 版。

续表

时间	联合声明	原则	主要内容
2008.10	中越联合声明	睦邻友好	落实中越全面战略合作伙伴关系，共同维护南海局势稳定
2000.11	中老联合声明	睦邻友好、彼此信赖	加强全面合作、保持高层往来
2006.11	中老联合声明	睦邻友好、彼此信赖	经贸合作

资料来源：尹继武《文化与国际信任——基于东亚信任形成的比较分析》，《外交评论》2011年第4期。

另一方面，中国在亚洲金融危机中对东盟采取的合作行为也使中国建立了更好的国际声誉，从而也为中美信任程度的提升奠定了基础。在很大程度上，中国之所以会愿意顶住压力、帮助东亚各国渡过难关，既是因为中国深谙与其他东亚国家之间不断扩大的共同利益基础和日益紧密的经济联系，也是因为中国希望能够通过这种利他性合作行为进一步修复中美信任关系、增强与日、韩之间的互利合作奠定基础，为中国的改革开放创造更为有利的国际政治经济环境。事实上，亚洲金融危机后十多年间，无论是双方日益密切的高层往来、日益加深的经济复合相互依赖、日趋频繁的人文交流、不断增加的多层次交流合作机制，还是中国对美国反恐的支持、美国对中国入世的支持、双方在突发事件中的战略克制等都显示中美互信合作关系已得到明显修复和增强，双方在互动中表现出的积极情绪也显著增加。

其三，尽管日、韩两国在应对亚洲金融危机中的贡献不及中国，但它们也纷纷采取了积极的合作行为，从而也进一步增强了东盟和中国对它们的积极预期，使日本—东盟、韩国—东盟、中日韩之间的信任程度都得到了不同程度的提升。

例如，为了帮助东盟国家渡过难关，日本削减了其官方发展援助的利率，并同意向东盟国家提供人力资源开发和技术培训，从而大大降低了东盟对日本的威胁感知。又如，虽然韩国也深受金融危机的冲击，但其仍积极表示愿意和东盟等其他东亚经济体一起合作解决问题，携手共渡难关，从而也使韩国—东盟之间的信任程度有所提升。[①] 此后，除了东盟与日、

---

① 参见季玲《国际关系中的情感与身份》，中国社会科学出版社2015年版，第161页。

韩之间的多项指标出现了正向变化,中日韩三国,尤其是中韩之间的信任程度也有一定提升。金融危机后,中韩不仅更加积极地合作推进东亚区域经济合作进程,也在共同应对朝核危机、维护地区和平与稳定中展开了更加密切的合作。不仅如此,继双方在1998年宣布建立面向21世纪的中韩合作伙伴关系后,两国又于2003年7月韩国总统卢武铉访华期间宣布建立中韩"全面合作伙伴关系"。虽然中日两国在共同应对金融危机、朝核危机的过程中信任程度也有一定提升,但日本对中国地区影响力不断扩大的忌惮导致双方在区域制度化建设,尤其是筹备东亚峰会中的恶性互动开始增加,这不仅抑制了双方信任程度的进一步提升,也导致双方多项信任指标都出现了更大的波动性。

其四,亚洲金融危机不仅整体提升了东盟与中日韩之间的理性信任,也使东盟逐渐成为东亚地区信任网络的中心,从而为东亚地区形成以东盟为中心的间接互惠性合作机制夯实了过程信任基础。[1] 一方面,此次金融危机的爆发使各成员都更加认识到东亚经济联系的紧密性和加强合作、共同抵御外部威胁的必要性。这种对彼此之间潜藏利益的高度重视使它们之间的理性信任基础更加夯实,共同推进区域经济合作的积极性和基础动力也明显增强。[2] 例如,1997年12月,东盟在吉隆坡召开纪念东盟成立30周年大会,并邀请中、日、韩参加,共商应对策略和区域经济合作大计。这是东亚历史上首次召开的12国领导人非正式会议,表明了东亚各成员愿意为解决共同问题而一起努力的信心和决心。[3] 另一方面,东亚成员在危机中表现出来的互助合作精神,以及共同应对危机的过程进一步增强了它们之间的积极情感和对彼此的善意感知,也强化了声誉机制在东亚地区信任网络中的作用和东盟在东亚地区信任网络中的枢纽地位,从而使东亚成员之间的过程信任得以形成和增强。[4] 在理性信任和过程信任的共同作用下,东亚国家间互信关系的脆弱性和不稳定性明显降低,东亚区域经济

---

[1] 参见董贺《东盟的中心地位:一个网络视角的分析》,《世界经济与政治》2019年第7期。
[2] 参见全毅《东亚区域经济合作的模式与路径选择》,《和平与发展》2010年第3期。
[3] Anis Kamil, "ASEAN Ideas to Rid out Economic Woes", *New Straits Times*, December 18, 1997;参见全毅《东亚区域经济合作的模式与路径选择》,《和平与发展》2010年第3期。
[4] 参见季玲《国际关系中的情感与身份》,中国社会科学出版社2015年版,第190页。

合作中的政治阻力也进一步减小。①

其五，在东盟的主导下，以软性制度主义为核心的"东盟方式"逐渐被各国所接受、认可，并逐渐成为东亚成员内部进行利益协调的主要机制，深远地影响了成员之间的互动。② 一方面，这有利于使各成员在增进理解、积累良性互动的过程中进一步提升对彼此的善意认知，也使它们在形成一致行为模式和共有观念的过程中对这个群体本身产生了更多的信任和归属感，更加愿意为群体的整体发展进行利益协调，从而也为东亚地区内部信任层次的整体提升形成奠定了重要基础。③ 另一方面，其他成员对东盟和"东盟方式"的信任与认可反过来也进一步增强了东盟的内部凝聚力，使东盟成员之间的信任程度进一步提升。然而，由于东亚地区内部仍缺乏约束力较强、约束范围较广、歧视性较弱、包容性较强、能够被各个成员普遍接受的正式国际制度，且美国因素的影响和亚太信任网络的存在导致东亚国际信任网络的边界并不明确，以东盟为中心的东亚信任网络内部运转机制也仍不健全，因此这一时期东亚地区仍不完全具备形成制度信任的各个条件，东亚成员之间的系统性信任基础仍较为薄弱。

二 东亚区域经济合作的迅速发展

1997年亚洲金融危机后，随着东亚各国对美国信任程度的下降和对彼此信任程度的整体提升，它们开始将主要精力从亚太区域经济合作重新转向东亚区域经济合作，并共同推进了东亚区域经济合作机制的协同进化，促进了地区内部的合作水平显著提升。与上一阶段相比，东亚区域经济合作在域内贸易/投资总量等9项指标上都有不同程度的改善。

一是以东盟为中心的多层次制度化合作突飞猛进，东亚地区内以"10+

---

① 参见莽景石《理解东亚一体化：政治成本的约束》，载杨栋梁、郑蔚《东亚一体化的进展及其区域经济合作的路径》，天津人民出版社2008年版，第57页。
② Jurgen Haacke, *ASEAN's Diplomatic and Security Culture: Origins, Development and Prospects*, New York: Routledge, 2005；参见陈寒溪《"东盟方式"与东盟地区一体化》，《当代亚太》2002年第12期。
③ 参见［加］阿米塔·阿查亚《构建安全共同体：东盟与地区秩序》，王正毅、冯怀信译，上海人民出版社2004年版，第66—111页；参见魏玲《关系、网络与合作实践：清谈如何产生效力》，《世界经济与政治》2016年第10期。

3"为基础的间接互惠性合作机制逐步建立并不断增强,成员之间多边合作机制与对话合作平台的数量、质量和涉及的问题领域等指标都有进一步改善。基于1997年东盟成立30周年纪念大会上衍生的"10+3"合作模式,各成员又于2000年达成了《清迈倡议》,决定共同建立亚洲外汇储备基金,并将这一框架迅速发展为包括领导人会议、部长级会议、高官会议、联合工作组以及各种双轨机制在内的一整套制度性合作框架。① 2002年11月,东盟与中国签署《中国—东盟全面经济合作框架协议》;2003年10月,东盟与日本签署《日本—东盟全面经济伙伴关系框架协议》;2005年与韩国签署《东盟—韩国双边自由贸易框架协议》。尽管这三对双边合作机制的发展程度仍有差异,但它们基本上都形成了包括领导人会议、多种部长级会议以及各种高官会议在内的多维一体式制度安排。② 随着"10+3"和3个"10+1"合作模式的相继确立,东盟逐渐成为东亚区域经济合作的主导力量,对于促进直接互惠与间接互惠性区域经济合作机制的相互嵌套、协同进化,以及东亚地区主义的兴起和发展都发挥了重要作用。③ 不仅如此,2005年首届东亚峰会的召开也为东亚成员,及其与其他利益攸关的大国间保持相互沟通、进行利益协调提供了重要平台。

值得提一的是,尽管东亚各经济体对 APEC 在亚洲金融危机中的表现较为失望,但这一时期 APEC 也在东亚成员与美国等亚太经济体之间的对话与合作中发挥了重要的积极作用。由于东亚各国对美国市场的依赖程度仍相对较高,并纷纷与更多亚太经济体签订了双边 FTA,且 APEC 仍具有一些独有的优势,因此它逐渐演变为东亚成员与美国等亚太经济体之间开展对话、增进互信与合作的重要平台。APEC 不仅与以 WTO 为代表的多边贸易制度保持了较高的一致性,且涉及成员众多,涵盖议题广泛,具有较强的开放性和灵活性,从而使东亚成员能够在一个更加开放、包容的国际

---

① 参见秦亚青主编《东亚合作:2009》,经济科学出版社2010年版。
② 参见全毅《东亚区域经济合作模式》,载张蕴岭、沈铭辉主编《东亚、亚太区域合作模式与利益博弈》,经济管理出版社2010年版,第7页。
③ Shujiro Urata, "Free Trade Agreements and Patterns of Trade in East Asia from the 1990s and 2010s", *East Asian Community Review*, Vol. 1, 2018, pp. 61 – 73; Hitoshi Tanaka, Adam P. Life, "The Strategic Rationale for East Asia Community Building", in Jusuf Wanadi and Tadashi Ymamoto, eds., *East Asia at a Crossroads*, Tokyo: Japan Center for International Exchange, 2008, p. 90.

制度环境中不断积累良性互动。2006年,在越南河内召开的APEC大会上,各成员同意将构建亚太自由贸易区(FTAAP)作为共同长期愿景。这一共识的达成为提升东亚成员对APEC和亚太区域经济合作发展前景的信心起到了一定的积极作用,但也使中日两国对东亚区域经济合作的发展方向产生了更大的分歧。

二是东亚地区开始掀起一波自由贸易协定(FTA)的浪潮,次区域经济合作也更加活跃,域内启动谈判和正式签订的FTA数量、增速和质量都比上一个阶段有明显提升。① 据统计,截至2000年,亚洲国家和地区参与的FTA总数为51项;截至2008年,总数升至161项,其中双边FTA占比为80%左右,且绝大多数都是由东亚经济体参与或签订的。② 在10+3的基础上,中日韩领导人会晤机制开始启动,东北亚地区也加快了自贸区建设的步伐。1999年,韩国金大中总统在"10+3"领导人会议期间,向中日两国提出了建立"东北亚经济合作体"构想,从而使东北亚三国的区域经济合作进程正式被提上日程。③ 2002年,中国在中日韩领导人会晤期间向日韩提出建立中日韩FTA的构想,得到了日韩两国领导人的积极支持。2003年10月,中日韩三国共同签署《中日韩推进三方合作联合宣言》,为东北亚三国推进经济一体化指明了方向。④ 但由于三国之间信任程度整体仍相对较低,此后几年中日韩FTA始终未取得突破性进展。另外,东盟增长三角、大湄公河次区域开发合作、图们江区域经济开发计划等次区域经济合作也更加活跃,不仅进一步推动了区域内部生产要素的流动,降低了合作成本,也为东亚地区建立更高层次、更高水平、更大规模的区域经济合作机制奠定了基础。⑤

三是区域内贸易和投资迅速增长,成员之间的互惠水平稳步提升,合

---

① 参见全毅《东亚区域经济合作模式》,载张蕴岭、沈铭辉主编《东亚、亚太区域合作模式与利益博弈》,经济管理出版社2010年版,第6—8页。
② 参见刘重力等《东亚区域经济一体化进程研究》,南开大学出版社2017年版,第20页。
③ 参见刘重力等《东亚区域经济一体化进程研究》,南开大学出版社2017年版,第172页。
④ 参见《中日韩推进三方合作联合宣言》,人民网(日本版),http://japan.people.com.cn/2003/10/8/2003108101405.htm,2003年10月8日。
⑤ 参见全毅《东亚区域经济合作模式》,载张蕴岭、沈铭辉主编《东亚、亚太区域合作模式与利益博弈》,经济管理出版社2010年版,第6—8页。

作关系更加稳固，域内贸易/投资总量、增速和在世界贸易/投资占比等指标都比上一个阶段有不同程度的改善。1999—2005 年，东亚区域内贸易迅速增长（约为 0.13%），甚至一度超过了东亚总体对外贸易增速（0.08）。① 尤其是中国与日本、东盟等其他成员的双边贸易增速明显加快（如图 4-6 所示）。同时，区域内贸易份额也在上升，这意味着东亚各国对美欧经济的不对称相互依赖程度有所下降。② 2006 年，东亚各国在本地区的进口占到了总进口量的 60% 以上，向美国的出口比重有所下降，中国—东盟之间的双边贸易额也于这一年超过了美国—东盟之间的双边贸易额。③ 这一时期内，东亚地区的区域内贸易占比尽管仍低于欧盟，但已经超过了北美自由贸易区。④ 此外，这段时期东亚区域内 FDI 流入量和占比也发展迅速。据统计，1995—2009 年，流入东亚的 FDI 年均增幅约为 53%；2000—2015 年，东亚吸引的 FDI 占世界 FDI 的比重显著提高了 115.95%。⑤ 但由于这

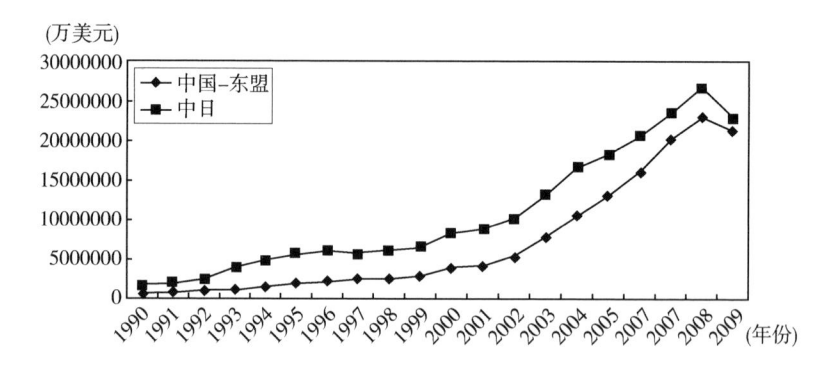

图 4-6 中国—东盟和中日双边贸易额情况（1990—2009）⑥

---

① 参见刘重力等《东亚区域经济一体化进程研究》，南开大学出版社 2017 年版，第 8 页。
② 参见宋伟《美国对亚太区域经济合作的战略目标》，载张蕴岭、沈铭辉主编《东亚、亚太区域合作模式与利益博弈》，经济管理出版社 2010 年版，第 209 页。
③ Myron Brilliant, Murray Hiebert, Robert Reis and Jeremie Waterman, "Economic Opportunities and Challenges in East Asia Facing the Obama Administration", the US Chamber of Commerce, 2009, p. 5, www.uschaber.com/assets/international/0902eastasia.pdf.
④ 参见全毅《东亚区域经济合作模式》，载张蕴岭、沈铭辉主编《东亚、亚太区域合作模式与利益博弈》，经济管理出版社 2010 年版，第 15 页。
⑤ 参见李荣林等《FDI 促进了东亚区域经济一体化吗?》，《亚太经济》2014 年第 2 期；佟伟伟、吕瑶《东亚区域内国际或区际直接投资与贸易的发展分析》，《信阳师范学院学报》（哲学社会科学版）2017 年第 3 期。
⑥ 《中国统计年鉴》（1991—2010 年各卷），中国统计出版社 1991—2010 年版。

段时期东亚成员与欧美等域外经济体之间的经贸合作整体也在迅猛发展,美国对东盟、中国等成员的直接投资稳步提升,因此区域内 FDI 流入占比反而有所下降。① 但这也从侧面体现出东亚区域合作的迅速发展对于增强域内外贸易、吸引域内外直接投资都起到了重要的积极作用。

第五节 东亚区域经济合作的滞缓(2008—2017)

一 东亚成员间的信任状况变化

2008 年,由美国次贷危机引发的国际金融危机对美国和世界各国经济都造成了较为严重的冲击。在一定程度上,此次危机使美国和东亚各国都更加明确彼此之间紧密的经济联系和巨大的潜藏利益,从而为各国合作应对危机、增强互信创造了契机。例如,在金融危机的刺激下,中日韩三国于 2008 年 12 月召开了首次中日韩峰会,共同签署了《三国伙伴关系联合声明》《国际金融经济问题联合声明》等文件,达成了加强合作应对和防范金融危机的共识,确立了三国伙伴关系,并将三国领导人单独举行会议机制化,标志着中日韩合作进入新的发展阶段。② 同时,为了共同应对金融危机,中国自 2008 年下半年开始加速持有美国国债,一跃成为美国的最大债权国。③ 2009 年 4 月,中美决定建立"中美战略和经济对话",进一步深化双方经贸合作关系。不仅如此,奥巴马政府还积极倡导"中美 G2 论",希望中国能够在应对非传统安全威胁中承担更大的国际责任。

然而,金融危机使美国更加相信中国和亚太地区巨大经济潜力的同时,也更加担忧中国会取代美国在亚太地区的主导地位,并更加意识到增强在东亚地区的政治经济存在、维护地区主导地位的必要性。因此,自 2009 年开始,美国奥巴马政府开始高调宣布"重返亚太",采取针对中国的"亚太再平衡"战略:一方面通过积极参加东亚峰会、主导 TPP 谈判

---

① 参见刘重力等《东亚区域经济一体化进程研究》,南开大学出版社 2017 年版,第 9—15 页。

② 参见《温家宝在中日韩领导人记者会上强调:深化合作,共克时艰》,《人民日报》2008 年 12 月 14 日第三版。

③ 参见赵青松、张汉林《金融危机期间美国国债市场变化及中国的应对策略》,《投资研究》2009 年第 9 期。

等手段加强对区域经济合作制度化进程的影响，对冲中国的地区影响力；另一方面进一步强化和拓展亚太同盟网络，在地缘政治和军事上加强对中国的软遏制、软制衡。① 在这个过程中，无论是东亚地区内部，还是各成员与美国之间的信任状况都开始出现一系列快速而微妙的变化。

从宏观层面来看，随着地区安全局势更加恶化、东亚各国之间的恶性互动急剧增加，东亚主要成员之间的理性信任和过程信任都遭到了较为严重的破坏，地区内部的信任网络发展严重受阻，东盟在信任网络中的枢纽地位也明显下降。因此，在这一时期，东亚地区内的整体信任层次下降，高度相关的经济利益基础成为东亚国家间维系信任与合作关系的唯一来源，域内各国之间信任关系的脆弱性和不稳定性整体都显著增强。从微观层面来看，美国与日本、东盟等成员之间的信任程度略有上升，但中国与美国和其他东亚成员之间，以及东盟内部成员之间的信任程度都在波动中出现了较大幅度的下滑，从而导致东亚成员之间的信任程度已整体低于它们与美国之间的信任程度（如表 4-8 所示）。

其一，随着中美在互动中都对彼此的政策行为表现出了更强的防范和排斥心理，双方信任程度也随着多个指标的波动和恶化而开始下降。

表 4-8   滞缓期信任程度变化显著的国家

	中美	中国—东盟	中日	中韩	美国—东盟	东盟内部
发展期（1997—2008）	利益指标：1 授权指标：-1 威胁指标：0 风险性指标：0 制度化指标：1 政策协同性指标：0 情绪指标：1 总分：3	利益指标：0 授权指标：0 威胁指标：1 风险性指标：1 制度化指标：1 政策协同性指标：1 情绪指标：1 总分：5	利益指标：0 授权指标：0 威胁指标：0 风险性指标：0 制度化指标：1 政策协同性指标：0 情绪指标：0 总分：1	利益指标：1 授权指标：1 威胁指标：1 风险性指标：0 制度化指标：1 政策协同性指标：0 情绪指标：1 总分：5	利益指标：0 授权指标：-1 威胁指标：0 风险性指标：0 制度化指标：0 政策协同性指标：-1 情绪指标：-1 总分：-3	利益指标：1 授权指标：0 威胁指标：1 风险性指标：1 制度化指标：1 政策协同性指标：1 情绪指标：1 总分：6

---

① Aaron Friedberg, "Hegemony with Chinese Characteristics", *National Interests*, No. 114, 2011, pp. 18-27.

续表

	中美	中国—东盟	中日	中韩	美国—东盟	东盟内部
滞缓期 （2008— 2017）	利益指标：0 授权指标：0 威胁指标：-1 风险性指标：-1 制度化指标：1 政策协同性指标：0 情绪指标：0 总分：-1	利益指标：0 授权指标：0 威胁指标：0 风险性指标：0 制度化指标：1 政策协同性指标：0 情绪指标：0 总分：1	利益指标：0 授权指标：-1 威胁指标：-1 风险性指标：-1 制度化指标：0 政策协同性指标：-1 情绪指标：-1 总分：-5	利益指标：0 授权指标：-1 威胁指标：-1 风险性指标：-1 制度化指标：0 政策协同性指标：0 情绪指标：-1 总分：-4	利益指标：0 授权指标：1 威胁指标：0 风险性指标：0 制度化指标：1 政策协同性指标：0 情绪指标：0 总分：2	利益指标：0 授权指标：0 威胁指标：1 风险性指标：1 制度化指标：1 政策协同性指标：0 情绪指标：0 总分：3

资料来源：笔者根据本书构建的信任程度变化观测指标体系进行综合打分、整理计算而得。

一方面，2008年金融危机爆发后，美国一边劝导中国加持美国国债，积极深化双方的经贸关系，扩大美国产品对华出口，希望能够通过与中国的合作来缓解国内政治经济困境；一边又利用反补贴、反倾销等贸易制裁措施限制中国产品对美出口，影响区域制度化建设进程，挑拨中国与周边国家关系，并在中国的市场准入、政府采购以及知识产权保护议题上多次指责中国，大肆宣扬"中国威胁论"，给中国制造国际舆论压力，① 使得中国对美国的信任程度骤降。

另一方面，金融危机后，美国国内经济危机和日益严峻的政治社会分裂状况增强了美国对于自身脆弱性的预期，中国在东亚地区影响力的不断扩大也进一步强化了美国对于自身主导地位被中国"取代"的危机感，从而大大抑制了美国对中国意图上的正面预期，也削弱了美国在中美关系中承担更多信任风险的意愿和能力。② 因此，美国"重返亚太"后的一系列

---

① 参见宋国友《奥巴马政府的经济战略调整及其对中国的影响》，《复旦学报》（社会科学版）2011年第3期；杨锡荣《结合威胁论谈中国的和平发展道路》，《科技展望》2015年第13期。
② Evan A. Feigenbaum and Robert A. Manning, *The United States in the New Asia*, Council on Foreign Relations, 2009, p. 4; Evan S. Medeiros, *China's International Behavior: Activism, Opportunism, and Diversification*, the RAND Corporation, 2009, https://www.rand.org/pubs/monographs/MG850.html.

举措实际上反映了其心态上的这些微妙变化。①

其二，美国与日本、韩国和东盟部分成员之间的互信关系都有所改善，美国与亚太盟友之间的信任程度都有不同程度的提升，从而导致美国在东亚地区信任网络中的枢纽地位开始出现回升。

一方面，美国宣布"重返亚太"后的一系列政策行为都表现出了遏制中国的意图，这恰好与日本和东盟争夺区域经济合作主导权、防范中国地区影响力不断扩大的目标不谋而合，从而使它们因这一共同的利益目标而对彼此增强了理性信任。另一方面，奥巴马政府上台后开始有意识地向亚太盟友和部分东盟国家发送合作信号，增加互动，从而导致这些国家对美国的信任程度都有不同程度的提升。例如，奥巴马政府上台后便开始积极援助越南、缅甸、老挝、柬埔寨等相对贫困的东盟国家，并提出"湄公河流域开发计划"，与越、老、柬、泰四国达成合作协议。在日本的倡导和奥巴马政府的努力下，2009 年 7 月，美国签署《东南亚友好合作条约》，从而获得了参加东亚峰会的资格。② 2009 年 9 月，日本鸠山首相一上任便公开对媒体表示，日本无意将美国排除在"东亚共同体"构想之外。③ 随后，韩国李明博总统和新加坡内阁资政李光耀也纷纷公开表示支持将美国纳入"东亚共同体"。④ 2009 年 11 月，奥巴马在出访亚洲期间正式表达了美国与东亚各国加强合作、加入东亚峰会和 TPP 谈判的期望。也正是因为获得了这些东亚成员的积极支持，奥巴马政府才更加坚定了其"重返亚太"的决心。

不仅如此，奥巴马政府宣布"重返亚太"后，开始全面升级美日、美韩军事同盟，深化和拓展合作领域，还一直积极推动日韩等盟友搁置争议，加强同盟网络内部协调，从而导致美日、美韩、日韩信任程度都有所

---

① 参见蒋芳菲、王玉主《中美互信流失原因再探——基于对中美信任模式与互动过程的考察》，《太平洋学报》2019 年第 12 期。

② 2005 年首届东亚峰会发表的《吉隆坡宣言》明确规定，参加东亚峰会的成员资格必须与东盟有实质性的政治经济关系，是东盟的对话伙伴，已加入《东南亚友好合作条约》。参见 Kuala Lumpur Declaration on the East Asia Summit, Kuala Lumpur, Malaysia, December 14, 2005, ASEAN Documents Series 2005, pp. 23 - 24。

③ 《鸠山强调东亚共同体构想 表示无意与美国疏离》，中国新闻网，2009 年 9 月 17 日，https://www.chinanews.com/gj/gj-yt/news/2009/09 - 17/1870552.shtml。

④ 新华社东京 2009 年 10 月 11 日文电；新华社东京 2009 年 11 月 15 日文电。

提升，但对中美、中日、中韩关系都造成了较大负面影响。例如，2010年，美韩两国首次举行"2+2"会议，并在中国黄海海域附近举行了1976年以来最大规模的联合军事演习。2012年美国出台"亚太再平衡"战略后更是积极推动亚太同盟体系建设。2015年4月安倍晋三访美期间，美日时隔18年后重新修订《日美防卫合作指针》，进一步深化了双方的军事一体化。在美国的推动下，2016年日韩之间签署《军事情报保护协定》。同年，韩国不顾中方反对，决定在其境内部署"萨德"反导系统，导致中韩信任程度急剧下降，双边经贸合作遭受严重冲击。

其三，随着东亚各国在对华、对美政策上出现更大分歧，在地区领土争端中恶性互动迅速增加，在区域制度化建设中竞争更加激烈，中国与其他东亚成员之间，以及东盟内部成员之间的信任程度都出现了较大幅度的下降，东亚地区内部的系统性信任基础和国际信任网络都遭到较为严重的破坏。

2008年金融危机后，随着中国的迅速崛起，包括东盟在内的东亚成员在对华心态上表现出更加矛盾的心理。尽管他们都更加认识到与中国之间巨大的潜藏利益和更加紧密的经济联系，但中美相对实力差距进一步缩小和美国"重返亚太"却增强了他们对地区和国际局势不稳定性与不确定性的担忧。[①] 受这些心态变化的影响，东亚成员发生经贸摩擦和领土争端的风险、频率和强度都显著增加，他们在区域经济合作中的政策协同性也显著下降，对彼此的负面情绪和防范心理更是在频繁的恶性互动中迅速累积。

此外，随着成员之间恶性互动的迅速增加，东盟和"东盟方式"在处理各国之间利益冲突和地区争端中的弊端也更加凸显。以东盟为中心的东

---

① Ivan Savic and Zachary C. Shirkey, *Uncertainty, Threat, and International Security: Implications for Southeast Asia*, London and New York: Routledge, 2017, p. 2; Kuik Cheng-Chwee, "Opening a Strategic Pandora's Jar? US – China Uncertainties and the Three Wandering Genies in Southeast Asia", *National Commentaries of the ASEAN Forum*, July 2, 2018；参见黄文炜等《周边国家对华心态新调查》，半月谈网，2014年2月25日，http://www.banyuetan.org/chcontent/sz/hqkd/2014224/94581.shtml；参见蒋芳菲、王玉主《中美互信流失原因再探——基于对中美信任模式与互动过程的考察》，《太平洋学报》2019年第12期；参见王玉主、张蕴岭《中国发展战略与中国—东盟关系再认识》，《东南亚研究》2017年第6期。

亚地区信任网络日益遭到严重破坏，东亚成员之间的信任程度整体出现明显下滑，地区内各个维度的信任基础都变得更加薄弱。

二 东亚区域经济合作的变轨与滞缓

随着美国"重返亚太"后东亚地区的信任状况逐渐出现一系列新变化，东亚区域经济合作的整体进程和状态也开始呈现一系列新变化。从宏观层面来看，成员之间的主导合作模式重新回落至以直接互惠为核心的双边合作，以美国为中心、将中国排除在外的间接互惠性合作逐步建立，以东盟为中心的间接互惠性合作机制遭受严重冲击，东亚主要成员之间的竞争性和离心倾向明显增加，东亚区域一体化进程开始出现变轨和滞缓。从微观层面来看，这一时期内，不同合作指标开始出现不同方向上的变化。与上一阶段相比，域内贸易/投资占比、启动谈判和正式签订的 FTA 数量、区域性多边合作机制与对话合作平台数量、合作涉及的问题领域等 4 项指标有进一步改善，但域内贸易/投资总量波动性显著增加，且域内贸易/投资增速、域内 FTA 增速和质量、区域性多边合作机制与对话合作平台质量等 4 项指标则整体出现了不同程度的负向变化。

其一，东亚地区内区域性多边合作机制的数量进一步增加，成员之间合作涉及的问题领域进一步拓展，但区域性多边合作机制和平台对于增强成员之间互信与合作的质量却明显下降。

一方面，随着美国和俄罗斯积极参加东亚峰会，东盟提出包含 16 国在内的区域全面经济伙伴关系协定（RCEP），东亚区域合作开始在"10 + 1""10 + 3"和"10 + 3 + 3"的基础上进一步出现了"10 + 8""10 + 6"等新合作机制。同时，部分成员之间合作涉及的问题领域也有进一步拓展。例如，于 2015 年签署的中韩自贸协定不仅涵盖了货物贸易、服务贸易、投资和规则等领域，还包含了电子商务、竞争政策、政府采购、环境等"21 世纪经贸议题"，成为中国签署的双边自贸协定中覆盖领域最广的一个。另一方面，美国通过参与东亚峰会、主导 TPP 谈判，并通过增强对 APEC 的主导和控制等一系列举措大大增强了美国对东亚区域经济合作进程的影响力，并促使"东亚区域经济合作"向"亚太区域经济合作"扩展。但这导致东盟在东亚区域经济合作中的中心地位面临严峻挑战，东盟主导的区域制度化建设进程也受到了严重冲击。^① 在这一背景下，东亚成员在"东盟+"合作机制下的合作动力明显减弱，东盟整合东亚 FTA 网络和引导各成员达成新协议的难度都明显加大。

更重要的是，不断增加的区域性合作机制与对话平台不仅未能有效协调东亚成员之间的利益分歧、处理频繁爆发的地区领土争端，反而开始逐渐沦为主要成员彼此竞争、相互制衡的工具。尤其是随着中国更明确地感受到了美国主导 TPP 谈判的恶意，并加大对东盟主导 RCEP 谈判的支持，东亚地区已逐渐形成了没有中国参与的 TPP 与没有美国参与的 RCEP 两种合作机制并行竞争的双框架结构。② 在这一背景下，现实主义式的大国博弈和权力竞争逐渐成为东亚区域经济合作的主要动力，东亚成员追求共同经济利益的合力明显减弱。③ 这也意味着，东亚区域经济合作已再次进入合作机制与合作模式的重构阶段。④

其二，尽管地区内启动谈判和正式签订的 FTA 进一步增加，但域内 FTA 增长速度明显放缓，且不同 FTA 之间的"意大利面条碗"负面效应日益凸显，整合难度显著增加。

2009—2015 年，亚洲国家和地区参与的 FTA 总数从 170 项增长至 215 项，尤其是 2012 年以后每年新签订的 FTA 数量都只有个位数，增速明显比上个阶段更加缓慢。不仅如此，这一时期内，东亚成员之间信任程度的急剧下降导致它们在 FTA 谈判中的合作成本和负面情绪整体都明显增加，参与积极性和妥协意愿都显著降低，从而导致地区多边 FTA 谈判进程开始面临严重滞缓。例如，中日韩三国领导人于 2009 年便达成了尽快启动官产学联合研究的共识，并准备于 2011 年结束联合研究，进入实质性谈判阶段。然而，由于 2012 年中日钓鱼岛争端使双方之间的信任程度急剧

---

① 参见 [韩] 具天书《东北亚共同体建设阻碍性因素及其超越——韩国的视角》，北京大学出版社 2014 年版，第 36—37 页。

② 参见王玉主《显性的双框架与隐性的双中心——冷和平时期的亚太区域经济合作》，《世界经济与政治》2014 年第 10 期。

③ 参见凌胜利《二元格局：左右逢源还是左右为难？——东南亚六国对中美亚太主导权竞争的回应（2012—2017）》，《国际政治科学》2018 年第 4 期；王玉主《显性的双框架与隐性的双中心——冷和平时期的亚太区域经济合作》，《世界经济与政治》2014 年第 10 期；高程《中国崛起背景下的周边格局变化与战略调整》，《国际经济评论》2014 年第 2 期。

④ 参见王玉主、富景筠《当前亚太区域经济合作形势分析》，《亚太经济》2013 年第 4 期。

下降,中日韩自贸区谈判进程被迫延迟了整整一年才正式启动。于2008年开始举行的中日韩三国领导人会议也时断时续,2013—2017年间仅召开了一次。于2013年5月启动的RCEP谈判更是困难重重,进展缓慢。各成员原计划于2015年年底完成谈判,但直到2015年10月,各国才开始真正在核心领域展开实质性磋商。直至2017年特朗普政府上台之前,RCEP谈判的任务完成度甚至不到一半。另外,由于地区成员签订的不同FTA在降税安排、原产地规则、规章制度等方面本身存在较大差异,这不仅使不同FTA之间的"意大利面条碗"负面效应日益凸显,增加了整合难度,也导致各国企业主动利用FTA的整体比例较低,参与FTA的效果也明显落后于预期。①

其三,尽管东亚地区在世界经济增长中的重要性进一步增加,但域内贸易和投资总量波动性增大,域内贸易/投资的增速比上一阶段整体明显放缓。

一方面,2008年金融危机后,随着东亚成为世界经济增长的引擎,中国、美国、日本成为世界第一、二、四大贸易国,美国和东亚成员之间的经济联系更加紧密,东亚成员之间贸易/投资对于各国和世界经济增长的重要性也进一步增大。

另一方面,受中国与其他东亚成员之间信任程度急剧下降的影响,中国与部分成员之间的双边贸易比上个阶段出现了更大波动,从而导致域内贸易增速整体明显下降。2011—2016年,中国—东盟、中韩贸易额都是先增后降,并从2014年开始出现负增长;中日之间的双边贸易额更是出现了持续性下滑,从2011年的3428.9亿美元下降到了2016年的2747.9亿美元(如图4-7所示)。2010—2014年,东亚对外贸易增长率从超过0.3%迅速下降到0.01%;域内成员之间相互依存度从2004年的64.43%跌落至2015年的35.66%。②此外,中国与日本、韩国等其他成员之间信任程度的下降对东亚区域内FDI流入量和流入占比也造成了一定的负面影响。

---

① 参见杨宏恩《我国企业利用FTA政策的调查与分析》,《财贸经济》2009年第7期;刘重力等《东亚区域经济一体化进程研究》,南开大学出版社2017年版,第20页。
② 参见刘重力等《东亚区域经济一体化进程研究》,南开大学出版社2017年版,第8页;佟伟伟、吕瑶《东亚区域内国际或区际直接投资与贸易的发展分析》,《信阳师范学院学报》(哲学社会科学版)2017年第3期。

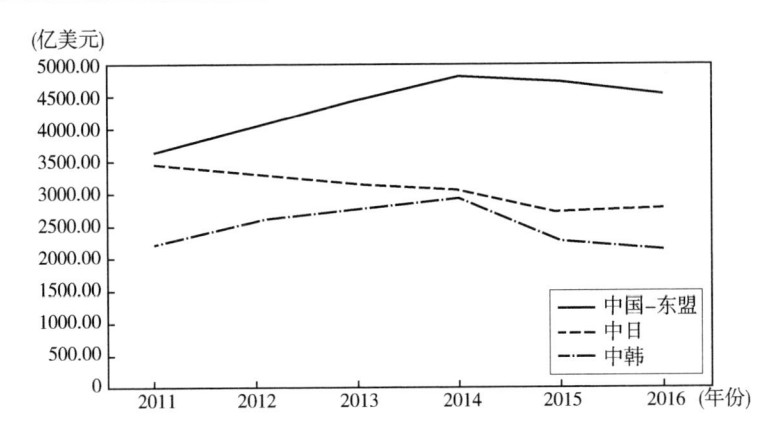

图 4-7　2011—2016 年中国与其他东亚成员之间的双边贸易额

资料来源：笔者根据中国商务部网站数据整理计算而得。

第六节　东亚区域经济合作的突变（2017—2020）

2017 年美国特朗普政府上台后，打着"美国优先"和"让美国再次伟大"的旗号，对美国对外政策再次进行了一系列重大调整，对国际政治经济秩序和亚太国际关系格局都带来了极大的冲击。2020 年新冠疫情的突然暴发和迅速蔓延不仅使既有的全球治理体系面临严重考验，对世界和东亚地区的经济发展造成了严重冲击，也在地区政治经济秩序的调整中起到了"加速器"的作用。因此，在"国际关系"和新冠疫情的双重作用下，东亚成员之间的信任状况在更短的时间内出现了更大的变化和波动，东亚区域经济合作的历史进程也从滞缓期进入突变期。

一　东亚成员间的信任状况变化

从宏观层面来看，"国际关系"和新冠疫情都进一步提升了东亚各国对于彼此之间潜藏利益的重视程度，也使大部分成员提升了进一步增强互信与合作、共同应对外部威胁的主观意愿。然而，国际竞争的进一步加剧、整个国际社会中系统性信任基础的严重削弱、地区政治安全局势和各国经济发展状况的急剧恶化等因素都使得东亚成员之间修复和增强互信关系、维持和提升合作水平的难度和成本进一步增加。同时，部分成员之间信任关系的严重破坏、美国和东盟在地区信任网络中枢纽地位的同时下降也使东亚地区信任网络变得更加松散。因此，东亚成员之间仍以理性信任为主，尚不具备重新建立过程信任的条件。

从微观层面来看，这一阶段大部分国家之间的信任程度都出现了比上一阶段更大的波动和更快的变化，这也从侧面说明东亚各国之间的信任关系从上一阶段开始已明显显示出脆弱性增强、稳定性降低的趋势（如表4-9、表4-10所示）。

具体而言，首先是美国与中国、韩国、日本、东盟之间的双边信任程度都有不同程度的下降，美国与东亚成员之间的整体信任程度也已跌至"第二次世界大战"结束以来的最低点。尤其是中美互信流失，对地区政治安全局势和区域经济合作的发展都带来了更大的不确定性。其次是中国与东盟、韩国、日本在共同维护多国贸易体系、共同应对新冠疫情和全球经济危机的过程中信任程度略有回升，但与日韩之间的信任程度仍相对较低，尚不足以使中国成为地区信任网络中的中心枢纽。最后是尽管韩国—东盟之间的信任程度有一定提升，但日韩之间的信任程度却出现了较大幅度的下降。

表4-9　　　　　　　　　突变期信任程度明显下降的国家

	中美	日美	韩美	日韩
滞缓期 （2008—2017）	利益指标：0 授权指标：0 威胁指标：-1 风险性指标：-1 制度化指标：1 政策协同性指标：0 情绪指标：0 总分：-1	利益指标：0 授权指标：1 威胁指标：1 风险性指标：1 制度化指标：1 政策协同性指标：0 情绪指标：1 总分：5	利益指标：1 授权指标：1 威胁指标：1 风险性指标：1 制度化指标：1 政策协同性指标：1 情绪指标：0 总分：6	利益指标：0 授权指标：1 威胁指标：0 风险性指标：-1 制度化指标：1 政策协同性指标：1 情绪指标：0 总分：2
突变期 （2017—2020）	利益指标：-1 授权指标：-1 威胁指标：-1 风险性指标：-1 制度化指标：-1 政策协同性指标：-1 情绪指标：-1 总分：-7	利益指标：0 授权指标：0 威胁指标：0 风险性指标：0 制度化指标：1 政策协同性指标：0 情绪指标：0 总分：1	利益指标：0 授权指标：0 威胁指标：1 风险性指标：0 制度化指标：1 政策协同性指标：0 情绪指标：-1 总分：1	利益指标：0 授权指标：-1 威胁指标：-1 风险性指标：-1 制度化指标：0 政策协同性指标：-1 情绪指标：-1 总分：-5

资料来源：笔者根据本书构建的信任程度变化观测指标体系进行综合打分、整理计算而得。

表 4-10　　　　　　　突变期信任程度显著提升的国家

	中日	中韩	中国—东盟	韩国—东盟
滞缓期 (2008— 2017)	利益指标：0 授权指标：-1 威胁指标：-1 风险性指标：-1 制度化指标：0 政策协同性指标：-1 情绪指标：-1 总分：-5	利益指标：0 授权指标：-1 威胁指标：-1 风险性指标：-1 制度化指标：0 政策协同性指标：0 情绪指标：-1 总分：-4	利益指标：0 授权指标：0 威胁指标：0 风险性指标：0 制度化指标：1 政策协同性指标：0 情绪指标：0 总分：1	利益指标：1 授权指标：0 威胁指标：0 风险性指标：1 制度化指标：0 政策协同性指标：0 情绪指标：0 总分：2
突变期 (2017— 2020)	利益指标：0 授权指标：0 威胁指标：0 风险性指标：0 制度化指标：1 政策协同性指标：0 情绪指标：0 总分：1	利益指标：0 授权指标：1 威胁指标：0 风险性指标：1 制度化指标：1 政策协同性指标：0 情绪指标：0 总分：2	利益指标：0 授权指标：1 威胁指标：0 风险性指标：1 制度化指标：1 政策协同性指标：0 情绪指标：0 总分：3	利益指标：0 授权指标：1 威胁指标：1 风险性指标：1 制度化指标：1 政策协同性指标：1 情绪指标：0 总分：6

资料来源：笔者根据本书构建的信任程度变化观测指标体系进行综合打分、整理计算而得。

其一，在"特朗普冲击"下，中美各项信任指标都急剧恶化，双方信任程度急剧下降，中美关系遭到了中美缓和以来最为严重的破坏。

特朗普上台后，将中国的战略定位调整为"主要战略竞争对手"，①并强势挑起中美"贸易战"，以扭转对华贸易逆差和"重塑双方公平互惠经贸关系"的名义对我国进行了严厉的经济制裁和打压。2018 年 5 月至 2019 年 5 月，中美进行了多次经贸高级别磋商，但特朗普政府频频出尔反尔，谈判过程十分艰难，引起了我国政府的强烈愤慨。不仅如此，特朗普政府还大肆宣扬"印太战略"，对中国的战略遏制从亚太地区进一步扩展到了印太地区。疫情期间，中美抗疫成效上的巨大差异和美国国内严峻的疫情形势、社会分裂状况、政治经济困境都使特朗普政府在对华心态上更加失衡，对中国的敌意也进一步增强。从美国一些政客再次高呼"产业链回归"，力图进一步推动中美经济"脱钩"；到特朗普政府大肆炒作"中国病毒"，频频"甩锅推责"，驱逐中方记者，关闭中国驻美领馆；

---

① "National Security Strategy of the United States of America", The White House of the United States, December 2017, https://www.whitehouse.gov/wp-content/uploads/2017/12/NSS-Final-12 - 18 - 2017 - 0905. pdf.

再到美国联合英、澳等盟友对华施压，公然支持台湾加入世卫组织，支持印度排斥中企等，美国这一系列具有"攻击性"的政策行为，致使中美信任程度急剧下降，互信关系濒临破裂。2017年以来，两国在贸易、科技、金融、知识产权、人权、新疆和西藏问题、台湾问题、南海问题等多个领域的矛盾全面激化，双方不仅进一步加强了对彼此在各个领域的防范，双方处理矛盾与分歧时的态度也更加强硬，中美已在多个合作领域开始出现"脱钩"现象，甚至有不少人认为中美有陷入"新冷战"的风险。①

其二，美日、美韩、日韩之间的信任程度都明显下降，尤其是风险性、政策协同性、情绪等指标出现明显恶化，从而导致美国在东亚地区信任网络中的枢纽地位显著降低，美国主导的亚太同盟网络也变得更加松散。

特朗普政府为了追求美国自身利益，对包括日、韩等亚太盟友在内的世界多个国家进行无差别打击，不仅导致美国与这些国家之间的恶性互动显著增加，也大大削弱了美国在其盟友中的国际信誉，导致美日、美韩信任程度大幅下降。特朗普政府上台后，先是高调宣布退出TPP，违背和减少对日、韩等TPP成员的多边承诺；随后又大行经济单边主义和贸易保护主义政策，对包括日、韩等美国亚太盟友在内的多个贸易伙伴加征关税，并逼迫日韩重启双边贸易谈判；还对美国亚太同盟体系的价值提出质疑，要求日韩分摊当地美军军费……这一系列行为都让美国的亚太盟友和合作伙伴大为失望，不仅大大降低了日韩对美国能力和意图可信赖性的积极预期，也使它们因此对美国产生了更多负面情绪。

尽管日韩两国同属于美国主导的亚太同盟体系，且具有应对外部安全

---

① Jane Perlez, "Pence's China Speech Seen as Portent of 'New Cold War'", *The New York Times*, Oct 5, 2018; Keith Johnson, and Elias Groll, "It's No Longer Just a Trade War Between the U. S. and China", *Bloomberg News*, Oct 4, 2018; 参见齐皓《东亚"二元背离"与中美的秩序竞争》，《战略决策研究》2018年第3期；参见蒋芳菲、王玉主《中美互信流失原因再探——基于对中美信任模式与互动过程的考察》，《太平洋学报》2019年第12期；郑永年《贸易摩擦升级，中美新冷战真的要来了吗？》，凤凰网，2018年8月2日，https: //known.ifeng.com/c/7wURSOik88G；张梦旭等《彭斯"檄文"演讲，美国真要走"新冷战"之路？》，环球网，2018年10月9日，https: //m.huanqiu.com/article/9CaKrnKdqmQ。

威胁和促进区域经济合作的共同利益目标，但领土争端、劳工赔偿、慰安妇、教科书等一系列历史遗留问题的存在导致两国之间一直信任程度不高。随着2019年日韩贸易争端不断升级，双方信任程度也开始急剧下降。加上美国不仅未能扮演一个公正的"调停者"角色，反而采取了明显偏袒日本的举措，这也引起了韩国的强烈愤慨。2019年8月，韩国宣布终止《韩日军事情报保护协定》，且故意没有事先通知美国，充分表达了韩国对美国和日本的强烈不满。

其三，在共同应对"特朗普冲击"、抗击新冠疫情和应对新一轮经济危机的过程中，中国与其他东亚成员的信任程度都有不同程度的回升，制度化指标等有明显改善。但随着东亚成员对中国的利益感知和威胁感知显著增强，风险性指标、利益指标、风险性指标等大部分指标仍处于较大的波动状态或具有明显的领域差异性。

一方面，美国特朗普政府完全不顾他国利益、不愿履信守约、承担国际责任的失信行为及其消极后果使东亚成员都更加深谙与中国增强合作、共同应对"特朗普冲击"、维护多边国际贸易体系的重要性和必要性。另一方面，中国相对实力地位的进一步提升、对地区领土争端和中美"贸易战"更加自信而强硬的态度，以及地区局势的较大不确定性也进一步增加了其他东亚成员的不安全感，从而使它们仍对中国意图可信赖性的疑虑难消。[①] 因此，随着中美战略竞争不断加剧，日本等其他东亚成员对中国的心理预期开始从"高度不信任"逐渐回升到"信任与不信任之间来回波动的不确定状态"，在对华政策上也更加审慎。例如，从2017年开始，中日关系开始出现明显的回暖趋势。从2017年7月中日两国领导人在G20峰会上的会晤，到安倍对"一带一路"的态度由"明确反对"转向"有条件的支持与合作"，再到2018年4月双方恢复时隔9年的外长互访机

---

① Bonnie S. Glaser and Gregory Poling, "Vanishing borders in the South China Sea", *Foreign Affairs*, June 5, 2018, https：//www.foreignaffairs.com/articles/china/2018－06－05/vanishing-borders-south-china-sea；"Chinese Port Project Could Land Myanmar in Debt Trap", *The Straits Times*, May 13, 2018, https：//www.straitstimes.com/asia/se-asia/chinese-port-project-could-land-myanmar-in-debt-trap； Le Hong Hiep, "The Belt and Road Initiative in Vietnam：Challenges and Prospects", *ISEAS Perspective*, March 29, 2018； Kuik Cheng-Chwee, "Opening a Strategic Pandora's Jar? US-China Uncertainties and the Three Wandering Genies in Southeast Asia", *National Commentaries of the ASEAN Forum*, July 2, 2018.

制、时隔 8 年的中日经济高层对话，再到 2018 年 5 月中国总理李克强访日，这些互动都凸显了两国高层对于缓和中日关系、增强互信与合作的强烈共识。但日本对美国推行"印太战略"的支持，以及拉拢印度、澳大利亚制衡中国等行为又为中日关系的改善蒙上了一层阴影，抑制了双方信任程度的进一步提升。

新冠疫情的突然暴发和迅速蔓延更是加剧了其他东亚成员的这种矛盾心理。一方面，此次疫情既凸显了中国经济基础雄厚、制造业门类齐全、供应链灵活、企业柔韧性强等巨大优势，充分展现了中国政府强大的综合治理能力，从而进一步提升了东亚各国对中国能力可信赖性的评价。中国在抗疫中积极承担国际责任、与其他国家分享抗疫经验、积极参与国际抗疫合作、与亚洲、欧洲、非洲、拉丁美洲等多个地区的国家之间互帮互助等行为也使它们对中国意图可信赖性的评价有所提升。① 加上疫情期间美国"自身难保"，急于甩锅推责；欧盟"力不从心"，部分欧洲国家甚至还陷入了相互"抢劫"医疗物资的窘境，这些都与中国的行为以及东亚各国之间的良性互动形成了鲜明对比，从而也进一步加速了其他国家对华认知的调整。② 另一方面，疫情期间中美关系的全面恶化、国际秩序和地区局势不确定性的进一步增加使得部分东亚成员的焦虑情绪进一步加重，它们对中国的政策行为也变得更加谨慎而分裂。③

其四，2017 年以来，韩国与东盟之间的信任程度有大幅提升，双方在授权、威胁、制度化、情绪等多项指标上都有明显的正向表现，这一时期也是冷战以来双方信任程度的历史高点。

继中国、日本、美国分别提出"一带一路"倡议、"自由开放的印太战略"（Free and Open Indo-Pacific Strategy）和"印太战略"后，韩国文在寅政府也于 2017 年 11 月提出了旨在显著增强韩国—东盟互信与合作关

---

① Marius Meinhof, "Othering the Virus", *Discovery Society*, March 21, 2020.
② Daniel Wagner, "China's Coronavirus Success Shows up Poor Pandemic Preparedness in the Rest of the World", *South China Morning Post*, April 9, 2020；"Lessons From China's Successful Battle With Covid-19：China Daily", *The Straits Times*, April 27, 2020；参见蒋芳菲、[意] 马克·庞德雷利《"后疫情时代"的中美关系与国际格局——基于欧洲的视角》，《世界社会主义研究》2020 年第 11 期。
③ 参见蒋芳菲、王玉主《国际信誉及其变化的条件——兼论中国国际信誉的变化》，《战略决策研究》2020 年第 6 期。

系的"新南方政策"(New Southern Policy)。① 韩国一方面希望能够与东盟进一步深化经贸合作关系,并增强在应对经济危机和朝鲜半岛问题等方面的协同性;另一方面也希望以此来扩大韩国外交空间和自主性的同时避免被冷落。② 而东盟也需要韩国的支持来维护其在东亚地区的"中心"地位,共同应对各类危机、促进经济发展的同时减少大国战略竞争对地区小国的负面影响,因此东盟也对韩国的"新南方政策"给予了积极回应与支持。在这一背景下,韩国—东盟关系迅速升温,文在寅总统不仅在2017—2019 年间完成了对东盟10 国的访问,与东盟成员签署了一系列合作协议,甚至提出建立"韩国—东盟共同体"构想,将韩国—东盟关系提高至前所未有的高度。2019 年8 月,第九次湄公河外长会议决定将会议级别提升至国家领导人级别。同年11 月,纪念东盟—韩国建立对话关系30 周年峰会暨首届湄公河—韩国纪念峰会在釜山举行。在很大程度上,韩国—东盟信任程度也在双方良性互动的迅速积累中迅速提高,这不仅对双方合作的深化拓展起到了重要的促进作用,也对地区和平与发展进一步夯实了基础。

其五,在"特朗普冲击"下,整个国际社会中的系统性信任基础遭到了更加严重的破坏,一般信任水平急剧下降,国家间信任关系脆弱性和不稳定性普遍增强,维持和增强互信的难度和成本普遍提高。

不同于冷战后历任政府,经济利益和安全利益被特朗普政府视为美国核心利益,而传统上被视为重要国家利益的所谓"普世主义"价值观和美国主导的国际制度和规则都被置于次要地位,甚至被有意忽略。③ 特朗普政府上台后,美国开始从推崇全球自由贸易转向全球收缩的贸易保护主

---

① "Moon Jae-in's Keynote Speech at the Korea-Indonesia Business Forum", November 9, 2017, http://www.korea.net/NewsFocus/policies/view?articleId=151092.

② Lee Jaehyon, "Korea's New Southern Policy: Motivations of 'Peace Cooperation' and Implications for the Korean Peninsula", *Issue Briefs*, the ASAN Institute for Policy Studies, June 21, 2019, http://en.asaninst.org/contents/koreas-new-southern-policy-motivations-of-peace-cooperation-and-implications-for-the-korean-peninsula/; 参见马银福《"新南方政策"视角下韩国—东盟关系:现状与前景》,《印度洋经济体研究》2020 年第2 期;凌胜利《双重困境、特朗普冲击与文在寅政府两强外交的逻辑》,《韩国研究论丛》2018 年第2 期。

③ "National Security Strategy", 2017,《特朗普在越南APEC 工商领导人峰会上的发言》(中英对照), http://www.sohu.com/a/204001120_166556, 2017 年11 月13 日;参见宋国友《利益变化、角色转换和关系均衡——特朗普时期中美关系发展趋势》,《现代国际关系》2017 年第8 期。

义，从追求传播所谓的"普世价值"转向饱含进攻性现实主义色彩的"以实力求和平"，大大削弱了国际社会中本就薄弱的系统性信任基础。特朗普政府除了对多个贸易伙伴采取大幅提高关税和投资门槛、设置贸易壁垒等贸易保护主义政策，单边挑起对华"贸易战"，频频退出 TPP 等多边国际组织，还绕开 WTO 的争端解决机制，多次单边启动"232""201"和"301"等贸易调查，重启北美自由贸易协定（NAFTA）谈判和与韩国、日本等国的双边贸易谈判，屡次公然违背 WTO 及其组织法所体现的国际法和多边贸易机制，严重削弱了"第二次世界大战"后美国主导建立的多边国际贸易制度的权威性和约束性。① 不仅如此，美国还消极抵制 WTO 的新规则谈判，阻挠其上诉机构成员的遴选，严重影响该机构正常审案，企图以双边贸易谈判取代多边贸易谈判和争端解决机制，以双边合作取代多边国际合作机制。② 在很大程度上，这些行为不仅反映了特朗普政府对多边国际贸易机制极其功利主义的态度，进一步损害了美国自身的国际信誉，也加速了既有国际贸易体系和国际政治经济秩序的失效。在"特朗普冲击"下，世界和平与发展面临的不稳定因素和不确定因素骤增，国际关系日益呈现出碎片化、撕裂化的状态，从而导致世界各国建立、维持和增强互信与合作的难度和成本都进一步增加。③

总之，与上一阶段相比，这一阶段无论是东亚各国以及它们与美国之间的信任程度，还是地区信任网络和系统性信任基础都发生了更加快速而微妙的变化，对东亚区域经济合作的发展也带来了更多新的机遇与挑战。

---

① Roland Rajah, "American Trade Policy Returns to Aggressive Unilateralism", The Lowy Institute, April 9, 2018, https：//www.lowyinstitute.org/the-interpreter/american-trade-policy-returns-aggressive-unilateralism; K. Handley and N. Limão, "Trade under Trump Policies", in *Economics and Policy in the Age of Trump*, CEPR Press, 2017, p.141.

② Office of the United States Trade Representative, "2017 Trade Policy Agenda and 2016 Annual Report", March 2017, https：//ustr.gov/sites/default/files/files/reports/2017/AnnualReport/AnnualReport2017.pdf.

③ 参见王玉主、蒋芳菲《特朗普政府的经济单边主义及其影响》，《国际问题研究》2019年第4期。

二 东亚区域经济合作的新进展

与上一阶段相比，2017年以来东亚成员之间在域内贸易/投资总量、增速、占比、域内FTA数量、区域性多边合作机制与对话合作平台质量、合作涉及的问题领域这6项指标都有显著的正向变化，这也意味着经历了较长时间滞缓后的东亚区域经济合作再次取得新的重要进展。

其一，中国—东盟、中韩、中日、韩国—东盟等成员之间的双边贸易和投资都有不同程度的增长，域内贸易/投资的增速和在全球贸易/投资中的占比都有所提升。例如，2017—2020年，中国—东盟之间的双边贸易额从5148亿美元攀升至6846亿美元，中韩、中日贸易额分别从2017年的2802.6亿、2972.8亿美元提升至2020年的2852.6亿、3175.8亿美元（如图4-8所示）。截至2020年，中国不仅是东盟、日本、韩国的最大贸易伙伴，这些成员也已分别成为中国的第一、第四、第五大贸易伙伴。同时，韩国—东盟之间的双边贸易和投资也增长迅速，东盟已成为韩国的第二大贸易合作伙伴和第二大投资目的地。尤其是考虑到近年来全球贸易保护主义盛行，疫情期间全球贸易投资受阻、世界经济增长遭遇严重困难等情况，东亚主要成员之间的贸易/投资仍能保持较为稳定的增长，实属不易。目前10+3国家贸易总量已超过10万亿美元，且其中有近一半为区域内贸易。这不仅意味着东亚成员之间的经济联系更加紧密，域内贸易在促进东亚各国经济发展和世界贸易增长中的重要性也将进一步提高。2019年世界经济增速降至10年来历史最低点2.3%，东亚地区增长率也降为5.2%，但其仍是全球增长最快和对全球增长贡献最大的地区。①

其二，各成员推进FTA谈判的积极性增强，谈判进展加速，域内签署的FTA数量进一步增加。为了抵御"特朗普冲击"对各国经济造成的负面影响，为维护多边国际贸易体系、推进东亚区域经济合作打下一剂强心针，各成员对于早日达成RCEP的愿望和决心更加强烈。2017年11月14日，首次RCEP领导人会议召开，各国领导人在肯定前期谈判成果的基

---

① United Nations, *World Economic Situation and Prospects* 2020, January 16, 2020.

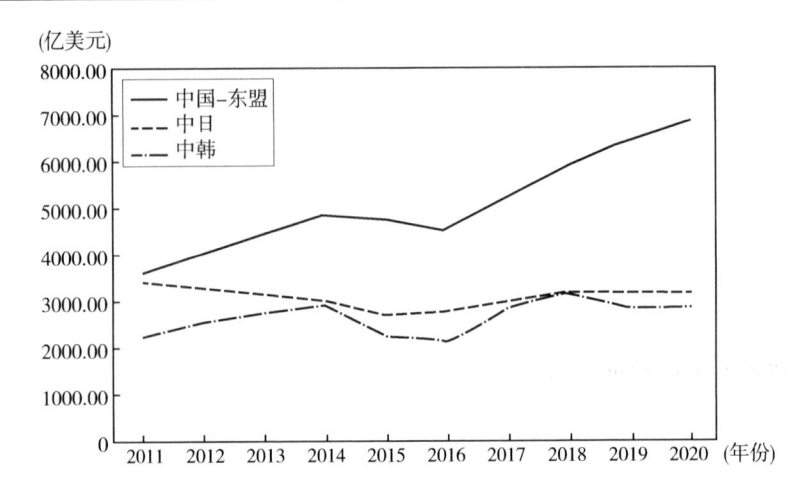

```
(亿美元)
8000.00
7000.00                                          中国-东盟
6000.00                                          中日
5000.00                                          中韩
4000.00
3000.00
2000.00
1000.00
   0
     2011 2012 2013 2014 2015 2016 2017 2018 2019 2020 (年份)
```

图 4-8 2011—2020 年中国与其他东亚成员双边贸易额变化

资料来源：笔者根据中国商务部网站数据整理计算而得。

础上共同表达了于 2018 年结束谈判的期望和决心。① 此后，RCEP 谈判明显加速，一年之内迅速将谈判任务完成度从不到 50% 迅速提升至接近 80%。② 2018 年 7 月，中日韩在三国领导人会议上达成了加快推进三边自贸协定谈判的共识。2018 年 11 月，第二届 RCEP 峰会再次表达了各成员希望于 2019 年结束 RCEP 谈判的强烈愿望。③ 截至 2019 年 10 月，各方已就协定 80.4% 的文本达成一致。④ 2019 年 11 月，印度莫迪政府突然在第三届 RCEP 峰会上宣布退出，为看似终点在望的谈判再添不确定性。⑤ 但在东盟和中国的积极推动下，除印度以外的 15 个 RCEP 成员国最终于

---

① 《RCEP 首次领导人会议发表联合声明：加紧努力 2018 年结束谈判》，中新网，http://www.chinanews.com/cj/2017/11-15/8377558.shtml，2017 年 11 月 15 日。
② 《李克强出席第二次 RCEP 领导人会议》，人民网，http://fta.mofcom.gov.cn/article/rcep/rcepgfgd/201811/39364_1.html，2018 年 11 月 15 日。
③ Joint Leaders' Statement on the Regional Comprehensive Economic Partnership (RCEP) Negotiations, November 14, 2018, Singapore.
④ 《RCEP：谈判加速冲刺 昭示人心向"合"》，新华网，http://www.xinhuanet.com/world/2019-10/18/c_1125121866.htm，2019 年 10 月 18 日。
⑤ India Decides Not to Join Mega RCEP Trade Deal as Key Concerns not Addressed, *The Times of India*, November 4, 2019, http://timesofindia.com; Mie Oba, The Implications of India's RCEP Withdrawal, *The Diplomat*, November 14, 2019, https://thediplomat.com/2019/11/the-implications-of-indias-rcep-withdrawal/.

2020年11月正式签署协议,这也意味着历经8年"马拉松"式谈判的RCEP终于修成正果。① 作为世界上参与人口最多、成员结构最多元、发展潜力最大的自贸区,这不仅是东亚区域经济合作历史上极具标志性意义的成果,也代表了多边主义和自由贸易的胜利,有望为促进地区的发展繁荣增添新动能,为世界经济实现恢复性增长贡献新力量。② 在很大程度上,未来各成员能否通过RCEP切实推进区域经济合作进程,并激发出成员之间更高的互惠与合作水平,仍取决于各成员在未来更长一段时期内的共同努力。此外,2017年美国特朗普政府上台后,中日韩三国共同推进FTA谈判的意愿有所增强,谈判进程也开始加速。③ 但由于日韩两国因陷入贸易争端而信任程度急剧下降,三国自贸谈判进程再次受阻,未取得实质性谈判成果。

其三,既有区域性多边合作机制的质量有所提升,成员之间涉及的问题领域也进一步拓展。这段时期内,不仅韩国与东盟各成员之间的合作领域得到进一步深化和拓展,新冠疫情暴发后,中、日、韩三国也在合作抗疫过程中形成了具有东亚特色的抗疫模式,共同谱写了"山川异域、风月同天""道不远人、人无异国"的动人佳话,并为全球抗疫提供了成功范式。2020年4月,东盟和中日韩三国共同召开"10+3"抗击新冠疫情领导人特别会议,并发表《东盟与中日韩抗击新冠肺炎疫情领导人特别会议联合声明》,体现了东亚国家携手抗击疫情、维护地区经济发展的决心和意愿,对于减少疫情带来的经济冲击、促进地区和世界经济复苏也有着重要意义。

---

① 《财政部:RCEP协定顺利签署 货物贸易自由化成果丰硕》,央广网,https://baijiahao.baidu.com/s?id=1683488568477795916&wfr=spider&for=pc,2020年11月16日。

② 《RCEP签署带来全球最大自贸区,各国对多边主义投出信任票》,澎湃新闻,https://baijiahao.baidu.com/s?id=1683401009133808959&wfr=spider&for=pc,2020年11月15日;《李克强:RCEP的签署是多边主义和自由贸易的胜利》,中国政府网,https://finance.sina.com.cn/china/2020-11-15/doc-iiznctke1529420.shtml,2020年11月15日;张宇燕:《世界经济遭受重创,东亚合作意义非凡》,《世界知识》2020年第3期。

③ 《中日韩三国合作秘书处秘书长李钟宪在第九届10+3媒体合作研讨会上的致辞》,人民网,http://media.people.com.cn/n1/2018/1029/c14677-30367567.html,2018年10月29日。

三 东亚区域经济合作面临的新挑战

在美国特朗普政府对外政策调整和新冠疫情的共同影响下，尽管东亚区域经济合作取得了阶段性进展，但也开始面临一系列新的问题和挑战。在很大程度上，东亚区域经济合作正日益面临发展方向和路径选择上的"双重不确定性"，地区经济发展也正处于结构变化和发展方式调整的重构期。①

一是既有东亚区域经济合作架构失去美国支持，地区经济结构面临重大调整。特朗普政府上台后，退出 TPP、挑起对华"贸易战"、重启美韩自贸谈判、连续缺席美国—东盟峰会和东亚峰会，以及 APEC 会议等一系列行为举措不仅深远地影响了美国和成员之间的信任状态，也表明美国主导建立的区域合作机制和国际经济治理体系已失去其设计者本身的支持。更重要的是，东亚基于既有多边国际贸易体系和区域经济合作机制所形成的供应链结构和国际分工体系也都开始面临更加巨大的重构压力。

二是国际政治经济秩序的稳定性受到冲击，世界经济增长面临更大挑战。特朗普政府的经济单边主义和贸易保护主义行为不仅使世界贸易和投资的自由化便利化程度整体降低，严重破坏了全球供应链、产业链和国际竞争的平衡，也导致近年来全球贸易保护主义风险显著提升，全球和地区经济增长受到严重抑制。② 2020 年新冠疫情的迅速蔓延更是导致原本已经困难重重的世界经济再次面临新的危机和挑战。③ 不仅如此，疫情引起的世界各国国内经济下滑、失业率上升等一系列经济社会问题都进一步增加了国际社会和各国国内社会的不稳定与不确定因素。④ 美国对华战略竞争

---

① 参见蒋芳菲《"特朗普冲击"下的亚太区域经济合作：挑战与应对》，《经济论坛》2019 年第 11 期。

② Hugo Erken, Philip Marey and Maartje Wijffelaars, "Empty Threats: Why Trump's Protectionist Policies Would Mean Disaster for the US", *CEPR Policy Portal*, August 15, 2017, https://voxeu.org/article/why-trump-s-protectionist-trade-agenda-will-fail; Keith Bradsher and Cao Li, "China Threatens New Tariffs on ﹩60 Billion of U. S. Goods", *The New York Times*, August 3, 2018, https://www.nytimes.com/2018/08/03/business/china-us-trade-tariffs.html；参见沈国兵《"美国利益优先"战略背景下中美经贸摩擦升级的风险及中国对策》，《武汉大学学报》(哲学社会科学版) 2018 年第 5 期。

③ 参见国际货币基金组织《世界经济展望》，https://www.imf.org/zh/Publications/WEO/Issues/2020/04/14/weo-april-2020，2020 年 4 月。

④ Wu Jing, "Measuring the Chinese Economic Impact of COVID-19", *China Business Knowledge*, March 19, 2020.

的不断加剧也导致国际和地区安全环境进一步恶化，地区成员在中美之间采取投机行为、避免被卷入地区争端的利己动机也进一步增加。在很大程度上，这些因素都可能增加东亚各国进一步提升信任程度的难度和成本，限制它们承担更多信任风险的能力和意愿，从而很可能导致未来东亚区域一体化进程的推进也变得更加艰难而曲折。

三是东亚各国对"印太"合作立场不一，区域经济合作存在进一步向印太地区扩展的可能性。自美国出台"印太战略"以来，中国表现出了明显的防范心理，但澳大利亚、日本等国却对"印太"合作表现十分积极，甚至认为"印太能够取代亚太成为各国进行战略决策和参与经济合作的主要地区概念框架"。① 相对而言，出于对"中心地位"的担忧，东盟整体对印太合作持较为谨慎和模糊的态度，其内部也存在较大分歧。② 因此在很大程度上，各国对于区域经济合作范围和主要方向上的分歧使东亚区域经济合作的未来也呈现出更大的不确定性。

本章小结

基于前文构建的国家间信任与区域经济合作理论分析框架，本章试图从信任的视角对东亚区域经济合作的形成与演变过程进行了梳理和分析，从宏观和微观两个层面阐释了不同历史阶段内东亚成员间的主要信任类型与信任程度变化如何影响了区域经济合作机制的演变与成员之间合作状况的变化。基于本章的探讨，笔者还得出了以下几点重要推论：

其一，在东亚区域经济合作的形成与演变过程中，信任因素并非一直

---

① 参见蒋芳菲《"特朗普冲击"下的亚太区域经济合作：挑战与应对》，《经济论坛》2019年第11期。

② 关于主要东盟国家对"印太"概念或美国"印太"战略的态度，可参见 Kuik Cheng-Chwee, "Opening a Strategic Pandora's Jar? US-China Uncertainties and the Three Wandering Genies in Southeast Asia", *National Commentaries of the ASEAN Forum*, July 2, 2018; Marguerite Afra Sapiie, "Indonesia wants ASEAN to take central role in developing Indo-Pacific cooperation", *The Jakarta Post*, April 29, 2018, http://www.thejakartapost.com/seasia/2018/04/29/indonesia-wants-asean-to-take-central-role-in-developing-indo-pacific-cooperation.html; Charissa Yong, "Singapore will not join Indo-Pacific bloc for now: Vivian", *The Straits Times*, May 15, 2018, https://www.straitstimes.com/singapore/spore-will-not-join-indo-pacific-bloc-for-now-vivian；丁辉、汤祯滢《印度尼西亚对印太战略的反应——印度尼西亚"印太政策"辨析》，《东南亚纵横》2018年第4期。

都是阻碍因素。在某些历史阶段，主要成员之间信任程度的提升对东亚区域经济合作的建立和发展起到了重要的促进作用。尤其是在1997年亚洲金融危机以后，东亚成员对美国信任程度的整体下降和对彼此信任程度的整体提升使各国参与和推进东亚区域经济合作的积极性高涨，从而促进了它们之间合作水平的迅速提高和东亚区域一体化进程的加速发展。

其二，东亚成员间信任状况的阶段性变化和区域经济合作的演变过程整体具有较强的危机驱动和美国因素驱动的特征。相较于成员内部的共同经济利益、重大危机（如金融危机、新冠疫情）和美国因素对东亚各国之间信任状况与东亚区域经济合作进程的影响似乎更大。在很大程度上，这既体现了东亚地区成员之间信任关系较为脆弱和不稳定的客观现实，也反映了美国主导下的国际政治经济秩序和地区制度安排对东亚地区的深远影响。

第五章

国家间信任与东亚区域合作机制的演进困境

纵观半个多世纪以来的东亚区域经济合作史,东亚成员之间的信任类型一直都是以理性信任为主、过程信任为辅,东亚区域经济合作机制也一直以直接互惠为主、间接互惠为辅。因此,尽管成员之间的互惠水平已有显著提升,区域一体化进程也在曲折中发展,但就区域一体化演进过程中的四个主要历史阶段而言,东亚地区目前仍徘徊于第一阶段与第二阶段之间,整体合作层次偏低。

实际上,在东亚区域经济合作的发展过程中,东亚主要成员曾多次进行了建立群体选择性互惠或群体普遍性互惠等更高层次合作机制的尝试,但最终都遭受了较大挫折或失败。本书认为,信任因素不仅影响了东亚区域经济合作的形成和演变过程,也是制约东亚成员之间建立更高层次合作机制的主要阻碍因素之一。在本章中,笔者将基于东亚区域经济合作不同历史时期的四个典型案例,进一步阐释信任因素如何制约了东亚区域合作机制的演进。

第一节 萌芽期(1967—1989):"雁型模式"

一 日本在东亚推行"雁型模式"的构想和尝试

自20世纪60年代,尤其是七八十年代开始,随着日本经济的迅速恢复和发展,及其与东亚经济体之间双边关系的逐步改善,日本便开始尝试通过贸易、投资和货币"三位一体"战术积极在东亚地区推行"雁型模式",即以日本为"领头雁"、亚洲"四小龙"(中国香港、新加坡、韩国、中国台湾)为"雁身"、亚洲"四小虎"(印尼、菲律宾、泰国、马来西亚)为"雁尾"的东亚国际分工体系。① 一方面,此时欧洲、北美经济圈日渐成形,经济迅速腾飞的日本日益担心被排除在欧美经济圈以外,因此希望通过在东亚建立以日本为核心的开放市场和区域一体化结构,提升在经济全球化格局中的地位;另一方面,"太平洋经济共同体"构想遭到美国及其他成员的冷落后,日本也希望能够成为东亚地区的"市场提供者",取代美国成为东亚区域经济合作中的主导力量。②

日本的这一实践是"第二次世界大战"结束以来东亚成员主导建立将西方国家排除在外的群体选择性互惠合作机制的首次尝试。在日本政府的积极推动,以及市场因素的作用下,至冷战结束前,东亚地区事实上也逐渐形成了以日本为核心的、非制度性的东亚生产网络。然而,直至20世纪80年代末,日本始终未能推动东亚各国政府之间建立正式的多边制度性合作,也无法真正在东亚主导建立以日本为中心的相对稳定、高效、封闭的区域经济集团。这也意味着,日本通过在东亚推行"雁型模式"来构建更高层次合作机制的尝试以失败告终。

二 "雁型模式"失败的原因

从东亚国家间信任层次与合作层次上来看,20世纪60—80年代东亚地区主导的信任类型为理性信任,其他信任来源都严重缺失。因此,部分成员之间基于共同应对苏联威胁和促进国内经济发展而形成的理性信任仅仅能够使它们具备建立和维持直接互惠的信任基础,与建立群体选择性互惠机制所需要的信任层次之间仍有较大落差。东亚成员之间制度信任、过程信任和理性信任的严重不足不仅导致日本推行"雁型模式"注定难以成功,日本的这一举措反而加剧了其他成员对日本意图上的疑虑和防范,从而造成区域经济合作中出现了较为严重的"信任赤字"。

首先,日本在东亚推行"雁型模式"严重缺乏制度信任基础。

---

① 参见郑京淑、李佳《"后雁型模式"与东亚贸易结构的变化》,《世界经济与政治论坛》2007年第2期。

② 参见郑京淑、李佳《"后雁型模式"与东亚贸易结构的变化》,《世界经济与政治论坛》2007年第2期。

一方面，作为国际体系中的霸权国和国际贸易体系的主导国，美国并没有动力在东亚主导建立能够激励域内成员之间提升互信的正式国际制度和信任文化。美国虽然深谙加强美日同盟对于其推行亚太政策、抵御苏联阵营威胁的重要性，但美国对于日本经济的迅猛增长和地区影响力的扩大仍颇为担心。[①] 因此，为了维护自身在东亚地区的利益，美国也不希望东亚在日本主导下建立相对封闭、稳定、高效的区域经济合作结构。

另一方面，"雁型模式"本质上是一种以垂直型分工为主的国际产业转移体系，其建立和维持的基本前提是东亚各国经济发展水平的差异性和层次性，从而不可避免地会加剧同一发展层次经济体之间的竞争，并增加成员之间因相对收益不平衡而产生的不信任。[②] 而作为这一合作模式的主导者，日本并不具备平衡和协调成员利益、缓和区域内部竞争、增强群体内部凝聚力的能力和意图，因此很容易使各国之间因竞争加剧而矛盾激化，减少合作意愿，区域内部凝聚力也随着各国经济的迅速发展反而不断减弱。

其次，日本在东亚推行"雁型模式"仍严重缺乏过程信任基础。

20世纪六七十年代，大部分东亚国家与日本之间重建互信与合作关系时间不久，彼此之间的信任程度整体并不高，东亚地区信任网络仍很不健全。尽管其他成员都对日本的经济实力具有积极预期，希望通过加强对日合作获得更多经济利益，但过去被日本侵略的惨痛经历和大东亚共荣圈的阴影使它们对"雁型模式"始终疑虑难消，对日本地区影响力的扩大也都十分警惕。

更重要的是，20世纪60年代末日本在东亚地区的经济活动主要服务于日本自身的经济利益，不仅未兼顾或关切其他国家经济发展的需要，也未在平等协商的前提下开展合作，从而引起了诸多东南亚国家对日本行为的敌视和不满。[③] 这也是为什么自20世纪70年代开始，日本开始大力推行"赔偿外交"，对中国和东盟国家积极提供补偿性援助，[④] 并积极采取各

---

① 参见金辅耀《关于太平洋经济共同体的探讨》，《国际问题研究》1983年第2期。
② 参见张帆《论"后雁型模式"时期的东亚区域经济一体化》，《国际贸易问题》2003年第8期。
③ Sueo Sudo, *The Fukuda Doctrine and ASEAN: New Dimensions in Japanese Foreign Policy*, Singapore: Institute of Southeast Asian Studies, 1992, p.158; Lawrence Olson, *Japan in Postwar Asia*, London: Pall Mall, 1970; Nicholas Tarling, *Southeast Asia and the Great Powers*, Abingdon, Oxon, Routledge, 2010, p.111; 季玲：《国际关系中的情感与身份》，中国社会科学出版社2015年版，第143页。
④ 参见乔林生《日本对外政策与东盟》，人民出版社2006年版，第48—56页。

种手段改善在东亚地区的国际声誉。1977年8月，日本首相福田赳夫出访东盟时还特别发表了著名的"福田主义"三项原则，强调日本一是决心坚持和平，不做军事大国；二是将作为真正的朋友与东盟各国建立心心相印的互信关系；三是将作为平等的合作者对东盟各国采取积极合作态度，与东盟各国在相互理解的基础上建立良好关系。[1] 这些都从侧面反映了日本政府已经深刻意识到自身信誉不足和声誉不佳对其推行"雁型模式"造成的阻力。

最后，日本推行"雁型模式"也缺乏足够的理性信任基础。

"雁型模式"本质上反映了日本希望在东亚经济结构中取代美国的意图，但东亚各成员与美国之间巨大的潜藏利益使得它们很难对日本的能力和意图产生比美国更高的预期。一方面，日本经济的迅速发展本身就建立在追随美国的基础上，其自身综合实力仍存在较大的局限性，加上还有苏联威胁的存在，因此日本并不能充分满足其他东亚国家对于促进地区和平与发展的利益诉求。另一方面，这一时期东亚地区对外贸易整体是以与美国开展跨太平洋贸易为主，具有"进口靠日本、出口靠美国"的重要特征。因此，东亚各国对日美资本和市场的过度依赖不仅很难使日本完全取代美国在东亚经济结构中的主导地位，也使其他劣势国家在长期贸易逆差中产生了更多提升经济发展自主权、追求国家间平等合作的期望。[2] 尤其自20世纪80年代开始，随着美国开始加大对日本经济的打压力度，日本在区域经济结构中的"领头雁"作用开始显著下降，东亚各国对日本引领区域经济合作的理性信任也变得更加不足。[3]

第二节　兴起期（1989—1997）：东亚经济集团

一　"东亚经济集团"（EAEG）构想的提出

随着东亚成员之间信任程度的逐渐提升和区域意识的增强，1990年

---

[1] Sueo Sudo, The Fukuda Doctrine and ASEAN: New Dimensions in Japanese Foreign Policy, p.178；参见范斯聪《东亚经济一体化的困境与出路——国际比较的视角》，人民出版社2015年版，第21页。

[2] 参见王林生《雁型模式与东亚金融危机》，《世界经济》1999年第1期。

[3] 参见江瑞平《东亚合作与中日关系的互动：困局与对策》，《外交评论》2014年第5期。

12月，马来西亚总理马哈蒂尔在访问中国期间，对中国时任总理李鹏表达了希望东盟和中日韩能够合作建立"东亚经济集团"（EAEG）的构想，并建议 EAEG 由马来西亚出面组织，日本发挥主导作用，中国发挥重要作用。① 此后，在中马两国领导人的互访中，双方多次提及这一倡议，中国也一再表示支持与肯定。

类似于欧洲和北美经济集团，马哈蒂尔对 EAEG 的设想是在东亚构建一个具有相对封闭性、排他性和内部互惠性的区域经济结构。这也是继日本后，东亚成员第二次尝试建立将美国排除在外的群体选择性互惠。EAEG 构想的提出虽是东亚成员之间信任程度实现阶段性提升的一个"副产品"，但也在很大程度上源于马哈蒂尔对东亚外部潜在威胁的感知。马哈蒂尔之所以会在此时提出这一构想，一方面是其敏锐地感知到了欧洲区域一体化和北美区域一体化的迅速发展可能对东亚地区各国经济发展带来的一系列挑战；另一方面也是出于对东亚各国在"雁型模式"下形成的发展模式过于依赖美国等外部市场、脆弱性和不稳定性较强的担忧。因此，他认为只有东亚各成员联合起来，才可能维护和争取东亚地区各国的应有利益，使他们在与欧洲和北美自贸区的谈判中具有更强有力的谈判资本。②

然而，这一构想很快因美国的强烈反对和日、韩的消极态度而不了了之。③ 因为在美国看来，EAEG 构想意味着东盟希望在美国主导的亚太区域经济合作中间划上一条将美国排除在外的"红线"，并不利于维护美国的利益和在区域经济合作中的主导地位。④ 于是，为了淡化集团色彩，减少美国方面的阻力，EAEG 后来被更名为"东亚经济核心论坛"（EAEC），

---

① 参见黄大慧《东亚经济共同体建设的成效及挑战》，《人民论坛》2020年第4期。

② Takashi Terda, "Constructing an 'East Asian' Concept and Growing Regional Identity: From EAEC to SEAN + 3", *The Pacific Review*, Vol. 16, No. 2, 2003, pp. 255 – 257; Eero Palmujoki, *Regionalism and Globalism in Southeast Asia*, New York: Palgrave, 2001, p. 85.

③ Richard Stubbs, "ASEAN Plus Three: Emerging East Asian Regionalism?", *Asian Survey*, Vol. 42, No. 3, 2002, pp. 441 – 442；参见吴怀中《冷战后日本区域主义战略与亚洲合作进程——兼论区域共同体构建中的日本位相与趋向》，《日本学刊》2020年第3期。

④ Naoko Munakata, *Transforming East Asia: The Evolution of Regional Economic Integration*, Washington, D. C.: Brookings Institution Press, 2006, p. 74; Shim Jae-hoon and Robert Delfs, "Block Politics", *Far Eastern Economic Review*, November 28, 1991.

凸出了其自愿合作、平等开放、非歧视和非排他性质，但仍然未能得到美国和日本的支持，只能无疾而终。

然而，尽管 EAEG 或 EAEC 都主要停留于构想阶段，但马哈蒂尔通过这一构想向中、日、韩三国都传递了东盟愿意作为一个重要成员来促进东亚地区内部合作的信号。东盟随后又巧妙地借助了欧洲力量来排除美国的干扰，使东盟和中日韩首次以地区名义出席了 1996 年召开的首届亚欧会议（ASEM）。① 这些都为其他成员增强对东盟的正面预期，并与东盟之间增强制度性合作奠定了基础。

二 EAEG/EAEC 失败的原因

在很大程度上，EAEG/EAEC 构想的"流产"也与此时东亚成员之间的信任状况息息相关。20 世纪 90 年代初，东亚成员之间已初步形成了一定程度的过程信任，成员之间的理性信任也比上一个阶段显著增强，但这与建立群体选择性互惠所需要的信任层次之间仍有落差。尤其美国在地区信任网络中的中心地位使得东亚成员之间难以建立将美国排除在外的群体选择性互惠。因此，这一时期在东亚构建 EAEG/EAEC 的尝试不仅注定难以成功，反而加剧了东亚成员之间的矛盾分歧与美国的防范和排斥心理，从而导致东亚区域经济合作中再次出现"信任赤字"问题。

首先，EAEG/EAEC 的建立缺乏足够的理性信任基础。

在 20 世纪 90 年代初"一超多强"的国际格局下，东亚成员对美国的理性信任程度和经济依赖程度都远远高于其他域内成员。它们对于自身与美国之间潜藏利益的重视程度高于对东亚地区内部共同利益的重视程度，也更愿意将区域经济合作的推进寄托于美国的引领与合作基础上。因此，在美国强烈反对的情况下，无论是持支持态度的中国，还是持消极态度的日、韩，都不愿因 EAEG/EAEC 而彻底破坏与美国的合作关系。尤其是马哈蒂尔期望日本在 EAEG/EAEC 中发挥主导作用，因此日本的反对使得其

---

① 参见顾丽姝《东亚文化对东亚一体化的影响》，《云南民族大学学报》（哲学社会科学版）2009 年第 6 期。

预期更加难以实现。①

其次,EAEG/EAEC 的建立缺乏足够的过程信任基础。

由于美国此时在地区信任网络中处于中心地位,东盟和日本在东亚地区的声誉都远不及美国,因而实现 EAEG/EAEC 构想的过程信任基础不足。一方面,马哈蒂尔的提议引起了其竞争对手苏哈托的不满,也加剧了他与苏哈托在东盟领导权上的竞争。这直接导致了东盟成员对 EAEG/EAEC 态度上的分歧,也制约了马哈蒂尔在 EAEG/EAEC 问题上获得更多东盟成员的支持。② 另一方面,考虑到美国在亚太同盟体系和区域信任网络中的地位,对日、韩来说,背叛美国和背叛东盟对它们自身声誉造成的负面影响和可能承受的代价也明显不同,这也导致它们对于支持 EAEG/EAEC 可能带来的负面影响更加警惕。

最后,EAEG/EAEC 的建立严重缺乏制度信任基础。

后冷战初期,各成员的地区认同和区域经济合作意识仍非常薄弱,地区信任网络边界也不明确,区域内部的凝聚力仍严重不足。而作为 EAEG/EAEC 的倡导者,马哈蒂尔也尚不具备团结东盟、平衡和协调东亚成员利益、增强区域内部凝聚力的领导能力。另外,从成员构成来看,EAEG 或 EAEC 的资源供给能力也远不及 APEC,因此与美国主导的 APEC 相比,EAEG 和 EAEC 对日、韩等其他成员的吸引力实际也可能比较有限。

第三节 发展期(1997—2008):东亚共同体与东亚峰会

一 "东亚共同体"构想的提出与东亚峰会的召开

1997 年亚洲金融危机后,随着东亚主要成员信任程度的整体提升,韩国总统金大中在 1998 年"10 + 3"领导人会议上提出了各国共同成立专家

---

① Takashi Terada, "Constructing an 'East Asian' Concept and Growing Regional Identity: From EAEC to ASEAN + 3", *The Pacific Review*, Vol. 16, No. 2, 2003, pp. 251 – 277.

② Michael Vatikiotis, "The Morning AFTA: ASEAN Takes Tentative Step towards Free-Trade Area", *Far Eastern Economic Review*, October 24, 1991, pp. 64 – 65; David P. Rapkin, "Leadership and Cooperative Institutions in the Asia-Pacific", in Andrew Mack and John Ravenhill, eds., *Pacific Cooperation: Building Economic and Security Regimes in the Asia-Pacific Region*, Boulder: Westview Press, 1995, pp. 98 – 129.

组,并对东亚区域经济合作未来进行研究的建议,得到其他成员的一致支持。会后,由各国 26 位专家学者组成的"东亚展望小组"(EAVG)开始对东亚各国在政治、经济、文化等方面的中长期合作问题进行研究。2001年,EAVG 向领导人会议提交了研究报告,得到各国领导人的一致认同。报告明确提出东亚区域经济合作的目标是"把东亚从一个由各个国家组成的地区,发展成一个共同应对挑战,具有共同志向和目标的、相互信任的共同体",建议将"10+3"领导人会议演变为 13 个成员国平等参加的"东亚峰会",并将东亚峰会、东亚自贸区(EAFTA)和东亚金融合作机制作为构建"东亚共同体"的三大支柱。①

此后,东亚地区便在东盟的主导下开始了通过东亚峰会构建"东亚共同体"的尝试。2003 年 8 月,马哈蒂尔在第一届"东亚大会"上发表题为《建设东亚共同体:前方的路》的长篇主题演讲,提出"东亚共同体"建设的五项原则为互利、互敬、平等、一致和民主;其目标是构建东亚共有、公治、共享的治理。② 2004 年"10+3"领导人会议顺利通过次年在"10+3"框架下召开东亚峰会的计划。③

从本质上来看,EAVG 提出的"东亚共同体"可以理解为一种包括东盟十国、中国、日本、韩国共 13 个成员在内的群体普遍性互惠合作机制。在很大程度上,"东亚共同体"构想的提出和各成员对《东亚展望报告》的一致认可既是 1997 年亚洲金融危机后东亚成员之间互信程度显著提升的结果,也是东亚地区主义进一步增强的表现,意味着东亚区域经济合作进入新的发展阶段。④

---

① Rodolfo. C. Severino, *Southeast Asian in Search of an ASEAN Community*, Singapore: Institute of Southeast Asian Studies, 2006, pp. 267 – 270; EAVG, *Toward an East Asian Community: Region of Peace, Prosperity and Progress*, East Asia Vision Group Report, 2001, http://www.mofa.go.jp/region/asia-paci/report2001.pdf;参见张蕴岭《东亚区域经济合作的新趋势》,《当代亚太》2009 年第 4 期。

② Datuk Seri DR Mahathir Mohamad, "Building the East Asian Community: The Way Forward", *New Straits Times*, August 5, 2003.

③ Chairman's Statement of the 8th ASEAN + 3 Summit, Vientiane, November 29, 2004, ASEAN Secretariat, http://www.aseansec.org/16847.htm.

④ Hitoshi Tanaka, Adam P. Life, "The Strategic Rationale for East Asia Community Building", in Jusuf Wanadi and Tadashi Ymamoto, eds., *East Asia at a Crossroads*, Tokyo: Japan Center for International Exchange, 2008, p. 90;参见张蕴岭《在理想与现实之间——我对东亚合作的研究、参与和思考》,中国社会科学出版社 2015 年版,第 30—31 页。

然而，在东亚峰会的筹备过程中，由于担心中国在"10+3"合作架构下地区影响力不断扩大，日本的政策突然出现变化，建议在"10+6"的框架下邀请澳大利亚、印度和新西兰加入东亚峰会，从而与中韩和东盟坚持的"10+3"架构出现了较大分歧。① 在东盟的协调和各方的妥协下，2005年东亚峰会最终以"10（东盟）+3（中日韩）+3（印澳新）"的框架形式出现。② 会后各成员共同发表《吉隆坡宣言》，明确规定东亚峰会的性质是地区论坛，其目标是促进东亚地区的和平、稳定与繁荣，且奉行开放的地区主义，只要满足相关条件便可继续增加成员。③ 会后发表的主席声明强调，东亚峰会将与"10+3""10+1"等合作机制共同在东亚共同体进程中发挥重要作用。④

尽管东亚峰会最终仍如期召开，但可以看出，东亚峰会的性质、目标定位、成员设定等与EAVG最初的构想和中国、韩国、东盟等成员的期望都有较大差异，甚至已演变为日本拉拢澳大利亚、印度等国防范中国影响力扩大的工具，从而导致东亚峰会不仅没有承担起构建"东亚共同体"的任务，反而实际增加了成员之间的矛盾和分歧。⑤ 自首届东亚峰会后，随着新成员的加入和区域经济合作结构更加复杂，域内各国推进区域经济合作进程的合力开始有所减弱，大部分成员对于建立"东亚共同体"的信心和积极性都明显下降，对于东亚区域经济合作究竟应致力于建立EAFTA还是CEPEA，究竟选择"10+3"还是"10+6"作为合作平台变得更加

---

① David Martins Jones and M. L. R. Smith, *ASEAN and East Asian International Relations: Regional Delusion*, Edward Elgar Publishing, 2007.
② 参见张蕴岭《对东亚合作发展的再认识》，《当代亚太》2008年第1期。
③ Kuala Lumpur Declaration on the East Asia Summit, Kuala Lumpur, Malaysia, December 14, 2005, ASEAN Documents Series 2005, pp. 23 – 24, http://www.aseansec.org/ADS-2005.pdf.
④ Chairman's Statement of the 1st East Asia Summit, Kuala Lumpur, Malaysis, December 14, 2005, ASEAN Documents Series 2005, p. 21, http://www.aseansec.org/ADS-2005.pdf.
⑤ Hitoshi Tanaka, "East Asian Community Building: Toward an East Asia Security Forum", *East Asia Insights*, Vol. 2, No. 2, 2007, p. 2; Zhang Yunling, *East Asian Regionalism and China*, Beijing: World Affairs Press, 2005, p. 12; 参见刘少华《东亚区域经济合作的框架构造》，载张蕴岭、沈铭辉主编《东亚、亚太区域合作模式与利益博弈》，经济管理出版社2010年版，第26—27页；参见苏浩《东亚区域经济合作的双层架构分析》，张蕴岭、沈铭辉主编《东亚、亚太区域合作模式与利益博弈》，经济管理出版社2010年版，第42—43页；参见苏浩《胡桃模型："10+3"与东亚峰会双层区域经济合作结构分析》，《世界经济与政治》2008年第10期。

迷茫，东亚区域经济合作的未来也因此面临更大的不确定性。①

2006年8月，日本正式提出建立基于"10+6"合作模式上的"东亚紧密经济伙伴关系"（CEPEA）。由于难以弥合中日利益分歧，东盟迟迟不愿在"10+3"与"10+6"两种合作模式中做出决断，推动东亚区域经济合作的动力也大大减弱。东盟一边开始将更多精力转移到东盟共同体建设上，一边更加积极地推行大国平衡战略，以确保东盟在东亚区域经济合作中的主导地位。② 在这一背景下，"东亚共同体"建设日益弱化，甚至已沦为"纸上谈兵"。③ 2008年6月，澳大利亚进一步提出了"亚太共同体"构想。④ 2009年在泰国举行的第四届东亚峰会也基本未涉及"东亚共同体"建设的相关问题。

二 "东亚共同体"建设遭受挫折的原因

可以说，尽管东亚峰会的突然变轨对当时各国来说有些"意料之外"，但由于21世纪初的东亚地区远远不具备建立群体普遍性互惠的信任基础，因此各成员构建"东亚共同体"的尝试遭受挫折实际上也在"情理之中"。

首先，"东亚共同体"的构建严重缺失道德信任基础。

如前文所述，此时东亚地区的信任文化仍以权力和资本为主导，成员之间的社会化程度并不高，缺乏足够的安全感，也缺乏能够促使它们普遍对其他成员形成信任感和认同感的共有观念。在这一背景下，一些成员对

---

① Deepak Nair, "Regionalism in the Asia Pacific/East Asia: A Frustrated Regionalism?", *Contemporary Southeast Asia*, Vol. 31, No. 1, 2008, p. 128; Jusuf Wanadi and Tadashi Ymamoto, eds., *East Asia at a Crossroads*, Tokyo: Japan Center for International Exchange, 2008; Ji Young Choi, "East Asianism vs. Asian-Pacificism: The Contested Process of Formation of a Regional Identity in Asia", *Paper for the ISA Annual Convention*, May 1–5, 2005, Honolulu, Hawaii；参见郑先武《东亚共同体愿景的虚幻性析论》，《现代国际关系》2007年第4期。

② 参见季玲《国际关系中的情感与身份》，中国社会科学出版社2015年版，第182—183页；张锡镇《东盟实施大国平衡战略的新进展》，《东南亚研究》2008年第3期。

③ 《东亚共同体构想不应沦为纸上谈兵》，《朝鲜日报》2009年10月8日，https://news.ifeng.com/opinion/world/200910/1008_6440_1378635.shtml；参见季玲《国际关系中的情感与身份》，中国社会科学出版社2015年版，第177—187页。

④ Frank Frost, "Australia's Proposal for an 'Asia-Pacific Community': Issues and Prospects", Research Paper of Parliament of Australia, Department of Parliamentary Services, December 1, 2009, https://www.aph.gov.au/binaries/library/pubs/rp/2009-10/10rp13.pdf.

权力和资本的追求自然会超过对自身信誉的重视和道德规范的坚守,不同成员间权力分配状况变化也容易增强它们的不安全感和对彼此意图的不确定,因此反而使它们在避害动机的驱使下增强了对彼此的不信任,倾向于采取背叛行为。在很大程度上,东盟拒绝让13个成员以平等的身份参加东亚峰会,日本希望将东亚峰会扩大至16国等都映射了东亚地区仍严重缺乏道德信任基础这一客观现实。

其次,"东亚共同体"建设的制度信任基础仍过于薄弱。

一是东盟主导下的东亚地区尚未形成一个涵盖了生产端与消费端的内部循环链条,各国之间的合作仍需依赖美国市场。[①] 在很大程度上,这不仅大大限制了东亚地区信任网络自身的资源供给能力、吸引力和内部凝聚力,也难以有效抑制各成员的背叛动机,使它们都愿意为了区域整体利益牺牲个体利益,并产生足以克服合作障碍的信心和决心。二是美国主导建立的正式国际制度和"东盟方式"下形成的非正式制度安排对东亚各成员行为的约束力都相对有限,因此强势成员采取背叛行为的门槛仍较低,这既会增加劣势成员对于自身合作行为被背叛或利用的担忧和不安全感,也会增加它们自身采取背叛行为的动力。[②] 三是东盟在构建"东亚共同体"和筹备东亚峰会的过程中对权力的追求和对其"主导地位"的极力维护,不仅限制了其他成员对东亚峰会和"东亚共同体"的积极预期,也导致它们对东盟及其主导的制度安排都产生了更大的疑虑,从而进一步削弱了地区内的制度信任基础。例如,中、日、韩三国都希望通过"东亚共同体"建设在区域经济合作中承担更重要的角色,并积极支持各国从"10+3"向13国平等参与东亚峰会转变,但这一想法却引起了东盟的不满和反对。[③] 从这个角度上来看,日本的背叛行为其实也反映了日本对于自身在东盟主导的"10+3"模式下难以发挥更大影响力的不满,而东盟对日本这一背叛行为的变相支持反映了

[①] 参见沈铭辉《"一带一路"、贸易成本与新型国际发展合作——构建区域经济发展条件的视角》,《外交评论》2019年第2期。

[②] 参见范斯聪《东亚经济一体化的困境与出路——国际比较的视角》,人民出版社2015年版,第109页。

[③] Keizo Zabeshima, "Summits of East Asian Unity", *The Japan Times*, July 12, 2004; Kavi Chongkittavorn, "The Future of ASEAN and East Asia", *The Korea Herald*, December 6, 2005; "ASEAN Has to Be in the Driving Seat", *Jakarta Post*, November 26, 2004.

东盟对于维护自身主导地位的追求也超过了对成员之间信任关系和共同利益的维护。它们的行为选择不仅印证了东亚各国构建"东亚共同体"仍然制度信任不足的客观现实，也进一步削弱了地区内原本薄弱的制度信任基础。

再次，"东亚共同体"的构建也缺乏足够的过程信任基础。

尽管东亚各成员经过前期互动已显著提升了理性信任程度，并形成了一定程度的过程信任，但历史遗留问题的存在，以及此前双方围绕历史记忆问题进行的恶性互动都对中日两国之间亲密情感的培养和对彼此善意认知的提升产生了较大限制，从而抑制了双边互信程度的进一步提高，以及东亚内部凝聚力的提升与强大合作动能的形成。① 尤其是在地区内系统性信任基础过于薄弱的情况下，两国都可能因为外部客观条件的变化或对方偶然的背叛、失误而放大对彼此意图的怀疑，从而大大增加了中日信任关系的脆弱性和不稳定性。② 加上美国对中国崛起和"东亚共同体"的警惕也加大了日本的背叛动机，东盟对中国崛起的担忧、对日本资本技术上的依赖，以及对自身主导地位的维护也使它难以反对日本的提议，或对日本的背叛行为采取相应的惩罚措施。③ 在这一背景下，声誉机制在东亚信任网络中的作用受到了更大的制约，地区成员之间的整体过程信任水平也明显下降。因此，在很大程度上，中日之间过程信任的不足和声誉机制在东亚信任网络中的效用不足也是导致"东亚共同体"构想难以实现的重要因素。

最后，东亚成员基于"10+3"构建"东亚共同体"的理性信任基础也不足。

一方面，尽管东亚内部的相互联系日益紧密，但各国仍高度依赖欧美

---

① 参见［日］长谷川启之《东亚共同体的形成及中日合作之重要性》，载戴晓芙、郭定平主编《东亚发展模式与区域经济合作》，复旦大学出版社 2005 年版；尹继武《文化与国际信任——基于东亚信任形成的比较分析》，《外交评论》2011 年第 4 期。

② 参见刘江永《中国与日本：变化中的"政冷经热"关系》，人民出版社 2007 年版。

③ Ralph A. Cossa, "The East Asia Summit: Should Washington Be Concerned?", *PacNet*, No. 54B, Pacific Forum CSIS, http：//www.csis.org/media/csis/pubs/paco554b.pdf; C. Fred Bergsten, "Embedding Pacific Asia in the Asia Pacific: The Global Impact of An East Asian Community", Speech at the Japan National Press Club, Tokyo, September 2, 2005, http：//www.iie.com/publications/papers/bersten0905.pdf; Edward Gresser, "The Emerging Asian Union? China Trade, Asian Investment, and A New Competitive Challenge", Policy Report, Progressive Policy Institute, 2004, https：//www.ndol.org/ndol_ci_kaid_108_subid_127_contentid_252629.html; 参见刘重力、王小洁《东亚区域经济合作主导权之争的政治经济学分析》，《南开学报》（哲学社会科学版）2014 年第 4 期。

市场，对区域外的贸易依存度仍普遍较高，对于它们与美国等其他亚太成员之间的潜藏利益也比较重视，因此它们没有足够的能力或动机拒绝其他成员的加入。另一方面，尽管各成员都未面临来自对方集中、迫切的威胁，但日本和东盟都越来越将迅速崛起的中国视为其追求地区主导地位的竞争对手和潜在威胁，这也在一定程度上抑制了它们将更多预期利益的实现寄托于"10+3"合作模式的决心和信心。

总之，东亚13个成员共同建立和维持群体普遍性互惠合作机制的信任基础仍远远不够，尤其是制度信任基础的相对薄弱和道德信任基础严重缺失导致"东亚共同体"的构建更加道阻且长。①

第四节 滞缓期(2008—2017)：区域全面经济伙伴关系

一 区域全面经济伙伴关系（RCEP）概念的提出

2009年11月，奥巴马政府宣布加入TPP后，2010年马来西亚和越南也相继参与TPP谈判。加上作为TPP初始成员国的新加坡和文莱，此时已有4个东盟国家成为TPP成员。这不仅大大削弱了东盟内部的凝聚力，也显著增加了东盟对于自身在东亚区域经济合作中主导地位的忧虑。② 因此，为了维护东盟在东亚区域经济合作中的主导地位，东盟在2011年2月举行的东盟第十八次经济部长非正式会议上首次提出区域全面经济伙伴关系协定（RCEP）的概念，期望在整合现有五个"东盟+"FTA基础上，构建涵盖东盟十国和中、日、韩、印、澳、新共16个成员国的全面性、一揽子贸易与投资协议合作框架。③ 2011年11月，第十九次东盟领导人会议通过了《东盟区域全面经济伙伴关系框架文件》，强调将在《东盟宪章》原则指导下建设地区全面经济伙伴关系，以维持东盟在区域经济合作

---

① 参见竺彩华、冯兴艳《东亚经济共同体：愿景与现实》，《和平与发展》2016年第6期。
② 参见肖琬君、冼国明《RCEP发展历程：各方利益博弈与中国的战略选择》，《国际经济合作》2020年第2期。
③ 参见张蕴岭《在理想与现实之间——我对东亚合作的研究、参与和思考》，中国社会科学出版社2015年版，第68页。

框架中的核心地位和作为主要推动力的积极角色。① 2012 年下半年，东盟邀请其他六国经济部长达成了《区域全面经济伙伴关系谈判目标与指导原则》，计划于 2015 年年底之前完成 RCEP 谈判，建立一个涵盖货物贸易、服务贸易、投资、经济技术合作、知识产权、竞争、争端解决等多领域的"现代化、全面、高质量与互利的经济伙伴协议"。同年 11 月 20 日，在柬埔寨金边举行的东亚领导人系列会议期间，16 个成员国的领导人共同发布《启动区域全面经济伙伴关系协定谈判的联合声明》，同意于 2013 年正式启动 RCEP 谈判。②

表面上，RCEP 是东盟为了应对美国主导下的 TPP、维护自身在区域经济合作中的"主导地位"，希望对 5 个"10 + 1"FTA 进行整合的一种尝试。然而，RCEP 的实质目标不仅仅是对现有"10 + 1"的整合，而是希望在此基础上，进一步促进各成员国融入地区产业链，重构东亚生产网络，实现东亚地区的内生性增长。③ 因此，从本质上来看，RCEP 是东盟在东亚地区主导建立以"10 + 6"为基础的群体选择性互惠合作机制的新尝试。在很大程度上，这是东盟与其他成员积极应对地区局势变化、探索区域经济合作新模式的表现，但也是东亚区域经济合作架构正式从"10 + 3"向"10 + 6"变轨的分水岭。

然而，尽管各成员普遍看好 RCEP 的广阔前景，并表达了加强合作的积极态度，但各成员的实际行为选择却与上一阶段形成了鲜明对比。一是继东盟四国和澳大利亚加入 TPP 谈判后，日本和韩国也先后加入了 TPP 谈判，并将主要精力放在 TPP 谈判上。二是由于与其他成员之间分歧较大，且妥协意愿较低，印度从一开始就成为了 RCEP 谈判中"拖后腿"的主要角色。④ 三是

---

① "ASEAN Framework for Regional Comprehensive Economic Partnership", June 12, 2012, https://asean.org/? static_ post = asean-framework-for-regional-comprehensive-economic-partnershi.
② 参见蒋芳菲《认知变化与印度对 RCEP 的政策演变》，《南亚研究》2020 年第 4 期；刘重力等《东亚区域经济一体化进程研究》，南开大学出版社 2017 年版，第 116 页。
③ 王玉主、富景筠：《当前亚太区域经济合作形势分析》，《亚太经济》2013 年第 4 期。
④ Debashis Chakraborty, Julien Chaisse and Xu Qian, "Is It Finally Time for India's Free Trade Agreements? The ASEAN 'Present' and the RCEP 'Future'", *Asian Journal of International Law*, No. 9, 2019, pp. 359 – 391; "The Second Regional Comprehensive Economic Partnership (RCEP) Ministerial Meeting", *Joint Media Statement*, August 27, 2014, Nay Pyi Taw, Myanmar. https://www.dfat.gov.au/trade/agreements/negotiations/rcep/Pages/the-second-regional-comprehensive-economic-partnership-rcep-ministerial-meeting；参见蒋芳菲《印度"退群"与 RCEP 谈判前景探析》，《经济论坛》2020 年第 1 期。

经过前期国内的政策辩论和定调，中国领导人于2013年9月和10月先后正式提出建设"丝绸之路经济带"与"21世纪海上丝绸之路"两项重大倡议，并逐渐将更多注意力转移至"一带一路"建设上来。①

因此，自2013年5月第一轮谈判正式启动以后，RCEP谈判进程实际上异常缓慢。直至2015年10月在韩国举行的第十轮RCEP谈判，各国才开始真正就货物贸易、服务贸易、投资等核心领域展开实质性磋商，这也意味着东盟与其他成员国于2015年结束RCEP谈判的原计划早已化为泡影。② 2016年2月美国与其他11个成员国正式签署TPP后，RCEP谈判才开始加速推进。但截至2017年美国特朗普政府上台之前，RCEP谈判的任务完成度甚至都不到一半。

二　RCEP谈判严重滞缓的原因

理论上，随着成员数量的增加与合作水平的进一步提升，RCEP谈判进程的推进和协议的达成客观上需要各成员之间在互动中能够进一步提高互信水平，以尽可能地增加它们承担更多合作风险和成本、为了整体利益牺牲部分个体利益的意愿，并减少它们对于合作中的不确定性和被其他国家利用、背叛或侵害的担忧。然而恰恰相反，2009年美国宣布"重返亚太"后，东亚主要成员之间的信任程度正在急剧下降，各个层面的信任基础都受到了削弱，从而导致RCEP谈判过程中的"信任赤字"问题日益凸显，各成员在短期内顺利达成共识的可能性也大大降低。因此，在很大程度上，RCEP谈判进程的严重滞缓既是美国"重返亚太"以来东亚成员间互信流失、地区整体信任程度显著下降的结果，这也是东亚区域经济合作中"信任赤字"问题更加凸显的表现。

首先，RCEP谈判严重缺乏制度信任基础。

一方面，美国"重返亚太"后大国竞争博弈加剧、主要成员对地区合

---

① 参见翟崑《"一带一路"建设的战略思考》，《国际观察》2015年第4期。
② 参见蒋芳菲《试析印度对RCEP的政策立场及其变化》，《中国社会科学院研究生院学报》2020年第5期；《〈区域全面经济伙伴关系协定〉（RCEP）第十轮谈判在韩国釜山举行》，中国自由贸易区服务网，http：//fta.mofcom.gov.cn/article/rcep/rcepnews/201510/28975_1.html，2015年10月23日。

作机制的工具化利用大大削弱了地区内本就薄弱的制度信任基础，也导致"东盟方式"对成员之间的信任激励作用锐减，阻碍了东亚地区信任文化水平的提升。① 由于各国之间的信任关系日益缺乏具有约束力的外部制度保障和具有正面激励作用的道德规范，各国采取背叛行为的门槛变得更低，动机变得更强。在这种情况下，劣势成员越来越难以对强势成员形成积极稳定的预期，反而具有自身合作行为可能被其他成员利用或背叛的强烈不安全感。另一方面，TPP 和 RCEP 双框架结构的形成和成员上的部分重合大大增加了这些成员在不同群体中"骑墙"或自由移动的背叛动机。这不仅导致东亚地区的信任网络边界变得更加模糊，不利于共有身份和观念的形成，也显著增强了其他成员对于自身行为可能被利用或背叛的预期，抑制了它们承担合作风险、采取合作行为的意愿。

其次，RCEP 谈判缺乏过程信任基础。

一方面，各成员在这一阶段内恶性互动的累积破坏了多个国家之间的双边互信关系，并削弱了它们在上一阶段形成的过程信任基础。这不仅抑制了它们对彼此的亲密程度和善意感知，也使它们在互信流失的过程中对彼此产生了更多负面情绪，从而导致它们承担更多合作成本、采取利他性合作行为的意愿大大降低。另一方面，东盟自身内部凝聚力的下降和对主导地位的极力维护导致东盟在地区大国之间进行利益协调和凝聚共识的客观能力和主观意愿都大大下降，因此 RCEP 谈判一直是"重进程、轻进展"。② 这不仅进一步抑制了其他成员通过采取利他性合作行为来"购买"声誉的意愿，阻碍了声誉机制在东亚区域网络中发挥积极作用，也进一步增加了其他成员对东盟主导地位的质疑和不满，从而导致东盟的"中心地位"更加岌岌可危，地区信任网络本身也变得更加松散。

再次，RCEP 谈判理性信任基础也不足。

一是美国"重返亚太"后地区大国竞争博弈色彩明显增强，其他成员在这种权力政治和零和思维的影响下也进一步增强了对中国的"威胁"感知和竞争心理，从而容易使它们更加注重谈判中的相对收益，难以愿意为

---

① 参见魏红霞《亚太多边合作框架下的中美关系》，中国社会科学出版社 2014 年版，第 119 页。
② 王玉主：《RCEP 倡议与东盟"中心地位"》，《国际问题研究》2013 年第 5 期。

了共同利益目标而牺牲短期个体利益。二是由于不同成员（如中日韩）对美国主导 TPP 谈判的威胁感知明显不同，对于参与 RCEP 谈判的主要目标和预期收益实际上并不一致，因此它们对彼此之间潜藏利益的重视程度差异也较大。此外，印度作为唯一的南亚成员，与中国等东亚成员之间的信任程度并不高，但对于加入 RCEP 始终决心难定，这客观上也进一步增加了东盟在更多成员之间进行利益协调的困难程度。①

总之，这一阶段内 RCEP 谈判的严重滞缓以及各国在谈判中面临的种种问题实际上集中体现了美国"重返亚太"后，东亚地区系统性信任基础被明显削弱、成员间信任关系已普遍受损的客观现实。而各成员在 RCEP 谈判中恶性互动的增加和预期的不断失败又进一步加速了它们对彼此信任程度的下降趋势，从而导致它们通过 RCEP 谈判来实现合作机制的演变升级、推进区域经济合作进程的难度和成本都进一步增加。

本章小结

本章主要基于东亚区域经济合作中不同时期的四个典型案例，尝试从信任的视角阐释了主要成员希望建立更高层次合作机制的构想和尝试为什么都会遭遇挫折或失败，探究了成员之间互信不足，尤其是制度信任和道德信任的长期缺失、地区系统性信任基础过于薄弱如何制约了东亚区域合作机制的演进。本章的研究表明，"信任赤字"问题实际上一直长期存在于东亚区域经济合作的各个历史阶段，而且这一问题在 2008 年金融危机后更加凸显。这也意味着，东亚区域经济合作的发展长期面临着信任供不应求的问题，且近年来合作中的信任供需矛盾进一步加剧，从而导致东亚区域合作机制的演进也变得更加困难。由此可见，若要实现区域合作机制的协同进化、稳步推进东亚区域一体化进程，破解日益凸显的"信任赤字"问题至关重要。

---

① 参见蒋芳菲《试析印度对 RCEP 的政策立场及其变化》，《中国社会科学院研究生院学报》2020 年第 5 期。

第六章

结论与展望

第一节 基本结论与启示

为了进一步提升对东亚区域经济合作历史进程与现实困境的边际解释力，本书尝试突破西方经济学和国际政治经济学主流理论范式的束缚，试图发掘"信任"这一长期被西方理性主义研究范式所忽略的"综合性中介变量"，并探讨了信任如何潜移默化地影响着国家的决策行为和互动过程，以及东亚区域经济合作的整体进程和状态。

不同于经济学或国际政治经济学的"理性经济人"假设，本书认为各国在参与区域经济合作中的决策行为既包含了"经济理性"，也包含了"社会理性"和"非理性"因素。正如理性主义无法完全解释中国在应对两次金融危机和新冠疫情中采取的利他性合作行为，1997年亚洲金融危机后东亚成员迅速高涨的合作热情、对东盟方式的认可和对东盟主导地位的拥护，以及区域经济合作进程的迅猛发展也都不是西方经济学或国际政治经济学主流理论流派所能充分解释的。

然而，不同于建构主义理念导向的研究路径，本书理解的信任和信任关系也并非东方文化中所特有的关系性或情感性概念。国家间信任关系的建立、维持和增强，以及区域经济合作进程的演进都不是仅仅通过关系管理、情感培育或身份建构就能实现的。事实上，东亚各国之间基于潜藏利益的理性信任，及其背后所体现的"经济理性"在推动东亚区域经济合作的建立与发展中具有不可替代的基础性作用。而系统性信任基础的不足，及其背后反映的国际和区域治理体系、治理理念的缺陷和不足更是长期制约着东亚成员之间互信程度的进一步提升与区域合作进程的稳步深入推进。因此，本书对国家间信任与东亚区域经济合作的研究，既是笔者试图结合西方理论与东方经验、在纯理性主义解释路径和纯理念导向路径之间、特殊信任与一般信任之间寻找契合点的一种尝试，也是笔者试图领悟分析折中主义跨学科研究和多范式融合精神的一次努力。

本书的研究表明，在无政府状态的国际社会中，国家间信任的建立、维持和增强不是不可能的，但也是有条件的。国家间信任的形成和变化不仅受制于国家面临的国内、国际客观环境，也受制于决策者的心理环境。信任的建立与不信任的减少是一个高度相关，但不完全一致的过程。国家之间即便存在一些不信任因素，它们依然可以努力建立并不断提升互信。相反，即便国家之间存在一定的信任基础，它们也可能因为彼此的行为变化而产生更多的不信任，甚至最终导致信任关系的破裂。笔者由此得到的结论和启示是，信任是一个不断建构的过程，而不是结果。同时具备"经济理性""社会理性"、非理性（情绪性）和主观能动性的决策者在这个过程中起着至关重要的作用。在国家间信任的形成和变化中，重要的可能不只是利益、权力、制度、规范等因素本身，而是决策者们在决策和互动过程中如何看待利益、如何获得和使用权力、确立什么样的国际制度，以及推崇什么样的价值理念和国际规范。因此，对国家间信任与信任关系的探讨，归根结底也是对"人性"的思考和对"人"的深层关怀。

通过对东亚国家间信任形成与变化的探讨，我们还能够得到的结论和启示是，在国家建立、维持和增强信任关系的过程中，实力并不是最重要的。在具备一定履约能力的条件下，各国在互动中的行为选择及其后果所反映出的意图可信赖性反而更加重要。因此，霸权国并不一定一直是促进国际和平稳定或国家间互信合作关系的积极因素，甚至反而可能起到极大的阻碍或破坏性作用。同样，地区大国虽在相对实力上具有明显优势，但如果难以使其他弱势成员对其意图可信赖性产生较高的评价，也难以使其获得主导区域经济合作的合法性。相反，地区小国虽在相对实力上具有明显的劣势，但它们仍然能够努力培植自身的国际信誉、建立良好的国际声誉，并为弥合大国之间的分歧、推动区域信任网络的发展、提升成员之间的整体信任水平做出重要贡献。

在实力不对称和意图不确定的国际社会中，权力强势方在重大危机事件/冲突中如何对待权力弱势方，权力弱势方如何处理与多个权力强势方之间的关系，往往最能够体现国家的意图可信赖性。尤其当国家间相对实力差距较大时，只有当权力弱势方认为权力强势方足够值得信任，它才可能在与对方的互动中产生更多安全感，愿意承担更多信任风险，并将更多重大利益的实现寄托于彼此的合作中。无论国力强弱，积极主动地采取信任行为，努力在实现自身预期利益的同时，尽可能兼顾其他国家的利益，使自身变得更加"值得信任"，是获得其他国家信任的重要路径。只有当国家都充分意识到获得彼此信任和信任彼此的重要性和必要性，能够有意识地在对外交往中兼顾和关切彼此的利益诉求，在利己和利他之间寻求平衡，国家间信任与合作才能得以有效建立、维持和增强。随着中国的迅速崛起，进一步提升中国的国际信誉和威望，全面增强我国提供区域公共产品的实力、引领国际政治经济制度改革的能力和威慑外部威胁的魄力，对于增强中外互信、改善中美关系和周边地区环境、推进东亚区域经济合作都非常关键。由此可见，本书对国家间信任的理论探讨也映射了中国传统文化中强调的"欲利己者先利他，己欲达先达人"的道理。

本书还尝试从宏观和微观两个层面对国家间信任与区域经济合作的关系开展了较为系统的理论探讨，并试图将东亚区域经济合作的历史进程和现实困境纳入同一解释框架，为破解日益凸显的"信任赤字"问题提供了一种新的思路和视角。从本书的研究中可以得到的重要结论和启示是：区域经济合作的进程和状态并不是利益、权力、制度或文化某一个单一因素作用的结果；在参与区域经济合作的过程中，潜藏利益、互动经历、制度环境、道德规范也都不是在单独影响国家的决策行为和互动过程。在不同的历史时期，物质性和非物质性因素能够相互作用，并以不同的方式和比例组合起来，通过为国家提供不同层次的信任来源、影响国家之间信任程度的变化来共同影响国家的决策行为，进而产生特定的阶段性结果。① 这不仅意味着物质性因素和非物质性因素在区域经济合作进程中无法被彻底割裂，也意味着不同因素对国家间信任与合作的促进作用都是有限的。不仅如此，在不同的历史发展阶段，不同因素在区域经济合作中的重要性，及其对国家决策行为与互动过程的影响权重可能也有所不同。从这个角度上来看，在不同发展阶段侧重于夯实不同维度的信任基础，并尽可能地促进信任来源多元化，寻求不同影响因素之间的相互平衡、相互促进，可能是稳定和增强成员间互信关系、稳步推进区域经济合作的可行路径。

实际上，2008年金融危机后，东亚成员之间的信任状况变化和区域经济合作机制演进困境也都从侧面论证了这一点。由于地区内系统性信任基础长期过于薄弱，东亚成员之间的信任来源主要局限于潜藏利益和互动过程，因此随着中国的迅速崛起和美国亚太战略调整，无论是中美之间，还是东亚主要成员之间都逐渐陷入了一种"互为因果"的困境。在外部制度保障和内部激励机制都不足的情况下，各国都难以进一步提升对彼此意图可信赖性的评价，因此都以对方的行为和自身利益的满足作为评估对方意图和自己在下一轮互动中采取行动的前提条件。尽管东亚各国都有进一步增强成员之间互信与合作的良好愿望，但它们却在互动中都更强烈地感知到了彼此政策行为中对自己的排斥、怀疑和提防，于是它们也都在互动中进一步增强了对彼此的疑虑、防范和不满。随着成员之间恶性互动的不断累积，对彼此预期的不断失败，它们之间的互信也开始加速流失。

本书对国家间信任与东亚区域经济合作的研究也有利于帮助我们从理论层面进一步厘清信任与合作之间的复杂关系。本书的研究表明，信任既是合作的必要条件之一，也是成功合作的结果之一，但"信任影响合作"与"合作影响信任"的机制仍有所差别。从宏观层面来看，信任更多地表现为合作的必要前提：一是不同层次合作机制的建立和维持都需以相应层次信任类型的形成为基本前提；二是在不同历史时期内，行为体之间的主要信任类型决定了它们之间的主要合作模式与整体合作状态。从微观层面

---

① Charles C. Ragin, *The Comparative Method: Moving Beyond Qualitative and Quantitative Strategies*, Oakland: University of California Press, 2014, p.26.

来看，信任（理性认知与情感变化）、行为（合作或背叛）与互动结果（合作进程和状态）之间共同构成了一种立体的螺旋式上升关系，因此信任与合作在一定程度上是可以相互作用的：行为体在上一阶段互动中信任水平的提升，有利于促进它们下一阶段合作的进一步深化和拓展；上一阶段合作的顺利、成功，也可以成为下一阶段信任水平提升的重要源泉。

本书的研究还表明，对东亚区域经济合作来说，信任因素并不一直都是阻碍因素，但日益突出的"信任赤字"问题却严重制约着成员之间互信程度的稳步提升，也对东亚区域经济合作的进一步发展造成了较大阻碍。然而，"信任赤字"并不代表国家间"互不信任"，它本质上是合作中信任供不应求的表现。因此，破解"信任赤字"的关键不仅仅在于增强成员之间的互信，更在于努力寻求成员间信任水平与合作水平之间的动态平衡，并形成"在更多成功的合作实践中稳步增强互信、通过不断增强互信来促进合作发展"的良性循环。面对东亚区域经济合作中"信任赤字"日益凸显的困境，短期内应更加侧重于减少耦合性因素的负面影响，并降低合作预期，优化目标设置；长期内则应更侧重于稳定和增强成员间互信关系，夯实系统性信任基础，不断减少成员之间的不信任因素，稳步提升了成员之间的整体信任层次。

第二节　信任与区域经济合作研究展望

鉴于信任与区域经济合作问题本身的复杂性，再加上笔者的能力和水平都有限，本书只是笔者在信任与区域经济合作这项庞大的研究议程中努力迈出的一小步，势必仍存在诸多不足之处。笔者认为，在本书的基础上，未来还可从以下几个方面进一步做出更加深入的研究：

一是可进一步完善国家间信任程度及其变化的观测指标体系；

二是可对国家间信任与不信任的关系，以及二者之间的转化展开更加深入的探讨；

三是不同信任类型的形成条件、它们之间的相互作用与相互转化机制，以及它们在区域经济合作中的重要程度差异都值得进一步挖掘和探讨；

四是可对信任影响区域经济合作的宏观和微观机制进行更深入的理论探讨，将本书构建的理论分析框架进一步理论化、系统化；

五是可基于本书构建的理论分析框架，进一步对东亚区域经济合作中的更多具体案例进行分析，并开展东亚与欧洲、北美等其他地区区域经济合作的比较研究，使其在接受更多不同地区历史案例检验的过程中得到进一步完善；

六是可将本书构建的理论分析框架与东亚成员之间的"相互战略对冲"结合起来进行研究，为理解东亚国家的行为模式和互动过程提供更多线索；

七是可从中国的视角出发，对崛起国如何提升国际信誉、减少与霸权国之间的战略互疑等问题开展更多的理论和政策研究。

参考文献

一 中文著作

白春阳：《现代社会信任问题研究》，中国社会出版社 2009 年版。

程永林：《区域经济合作、制度绩效与利益协调》，人民出版社 2013 年版。

戴晓芙、郭定平主编：《东亚发展模式与区域合作》，复旦大学出版社 2005 年版。

范斯聪：《东亚经济一体化的困境与出路——国际比较的视角》，人民出版社 2015 年版。

国家开发银行、联合国开发计划署、北京大学：《"一带一路"经济发展报告》，中国社会科学出版社 2017 年版。

季玲：《国际关系中的情感与身份》，中国社会科学出版社 2015 年版。

刘江永：《中国与日本：变化中的"政冷经热"关系》，人民出版社 2007 年版。

刘重力等：《东亚区域经济一体化进程研究》，南开大学出版社 2017 年版。

罗荣渠、董正华编：《东亚现代化：新模式与新经验》，北京大学出版社 1997 年版。

彭述华：《东亚经济一体化主导问题研究》，人民出版社 2011 年版。

乔林生：《日本对外政策与东盟》，人民出版社 2006 年版。

秦亚青主编：《东亚地区合作：2009》，经济科学出版社 2010 年版。

宋玉华等:《开放的地区主义与亚太经济合作组织》,商务印书馆2001年版。
王缉思、李侃如:《中美战略互疑:解析与应对》,社会科学文献出版社2013年版。
王学东:《外交战略中的声誉因素研究——冷战后中国参与国际制度的解释》,天津人民出版社2007年版。
王正:《信任的求索:世界政治中的信任问题研究》,北京时代华文书局2017年版。
王正毅:《边缘地带发展论:世界体系与东南亚的发展》,上海人民出版社1997年版。
王正毅、[美]迈尔斯·卡勒、[日]高木诚一郎主编:《亚洲区域经济合作的政治经济分析:制度建设、安全合作与经济增长》,上海人民出版社2007年版。
魏红霞:《亚太多边合作框架下的中美关系》,中国社会科学出版社2014年版。
《新帕尔格雷夫经济学大辞典》,经济科学出版社1996年版。
熊义杰:《区域经济学》,对外经贸大学出版社2011年版。
许树柏编著:《实用决策方法:层次分析法原理》,天津大学出版社1988年版。
严进:《信任与合作——决策与行动的视角》,航空工业出版社2007年版。
阎学通:《世界权力的转移——政治领导与战略竞争》,北京大学出版社2015年版。
杨栋梁、郑蔚:《东亚一体化的进展及其区域经济合作的路径》,天津人民出版社2008年版。
杨原:《大国无战争时代的大国权力竞争:行为原理与互动机制》,中国社会科学出版社2017年版。
尹继武:《社会认知与联盟信任形成》,上海人民出版社2009年版。
张炳江:《层次分析法及其应用案例》,电子工业出版社2014年版。
张鸿:《区域经济一体化与东亚经济合作》,人民出版社2006年版。
张缨:《信任、契约及其规制》,经济管理出版社2004年版。
张蕴岭:《在理想与现实之间——我对东亚合作的研究、参与和思考》,中国社会科学出版社 2015 年版。

张蕴岭、沈铭辉主编：《东亚、亚太区域合作模式与利益博弈》，经济管理出版社 2010 年版。

郑也夫：《信任论》，中信出版集团 2015 年版。

周小斌主编：《亚太地区经济结构变迁研究（1950—2010）》，社会科学文献出版社 2012 年版。

周怡主编：《我们信谁？——关于信任模式与机制的社会科学探索》，社会科学文献出版社 2014 年版。

朱锋、[美] 罗伯特·罗斯主编：《中国崛起：理论与政策的视角》，上海人民出版社 2008 年版。

二　中文论文

包广将：《东亚国家间信任生成与流失的逻辑：本体性安全的视角》，《当代亚太》2015 年第 1 期。

包广将：《中美战略信任的维系：不对称结构与国际体系的互动视角》，《当代亚太》2019 年第 5 期。

曹云华：《论东亚一体化进程中的领导权问题》，《东南亚研究》2004 年第 4 期。

陈寒溪：《"东盟方式"与东盟地区一体化》，《当代亚太》2002 年第 12 期。

陈寒溪：《中国如何在国际制度中谋求声誉——与王学东商榷》，《当代亚太》2008 年第 4 期。

陈明灼：《新时期中美能源安全保障机制比较研究》，博士学位论文，中国社会科学院研究生院，2020 年。

戴慧：《东北亚经济合作进程中的政治障碍及其规避策略浅析》，《经济视角》2008 年第 1 期。

丁辉、汤祯滢：《印度尼西亚对印太战略的反应——印度尼西亚"印太政策"辨析》，《东南亚纵横》2018 年第 4 期。

董贺：《东盟的中心地位：一个网络视角的分析》，《世界经济与政治》2019 年第 7 期。

董贺：《关系与权力：网络视角下的东盟中心地位》，《世界经济与政治》

2017 年第 8 期。

付宇珩：《经济相互依赖、国家构建与国际信任：后冷战时代东南亚国家对华政策的生成》，博士学位论文，厦门大学，2018 年。

高程：《从中国经济外交转型的视角看"一带一路"的战略性》，《国际观察》2015 年第 4 期。

高程：《中国崛起背景下的周边格局变化与战略调整》，《国际经济评论》2014 年第 2 期。

高程：《中美竞争与"一带一路"阶段属性和目标》，《世界经济与政治》2019 年第 4 期。

高程：《周边环境变动对中国崛起的挑战》，《国际问题研究》2013 年第 5 期。

高军行、全毅：《东亚区域经济一体化的进程及特点》，《郑州航空工业管理学院学报》2008 年第 5 期。

高连福：《"太平洋经济共同体设想"在日本的演变与发展》，《亚太经济》1985 年第 3 期。

高玉林：《信任建立与信任结构》，《广东行政学院学报》2012 年第 2 期。

耿协峰：《地区主义的本质特征——多样性及其在亚太的表现》，《国际经济评论》2002 年第 2 期。

顾丽姝：《东亚文化对东亚一体化的影响》，《云南民族大学学报》（哲学社会科学版）2009 年第 6 期。

郭金玉、张忠彬、孙庆云：《层次分析法的研究与应用》，《中国安全科学学报》2008 年第 5 期。

贺平：《地区主义还是多边主义：贸易自由化的路径之争》，《当代亚太》2012 年第 6 期。

贺平：《区域性公共产品与东亚的功能性合作——日本的实践及其启示》，《世界经济与政治》2012 年第 1 期。

黄大慧：《东亚经济共同体建设的成效及挑战》，《人民论坛》2020 年第 4 期。

黄大慧、孙忆：《东亚地区合作主导权与中日制度竞争》，《教学与研究》2017 年第 6 期。

黄海涛：《不确定性、风险管理与信任决策——基于中美战略互动的考察》，《世界经济与政治》2016年第12期。

江帆：《制度变迁视角下"东盟方式"的演变及其原因》，《印度洋经济体研究》2018年第2期。

江瑞平：《东亚合作与中日关系的互动：困局与对策》，《外交评论》2014年第5期。

蒋芳菲：《"特朗普冲击"下的亚太区域经济合作：挑战与应对》，《经济论坛》2019年第11期。

蒋芳菲：《从奥巴马到特朗普：美国对华"对冲战略"的演变》，《美国研究》2018年第4期。

蒋芳菲：《东亚区域经济合作中的"信任赤字"：演变与动因》，《当代亚太》2022年第6期。

蒋芳菲：《认知变化与印度对RCEP的政策演变》，《南亚研究》2020年第4期。

蒋芳菲：《试析印度对RCEP的政策立场及其变化》，《中国社会科学院研究生院学报》2020年第5期。

蒋芳菲：《印度"退群"与RCEP谈判前景探析》，《经济论坛》2020年第1期。

蒋芳菲、[意]马克·庞德雷利：《"后疫情时代"的中美关系与国际格局——基于欧洲的视角》，《世界社会主义研究》2020年第11期。

蒋芳菲、王玉主：《中美互信流失原因再探——基于对中美信任模式与互动过程的考察》，《太平洋学报》2019年第12期。

蒋芳菲、王玉主：《国际信誉及其变化的条件——兼论中国国际信誉的变化》，《战略决策研究》2020年第6期。

蒋利龙：《新功能主义对东亚区域经济合作的启示》，《知与行》2016年第3期。

金辅耀：《关于太平洋经济共同体的探讨》，《国际问题研究》1983年第2期。

黎尔平：《大湄公河次区域经济合作政治信任度研究》，《东南亚研究》2006年第5期。

李荣林等:《FDI 促进了东亚区域经济一体化吗?》,《亚太经济》2014 年第 2 期。

李士梅:《信誉的经济学分析》,博士学位论文,吉林大学,2005 年。

李士梅、李毓萍:《信誉:经济学阐释》,《东北师大学报》(哲学社会科学版)2004 年第 6 期。

李淑俊、倪世雄、张义凤:《美国亚太自由贸易协定与东亚区域安全——基于军事冲突的视角》,《教学与研究》2014 年第 11 期。

李巍:《东亚经济地区主义的终结?——制度过剩与经济整合的困境》,《当代亚太》2011 年第 4 期。

李伟民、梁玉成:《特殊信任与普遍信任:中国人信任的结构与特征》,《社会学研究》2002 年第 3 期。

李晓霞:《东亚地区多边合作的核心问题与制度的未来建构——给予国际制度复杂性理论的研究》,博士学位论文,吉林大学,2018 年。

李星:《归因理论视角下中国——东盟区域经济合作中的信任问题研究》,硕士学位论文,中共江苏省委党校,2013 年。

梁志明:《论东南亚区域主义的兴起与东盟意识的增强》,《当代亚太》2001 年第 3 期。

林利民:《美国与东亚一体化的关系析论》,《现代国际关系》2007 年第 11 期。

凌胜利:《双重困境、特朗普冲击与文在寅政府两强外交的逻辑》,《韩国研究论丛》2018 年第 2 期。

凌胜利:《二元格局:左右逢源还是左右为难?——东南亚六国对中美亚太主导权竞争的回应(2012—2017)》,《国际政治科学》2018 年第 4 期。

凌胜利:《美国亚太联盟转型:在中美权力与信任之间》,《当代亚太》2012 年第 5 期。

刘宝全等:《中韩建交二十年大事记》,《当代韩国》2012 年第 3 期。

刘昌明、杨慧:《社会网络视角下的东亚国家间信任建构:理论框架与信任建构》,《国际观察》2016 年第 6 期。

刘丰:《中美战略竞争与东亚安全态势》,《现代国际关系》2017 年第 8 期。

刘丰:《中美战略竞争与东亚秩序重塑》,《中国战略报告》2018 年第 2 期。

刘江永：《中日经贸关系的回顾与展望》，《现代国际关系》1991 年第 1 期。

刘均胜、沈铭辉：《RCEP 谈判结束为何一再逾期?》，《中国远洋海运》2018 年第 3 期。

刘均胜、沈铭辉：《亚太区域经济合作制度的演进：大国竞争的视角》，《太平洋学报》2012 年第 9 期。

刘毅：《国家崛起与信任状态：一项研究议程》，《太平洋学报》2014 年第 2 期。

刘渝梅：《东亚地区的共有观念与中国的角色》，《社会科学战线》2010 年第 12 期。

刘贞晔：《东亚共同体"不可能是"开放的地区主义》，《世界经济与政治》2008 年第 10 期。

刘重力、王小洁：《东亚区域经济合作主导权之争的政治经济学分析》，《南开学报》（哲学社会科学版）2014 年第 4 期。

刘重力、赵颖：《东亚区域在全球价值链分工中的依赖关系——基于 TiVA 数据的实证分析》，《南开经济研究》2014 年第 5 期。

陆建人、王旭辉：《东亚经济合作的进展及其对地区经济增长的影响》，《当代亚太》2005 年第 2 期。

马兰起：《脆弱性博弈与东亚经济合作制度建设》，《世界经济与政治》2009 年第 8 期。

马荣久：《地区制度框架下的中日关系：从竞争走向合作?》，《国际论坛》2020 年第 3 期。

马银福：《"新南方政策"视角下韩国—东盟关系：现状与前景》，《印度洋经济体研究》2020 年第 2 期。

牛新春：《中美战略互信：概念、问题与挑战》，《现代国际关系》2010 年第 3 期。

潘忠岐：《霸权干涉、大国对抗与东亚地区安全的构建》，《世界经济与政治》2006 年第 6 期。

庞中英：《东亚地区主义的进展与其问题——能否打破现实主义的思维牢笼》，《东南亚研究》2003 年第 3 期。

裴默农：《日本—东盟的"特殊关系"与日本的"太平洋圈"发展战略》，

《国际问题研究》1982年第4期。

齐皓:《东亚"二元背离"与中美的秩序竞争》,《战略决策研究》2018年第3期。

祁怀高:《东亚区域经济合作领导权模式构想:东盟机制下的中美日合作领导模式》,《东南亚研究》2011年第4期。

秦亚青:《关系本位与过程建构:将中国理念植入国际关系理论》,《中国社会科学》2009年第3期。

秦亚青、魏玲:《结构、进程与权力的社会化——中国与东亚地区合作》,《世界经济与政治》2007年第3期。

全毅:《东亚区域经济合作的模式与路径选择》,《和平与发展》2010年第3期。

沈国兵:《"美国利益优先"战略背景下中美经贸摩擦升级的风险及中国对策》,《武汉大学学报》(哲学社会科学版)2018年第5期。

沈铭辉:《"一带一路"、贸易成本与新型国际发展合作——构建区域经济发展条件的视角》,《外交评论》2019年第2期。

沈铭辉:《东亚国家贸易便利化水平测算及思考》,《国际经济合作》2009年第7期。

沈铭辉:《亚太区域双轨竞争性合作:趋势、特征与战略应对》,《国际经济合作》2016年第3期。

宋超:《略论地区文化与东亚地区合作的关系》,《中共青岛市委党校青岛行政学院学报》2007年第1期。

宋国友:《奥巴马政府的经济战略调整及其对中国的影响》,《复旦学报》(社会科学版)2011年第3期。

宋国友:《利益变化、角色转换和关系均衡——特朗普时期中美关系发展趋势》,《现代国际关系》2017年第8期。

宋伟:《美国霸权和东亚一体化——一种新现实主义的解释》,《世界经济与政治》2009年第2期。

宋伟、高敏杰:《实力结构、欧盟经验与东亚困局——兼论中国的东亚合作战略》,《社会科学》2020年第4期。

苏浩:《胡桃模型:"10+3"与东亚峰会双层区域经济合作结构分析》,

《世界经济与政治》2008年第10期。

孙加韬：《东亚一体化的制约因素及发展方向》，《亚太经济》2004年第3期。

佟伟伟、吕瑶：《东亚区域内国际或区际直接投资与贸易的发展分析》，《信阳师范学院学报》（哲学社会科学版）2017年第3期。

王晨雨：《"东盟方式"在维护区域安全和稳定中的优势与局限》，《广西社会科学》2017年第9期。

王国明：《国际制度复杂性与东亚一体化进程》，《当代亚太》2013年第2期。

王林生：《雁型模式与东亚金融危机》，《世界经济》1999年第1期。

王绍光、刘欣：《信任的基础：一种理性的解释》，《社会学研究》2002年第3期。

王逸舟：《"东亚共同体"概念辨识》，《现代国际关系》2010年庆典特刊（S1）。

王勇：《"东亚共同体"：地区与国家的观点》，《外交评论》2005年第4期。

王玉主：《RCEP倡议与东盟"中心地位"》，《国际问题研究》2013年第5期。

王玉主：《区域公用产品供给与东亚合作主导权问题的超越》，《当代亚太》2011年第6期。

王玉主：《显性的双框架与隐性的双中心——冷和平时期的亚太区域合作》，《世界经济与政治》2014年第10期。

王玉主、富景筠：《当前亚太区域合作形势分析》，《亚太经济》2013年第4期。

王玉主、蒋芳菲：《特朗普政府的经济单边主义及其影响》，《国际问题研究》2019年第4期。

王玉主、张蕴岭：《中国发展战略与中国—东盟关系再认识》，《东南亚研究》2017年第6期。

魏玲：《第二轨道进程：规范结构与共同体建设——东亚思想库网络研究》，博士学位论文，外交学院，2008年。

魏玲：《第二轨道进程：清谈、非正式网络与社会化——以东亚思想库网络为例》,《世界经济与政治》2010 年第 2 期。

魏玲：《东亚地区化：困惑与前程》,《外交评论》（外交学院学报）2010 年第 6 期。

魏玲：《关系、网络与合作实践：清谈如何产生效力》,《世界经济与政治》2016 年第 10 期。

魏玲：《规范·制度·共同体——东亚合作的架构与方向》,《外交评论》（外交学院学报）2010 年第 2 期。

吴怀中：《冷战后日本区域主义战略与亚洲合作进程——兼论区域共同体构建中的日本位相与趋向》,《日本学刊》2020 年第 3 期。

吴心伯：《美国与东亚一体化》,《国际问题研究》2007 年第 5 期。

吴志成、李佳轩：《全球信任赤字治理的中国视角》,《政治学研究》2020 年第 6 期。

肖河：《霸权国与其他主要大国关系研究——以二战后历史为例》,《世界经济与政治》2016 年第 3 期。

肖琬君、冼国明：《RCEP 发展历程：各方利益博弈与中国的战略选择》,《国际经济合作》2020 年第 2 期。

谢晓光、杨玉霞：《东亚区域经济合作的困境与方向：基于国际政治经济学视角的分析》,《社会科学辑刊》2010 年第 2 期。

信强：《东亚一体化与美国的战略应对》,《世界经济与政治》2009 年第 6 期。

徐瑶：《冷战后美国亚太军事基地体系的调整及其影响》,《现代国际关系》2013 年第 9 期。

许娇丽：《东亚地区对美国经济依赖特点及原因分析》,《发展研究》2014 年第 1 期。

严双伍、郝春静：《日美同盟关系中日本的"向心力"与"离心力"》,《东北亚论坛》2018 年第 2 期。

阎学通：《道义现实主义的国际关系理论》,《国际问题研究》2014 年第 5 期。

杨宏恩：《我国企业利用 FTA 政策的调查与分析》,《财贸经济》2009 年第 7 期。

杨锡荣：《结合威胁论谈中国的和平发展道路》,《科技展望》2015 年第

13 期。

杨宜音：《"自己人"：信任建构过程的个案研究》，《社会学研究》1999年第 2 期。

杨原：《大国无战争时代霸权国与崛起国权力竞争的主要机制》，《当代亚太》2011 年第 6 期。

杨原：《武力胁迫还是利益交换？——大国无战争时代大国提高国际影响力的核心路径》，《外交评论》2011 年第 4 期。

尹继武：《国际信任的起源：一项类型学的比较分析》，《教学与研究》2016年第 3 期。

尹继武：《文化与国际信任——基于东亚信任形成的比较分析》，《外交评论》（外交学院学报）2011 年第 4 期。

俞新天：《东亚认同感的胎动——从文化的视角》，《世界经济与政治》2004年第 6 期。

袁鹏：《战略互信与战略稳定：当前中美关系面临的主要任务》，《现代国际关系》2008 年第 1 期。

翟崑：《"一带一路"建设的战略思考》，《国际观察》2015 年第 4 期。

翟崑：《小马拉大车？——对东盟在东亚合作中地位作用的再认识》，《外交评论》（外交学院学报）2009 年第 2 期。

张帆：《论"后雁型模式"时期的东亚区域经济一体化》，《国际贸易问题》2003 年第 8 期。

张海冰：《欧洲一体化历程对东亚经济一体化的启示》，《世界经济研究》2003 年第 4 期。

张廖年仲：《敌对国家如何建立互信之研究：昂贵信号模式》，博士学位论文，台湾政治大学东亚研究所，2012 年。

张维迎：《法律制度的信誉基础》，《经济研究》2002 年第 1 期。

张锡镇：《东盟实施大国平衡战略的新进展》，《东南亚研究》2008 年第3 期。

张小明：《美国是东亚区域经济合作的推动者还是阻碍者？》，《世界经济与政治》2010 年第 1 期。

张宇燕：《世界经济遭受重创，东亚合作意义非凡》，《世界知识》2020 年第 3 期。

张宇燕、徐秀军：《确保相互依存与新型中美关系的构建》，《国际问题研究》2021 年第 1 期。

张蕴岭：《东亚区域合作的新趋势》，《当代亚太》2009 年第 4 期。

张蕴岭：《对东亚合作发展的再认识》，《当代亚太》2008 年第 1 期。

张蕴岭：《如何认识东亚区域合作的发展》，《当代亚太》2005 年第 8 期。

张蕴岭：《推动中国—东盟关系要靠智慧与创新》，《中国—东盟研究》2017 年第 1 期。

张蕴岭：《亚太经济一体化与合作进程解析》，《外交评论》（外交学院学报）2015 年第 2 期。

赵丽萍：《东盟在东亚合作中的主导权分析》，《山东省农业管理干部学院学报》2005 年第 6 期。

赵青松、张汉林：《金融危机期间美国国债市场变化及中国的应对策略》，《投资研究》2009 年第 9 期。

郑京淑、李佳：《"后雁型模式"与东亚贸易结构的变化》，《世界经济与政治论坛》2007 年第 2 期。

郑先武：《"东亚共同体"愿景的虚幻性析论》，《现代国际关系》2007 年第 4 期。

郑永年、张弛：《特朗普政府〈美国国家安全战略报告〉对华影响及对策》，《当代世界》2018 年第 2 期。

周方银：《中国崛起、东亚格局变迁与东亚秩序的发展方向》，《当代亚太》2012 年第 5 期。

周士新：《东盟在区域经济合作中的中心地位评析》，《国际问题研究》2016 年第 6 期。

周怡：《信任模式与市场经济秩序——制度主义的解释路径》，《社会科学》2013 年第 6 期。

朱锋：《权力转移理论是霸权性现实主义吗？》，《国际政治研究》2006 年第 2 期。

朱立群：《信任与国家间的合作问题——兼论当前的中美关系》，《世界经济与政治》2003 年第 1 期。

竺彩华、冯兴艳：《东亚经济共同体：愿景与现实》，《和平与发展》2016年第6期。

庄芮、张国军：《亚太区域经济合作与中国—东盟自贸区建设》，《宏观经济管理》2013年第6期。

三　中译著作

［加］阿米塔·阿查亚：《构建安全共同体：东盟与地区秩序》，王正毅、冯怀信译，王正毅校，上海人民出版社2004年版。

［波兰］彼得·什托姆普卡：《信任：一种社会学理论》，程胜利译，中华书局2005年版。

［美］查尔斯·蒂利：《信任与统治》，胡位钧译，上海世纪出版集团2005年版。

［韩］河连燮：《制度分析：理论与争议》（第二版），李秀峰译，中国人民大学出版社2014年版。

［美］亨利·基辛格：《大外交》，顾淑馨、林添贵译，海南出版社1998年版。

［美］加里·S.贝克尔：《人类行为的经济分析》，王业宇、陈琪译，上海人民出版社1995年版。

［韩］金大中：《21世纪的亚洲及其和平》，北京大学出版社1994年版。

［韩］具天书：《东北亚共同体建设：阻碍性因素及其超越——韩国的视角》，北京大学出版社2014年版。

［美］卡伦·S.库克、拉塞尔·哈丁、玛格丽特·利瓦伊：《没有信任可以合作吗?》，陈生梅译，中国社会科学出版社2019年版。

［美］克利福德·格尔茨：《文化的解释》，韩莉译，译林出版社1999年版。

［美］罗伯特·阿克塞尔罗德：《合作的进化》，吴坚忠译，上海人民出版社2017年版。

［美］罗伯特·基欧汉、约瑟夫·奈：《权力与相互依赖》，门洪华译，北京大学出版社2012年版。

［美］罗伯特·杰维斯：《国际政治中的知觉与错误知觉》，秦亚青译，世界知识出版社2003年版。

［英］罗纳德·哈里·科斯、王宁：《变革中国：市场经济的中国之路》，徐尧、李哲民译，中信出版社 2013 年版。

［美］马丁·诺瓦克、罗杰·海菲尔德：《超级合作者》，龙志勇、魏薇译，浙江人民出版社 2013 年版。

［美］马克·格兰诺维特：《社会与经济：信任、权力与制度》，王水雄、罗家德译，中信出版社 2019 年版。

［美］曼瑟·奥尔森：《集体行动的逻辑》，陈郁、郭宇峰、李崇新译，上海人民出版社 2018 年版。

［美］纳西姆·尼古拉斯·塔勒布：《反脆弱：从不确定性中获益》，雨珂译，中信出版社 2014 年版。

［德］尼克拉斯·卢曼：《信任——一个社会复杂性的简化机制》，瞿铁鹏、李强译，上海世纪出版集团 2005 年版。

［日］青木昌彦：《制度经济学入门》，彭金辉、雷艳红译，中信出版集团 2017 年版。

［美］塞缪尔·亨廷顿：《文明的冲突与世界秩序的重建》，周琪等译，新华出版社 1998 年版。

［日］山岸俊男：《信赖的构造》，东京大学出版会 1998 年版。

［挪威］文安立：《全球冷战：美苏对第三世界的干涉与当代世界的形成》，牛可等译，世界图书出版公司 2012 年版。

［日］星野昭吉：《变动中的世界政治》，刘小林、王乐理等译，新华出版社 1999 年版。

［日］星野昭吉、刘小林主编：《冷战后国际关系理论的变化与发展》，北京师范大学出版社 1999 年版。

［美］亚伯拉罕·马斯洛：《动机与人格》，许金声等译，中国人民大学出版社 2007 年版。

［英］亚当·斯密：《道德情操论》，蒋自强等译，商务印书馆 1997 年版。

［美］亚历山大·温特：《国际政治的社会理论》，秦亚青译，上海人民出版社 2000 年版。

［美］约瑟夫·奈：《美国世纪结束了吗？》，［美］邵杜罔译，北京联合出版公司 2016 年版。

[美]詹姆斯·多尔蒂、小罗伯特·普法尔茨格拉夫:《争论中的国际关系理论》,阎学通、陈寒溪等译,世界知识出版社 2003 年版。

四 外文著作

Acharya, Amitav and Alastair Iain Johnston, *Crafting Cooperation: Regional International Institutions in Comparative Perspective*, Cambridge: Cambridge University Press, 2007.

Acharya, Amitav, *Constructing a Security Community in Southeast Asia*, London and New York: Routledge, 2001.

Alexander, Richard, *The Biology of Moral Systems*, New York: Aldine de Gruyter, 1987.

Antolik, Michael, *ASEAN and the Diplomacy of Accommodation*, M. E. Sharpe, INC., 1990.

Ardrey, Robert, *The Territorial Imperative: A Personal Inquiry into the Animal Origins of Property and Nations*, London: Collins, 1967.

Argyris, C., *Understanding Organizational Behavior*, Dorsey, 1960.

Arrow, Kenneth J., *The Limits of Organization*, New York: W. W. Norton and Company, 1974.

Asian Development Bank, *Institutions for Regional Integration: Toward an Asian Economic Community*, 2011.

Axelrod, Robert M., *The Evolution of Cooperation*, New York: Basic Books, Inc., 1984.

Balassa, Bela, *The Theory of Economic Integration*, London: Allen & Unwin, 1962.

Banton, Michael, ed., *The Relevance of Models for Social Anthropology*, London and New York: Psychology Press, 2004.

Barber, Bernard, *The Logic and Limits of Trust*, Rutgers University Press, 1983.

Barnard, C., *The Substantive Law of the EU*, Oxford: Oxford University Press, 2010.

Baron, Joshua, *Great Power Peace and American Primacy: The Origins and Future of A New International Order*, New York: Palgrave Macmillan, 2014.

Booth, Ken, Nicholas Wheeler, *The Security Dilemma: Fear, Cooperation and Trust in World Politics*, Macmillan, 2008.

Bown, Chad ed., *Economics and Policy in the Age of Trump*, CEPR Press, 2017.

Breslin, Shaun, Christopher W. Hughes, Nicola Phillips, et al., eds., *New Regionalisms in the Global Political Economy*, London and New York: Routledge, 2002.

Brown, Michael E., Owen R. Cote, Sean M. Lynn Jones and Steven E. Miller, eds., *Theories of War and Peace*, Cambridge: MIT Press, 2001.

Cai, Kevin G., *The Politics of Economic Regionalism: Explaining Regional Economic Integration in East Asia*, Palgrave Macmillan, 2010.

Chan, Steve, *Trust and Distrust in Sino-American Relations*, Amherst, New York: Cambria Press, 2017.

Cho, Lee-Jay, Yoon Hyung Kim and Chung H. Lee, eds., *A Vision for Economic Cooperation in East Asia: China, Japan and Korea*, Seoul: Korea Development Institute, 2003.

Clarke, Michael and Brian White eds., *Understanding Foreign Policy: The Foreign Policy System Approach*, England: Edward Elgar Publishing Inc., 1989.

Coleman, James C., *Foundation of Social Theory*, Cambridge: Harvard University Press, 1990.

Cook, Karen S., ed., *Trust in Society*, New York: Russell Sage Foundation, 2001.

Cook, Karen S., Russell Hardin and Margaret Levi, *Cooperaton Without Trust?*, Russell Sage Foundation, 2007.

Damasio, Anthony, *Descartes' Error: Emotion, Reason and Human Brain*, New York: Penguin Books, 2005.

Dent, C. M., *East Asian Regionalism*, London and New York: Routledge,

2008.

Douglas Lemke, *Regions of War and Peace*, New York: Cambridge University Press, 2002.

Doyle, Michael W., *Ways of War and Peace*, New York: W. W. Norton, 1997.

Elster, Jon, *Alchemies of the Mind: Rationality and the Emotions*, Cambridge, UK: Cambridge University Press, 1999.

Falk, Richard A. and Saul H. Mendlovitz, *Regional Politics and World Order*, San Francisco: W. H. Freeman, 1973.

Fawcett, Louise and Andrew Hurrell, eds., *Regionalism in World Politics: Regional Organization and International Order*, New York: Oxford University Press, 1995.

Feigenbaum, Evan A. and Robert A. Manning, *The United States in the New Asia*, Council on Foreign Relations, 2009.

Fukuyama, Francis, *Trust: The Social Virtues and the Creation of Prosperity*, London: Hamish Hamilton, 1995.

Gambetta, Diego, ed., *Trust: Making and Breaking Cooperative Relations*, Oxford: Basil Blackwell, 1988.

Gilpin, Robert, *The Political Economy of International Relations*, Princeton: Princeton University, 1987.

Gilpin, Robert, *War and Change in International Politics*, Cambridge: Cambridge University Press, 1981.

Goh, Evelyn, *The Struggle for Order: Hegemony, Hierarchy, and Transition in Post-Cold War East Asia*, Oxford University Press, 2013.

Granovetter, Mark, *Society and Economy: Framework and Principles*, Massachusetts: Harvard University Press, 2017.

Grieco, Joseph, *Cooperation among Nations: Europe, America and Non-Tariff Barriers to Trade*, Ithaca: Cornell University Press, 1990.

Guillén, Mauro, Randall Collins, Paula England and Marshall Meyer eds., *The New Economic Sociology: Developments in an Emerging Field*, New

York: Russell Sage Foundation, 2001.

Haacke, Jurgen, *ASEAN's Diplomatic and Security Culture: Origins, Development and Prospects*, New York: Routledge, 2005.

Haas, Ernst B., *Beyond the Nation-state: Functionalism and International Organization*, California: Stanford University Press, 1964.

Haas, Ernst B., *The Uniting of Europe: Political, Social, and Economic Forces, 1950 – 1957*, California: Stanford University Press, 1958.

Hardin, Russell, *Trust and Trustworthiness*, New York: Russell Sage Foundation, 2002.

Hasenclever, A., P. Mayer and V. Rittberger, *Theories of International Regimes*, Cambridge University Press, 1997.

Hedström, Peter and Richard Swedberg eds., *Social Mechanisms: An Analytical Approach to Social Theory*, Cambridge: Cambridge University Press, 1998.

Hirsch, F., *Social Limits to Growth*, Harvard University Press, 1978.

Hoffman, Aaron M., *Building Trust: Overcoming Suspicion in International Conflict*, New York: State University of New York Press, 2006.

Ikenberry, G. John, ed., *American Unraveled: The Future of the Balance of Power*, Ithaca: Cornell University Press, 2002.

Jasinski, Michael P., *Social Trust, Anarchy, and International Conflict*, New York: Palgrave Macmillan, 2011.

Jones, David Martins and M. L. R. Smith, *ASEAN and East Asian International Relations: Regional Delusion*, Edward Elgar Publishing, 2007.

Kagami, Mitsuhiro, *The Voice of East Asia Development Implications for Latin America*, Tokyo: Institute of Developing Economies, 1995.

Kahler, Miles and Andrew MacIntyre, eds., *Integrating Regions: Asian Comparative Context*, Stanford, CA: Stanford University Press, 2014.

Kang, David, *China Rising: Peace, Power and Order in East Asia*, New York: Columbia University Press, 2007.

Keohane, Robert O., *After Hegemony: Cooperation and Discord in the World*

Political Economy, Princeton, N. J. : Princeton University Press, 1984.

Keohane, Robert O. , *International Institutions and State Power: Essays in International Relations Theory*, Boulder: Westview Press, 1989.

Keohane, Robert O. and Joseph S. Nye, *Power and Interdependence* (4th Edition), New York: Longman, 2011.

Keohane, Robert, *International Institutions and State Power*, Boulder: Westview Press, 1989.

Kindleberger, Charles P. , *The World in Depression 1929 – 1939*, London: Penguin Press, 1973.

Kirschner, Shanna, *Trust and Fear in Civil Wars: Ending Intrastate Conflicts*, Lexington Books, 2014.

Kissinger, Henry, *World Order*, New York: Penguin Books, 2014.

Klecha-Tylec, Karolina, *The Theoretical and Practical Dimensions of Regionalism in East Asia*, New York: Palgrave Macmillan, 2017.

Knorr, Klaus, *The Power of Nations: The Political Economy of International Relations*, New York: Basic Books, 1975.

Kramer, Roderick M. , *Organizational Trust: A Reader*, New York: Oxford University Press, 2006.

Kreps, D. , *A Course in Microeconomics*, Princeton: Princeton University Press, 1990.

Kwan, C. H. , *Economic Interdependence in the Asia-Pacific Region: Towards a Yen Bloc*, London Routledge, 1994.

Kydd, Andrew H. , *Trust and Mistrust in International Relations*, Princeton: Princeton University Press, 2005.

Lake, David A. and Robert Powell eds. , *Strategic Choice and International Relations*, Princeton: Princeton University Press, 1999.

Larson, Deborah W. , *Anatomy of Mistrust: US-Soviet Relations during the Cold War*, New York: Cornell University Press, 2000.

Leifer, Michael, *ASEAN and the Security of Southeast Asia*, London: Routledge, 1989.

Lemke, Douglas and Jacek Kugler, eds., *Parity and War*, Ann Arbor: University of Michigan, 1996.

Lianos, Ioannis and Okeoghene Odudu, eds., *Regulating Trade in Services in the EU and the WTO: Trust, Distrust and Economic Integration*, Cambridge: Cambridge University Press, 2012.

Lindberg, Leon N., *The Political Dynamics of European Economic Integration*, California: Stanford University Press, 1963.

Luhmann, Niklas, *Trust and Power*, Chichester: John Weley and Sons, 1979.

Lundestad, Geir, *The United States and Western Europe Since 1945: From "Empire" by Invitation to Transatlantic Drift*, Oxford University Press, 2005.

Mack, Andrew and John Ravenhill, eds., *Pacific Cooperation: Building Economic and Security Regimes in the Asia-Pacific Region*, Boulder: Westview Press, 1995.

Mandelbaum, Michael, ed., *The Politics of the Strategic Quadrangle: The United States, Russia, Japan and China in East Asia*, New York: The Council on Foregin Relations Press, 1994.

Mearsheimer, John J., *The Tragedy of Great Power Politics*, New York: W. W. Norton & Company, 2001.

Misztal, Marbra A., *Trust in Modern Society*, Black Publishers Inc., 1996.

Mitra, Jay, *Entrepreneurship, Innovation and Regional Development*, Abingdon and New York: Routledge, 2013.

Mitrany, David, *A Working Peace System: An Argument for the Functional Development of International Organization*, New York: Oxford University Press, 1943.

Mitrany, David, *The Functional Theory of Politics*, London: Martin Robertson, for the London School of Economics and Political Science, 1975.

Morgenthau, Hans J., *Politics among Nations: The Struggle for Power and Peace*, New York: Alfred A. Knopf, 1961.

Mori, Kazuko and Kenichiro Hirano eds. , *A New East Asia: Toward a Regional Community*, Singapore: NUS Press, 2007.

Morishima, Michio, *Japan's Choice: toward the Creation of a New Century*, Tokyo: Iwanami Shoten, 1995.

Munakata, Naoko, *Transforming East Asia: The Evolution of Regional Economic Integration*, Washington, D. C. : Brookings Institution Press, 2006.

Nye, Joseph S. , *Understanding International Conflicts*, New York: Harper Collins, 1993.

Ohara, Masayuki, *The East Asian Community—Rising China and Japan's Response*, Tokyo: Japan Economic Newspaper Company, 2005.

Olson, Lawrence, *Japan in Postwar Asia*, London: Pall Mall, 1970.

Organski, A. F. K. , *World Politics*, New York: Alfred A. Knopf, 1958.

Organski, A. F. K. and Jacek Kugler, *The War Ledger*, Chicago: University of Chicago Press, 1980.

Palmer, Norman D. , *The New Regionalism in Asia and the Pacific*, Toronto, MA: Lexington Books, 1991.

Palmujoki, Eero, *Regionalism and Globalism in Southeast Asia*, New York: Palgrave, 2001.

Pempel, T. J. , ed. , *Remapping East Asia: The Construction of a Region*, Cornell University Press, 2005.

Powell, Walter W. and Paul J. Dimaggio eds. , *The New Institutionalism in Organizational Analysis*, Chicago: The University of Chicago Press, 1991.

Putnam, R. , *Bowling Alone: The Collapse and Revival of American Community*, New York: Simon and Schuster, 2000.

Putnam, R. , *Making Democracy Work: Civic Traditions in Modern Italy*, Princeton: Princeton University Press, 1993.

Ragin, Charles C. , *The Comparative Method: Moving Beyond Qualitative and Quantitative Strategies*, Oakland: University of California Press, 2014.

Rathbun, Brian C. , *Trust in International Cooperation: International Security Institutions, Domestic Politics and American Multilateralism*, Cambridge:

Cambridge University Press, 2012.

Robinson, John. P., Phillip R. Shaver and Lawrence S. Wrightsman eds., *Measures of Personality and Social Psychological Attitudes*, San Diego: Academic Press, 1991.

Söderbaum, Fredrik and Timothy M. Shaw eds., *Theories of New Regionalism*, New York: Palgrave Macmillan, 2003.

Savic, Ivan and Zachary C. Shirkey, *Uncertainty, Threat, and International Security: Implications for Southeast Asia*, London and New York: Routledge, 2017.

Seligman, Adam B., *The Problem of Trust*, Princeton University Press, 1997.

Sen, A. K., "Choice, Orderings and Morality", in S. Korner ed., *Practical Reason*, Oxford: Basil Blackwell, 1974. Reprinted in his *Choice, Welfare and Measurement*, Oxford: Basil Blackwell, 1982.

Severino, Rodolfo C., *Southeast Asian in Search of an ASEAN Community*, Singapore: Institute of Southeast Asian Studies, 2006.

Shambaugh, David, ed., *Tangled Titans: The United States and China*, Rowman & Littlefield Publishers, 2012.

Simmel, G., *The Philosophy of Money*, London: Routledge, 1978.

Simon, Herbert, *Models of Bounded Rationality*, MIT Press, 1982.

Solis, Mireya, Barbara Stallings and Saori N. Katada, eds., *Competitive Regionalism: FTA Diffusion in the Pacific Rim*, New York: Palgrave Macmillan, 2009.

Sprout, Harold and Margaret Sprout, *Man-Milieu Relationship Hypothesis in the Context of International Politics*, Princeton: Center of International Studies, 1956.

Sprout, Harold and Margaret Sprout, *The Ecological Perspective on Human Affairs with Special Reference to International Politics*, Princeton: Princeton University Press, 1965.

Stein, A. A., *Why Nations Cooperate*, Ithaca, NY: Cornell University Press, 1990.

Sudo, Sueo, *The Fukuda Doctrine and ASEAN: New Dimensions in Japanese Foreign Policy*, Singapore: Institute of Southeast Asian Studies, 1992.

Sudo, Sueo, *The International Relations of Japan and Southeast Asia: Forging a New Regionalism*, London: Routledge, 2002.

Takehiko Yamamoto ed., *An Comparative Study of Regionalism-Asia-Pacific, Europe and the Western Hemisphere*, Tokyo: Waseda University Press, 2005.

Tammen, Ronald L., *Power Transition: Strategies for the 21st Century*, New York: Chatham House Publishers, 2000.

Tang, Shiping, *A Theory of Security Strategy for Our Time: Defensive Realism*, New York: Palgrave Macmillan, 2010.

Tang, Shiping, *The Social Evolution of International Politics*, Oxford: Oxford University Press, 2013.

Taniguchi, Makoto, *The East Asian Community*, Tokyo: Iwanami Co., 2004.

Tarling, Nicholas, *Regionalism in Southeast Asia: to Folster the Political Will*, Abindon, Oxon: Routledge, 2006.

Tarling, Nicholas, *Southeast Asia and the Great Powers*, Abingdon, Oxon, Routledge, 2010.

Taylor, Michael, *Anarchy and Cooperation*, New York, Wiley, 1976.

Tilly, Charles, *Trust and Rule*, Cambridge: Cambridge University Press, 2005.

Timmermann, Martina and Jitsuo Tsychiyama, eds., *Institutionalizing Northeast Asia: Regional Steps towards Global Governance*, United Nations University Press, 2018.

Tinbergen, Jan, *International Economic Integration*, Elsevier, 1954.

Tinbergen, Jan, *Shaping the World Economy; Suggestions for an International Economic Policy*, New York: The Twentieth Century Fund, 1962.

Turcsányi, Richard Q., *Chinese Assertiveness in the South China Sea: Power Sources, Domestic Politics, and Reactive Foreign Policy*, Cham, Switzerland: Springer International Publishing, 2018.

Tylor, E., *Primitive Culture*, London: John Murray, 1871.

Uslaner, Eric M., *The Moral Foundation of Trust*, Cambridge: Cambridge University Press, 2002.

Vasquez, John A. and Colin Elman, eds., *Realism and Balancing of Power: A New Debate*, Upper Saddle River: Prentice Hall, 2003.

Vayrynen, Raimo, ed., *The Waning of Major War*, London and New York: Routledge, 2006.

Waltz, Kenneth N., *Theory of International Politics*, Boston: McGraw-Hill, 1979.

Wanadi, Jusuf and Tadashi Yamamoto, eds., *East Asia at a Crossroads*, Tokyo: Japan Center for International Exchange, 2008.

Watanabe, Toshio, ed., *Japan's Policy towards East Asian Economic Integration*, Tokyo: Toyokeizaishinpou Co., 2005.

Weigert, Andrew, *Sociology of Everyday Life*, Longman, 1981.

Wendt, Alexander, *Social Theory of International Politics*, Cambridge: Cambridge University Press, 1999.

Williams, Raymond, *Culture and Society* 1780-1950, Harmondsworth: Penguin, 1963.

Williams, Raymond, *Keywords: A Vocabulary of Culture and Society*, London: Fontana, 1983.

Williamson, Oliver E., *The Economic Institutions of Capitalism*, New York: Free Press, 1985.

Yoshimatsu, Hidetaka, *Comparing Institution-Building in East Asia: Power Politics, Governance and Critical Junctures*, Basingstoke, Hampshire: Palgrave Mac Millan, 2014.

Young, Oran R., *The Institutional Dimensions of Environmental Change: Fit, Interplay, and Scale*, the MIT Press, 2002.

Zhang, Yunling, *Designing East Asian FTA: Rationale and Feasibility*, Social Sciences Academic Press, 2006.

Zhang, Yunling, *East Asian Regionalism and China*, Beijing: World Affairs Press, 2005.

五 外文论文

Acharya, Amitav, "How Ideas Spread: Whose Norms Matter? Norm Localization and Institutional Change in Asian Regionalism", *International Organization*, Vol. 58, 2004.

Acharya, Amitav, "Ideas, Identity, and Institution-building: From the 'ASEAN Way' to the 'Asia-Pacific Way'?", *The Pacific Review*, Vol. 10, No. 3, 1997.

Acharya, Amitav, "The Association of Southeast Asian Nations: 'Security Community' or 'Defense Community'?", *Pacific Affairs*, Vol. 64, No. 2, 1991.

Alter, Karen J. and Sophie Meunier, "The Politics of International Regime Complexity", *Perspectives on Politics*, Vol. 7, No. 1, 2009.

Aminian, Nathalie, etc., "A Comparative Analysis of Trade and Economic Integration in East Asia and Latin America", *Econ Change Restruct*, No. 42, 2009.

Arrow, Kenneth J., "The Role of Securities in the Optimal Allocation of Risk-Bearing", *Review of Economic Study*, No. 31, 1964.

Axelrod, Robert and D. Dion, "The Further Evolution of Cooperation", *Science*, No. 242, 1988.

Axelrod, Robert, William D. Hamilton, "The Evolution of Cooperation", *Science*, No. 211, 1981.

Barbalet, Jack M., "Social Emotions: Confidence, Trust and Loyalty", *International Journal of Sociology and Social Policy*, Vol. 16, No. 9/10, 2000.

Barbalet, Jack, "A Characterization of Trust and its Consequences", *Theory and Society*, Vol. 38, 2009.

Berg, Joyce, John Dickhaut and Kevin McCabe, "Trust, Reciprocity and Social History", *Games And Economic Behavior*, No. 10, 1995.

Berzins, Christopher Andrejs, "The Puzzle of Trust in International Relations:

Risk and Relationship Management in the Organization for Security and Co-operation in Europe", Ph. D. Dissertation, University of London, June 2004.

Buzan, Barry and Gerald Segal, "Rethinking East Asian Security", *Survival*, Vol. 36, No. 2, 1994.

Buzan, Barry, "From International System to International Society: Structural Realism and Regime Theory Meet the English School", *International Organization*, Vol. 47, No. 3, 1993.

Carl Kaysen, "Is War Obsolete: A Review Essay", *International Security*, Vol. 14, No. 4, 1990.

Carpenter, Ted Galen, "Washington's Smothering Strategy: American Interests in East Asia", *World Policy Journal*, Vol. 14, No. 4, 1997.

Cha, Victor D., "Powerplay: Origins of the US Alliance System in Asia", *International Security*, Vol. 34, No. 3, 2009/2010.

Chakraborty, Debashis, Julien Chaisse and Xu Qian, "Is It Finally Time for India's Free Trade Agreements? The ASEAN 'Present' and the RCEP 'Future'", *Asian Journal of International Law*, No. 9, 2019.

Chan, Steve, "Exploring Puzzles in Power Transition Theory: Implications for Sino-American Relations", *Security Studies*, No. 3, 2004.

Checkel, Jeffrey T., "International Institutions and Socialization in Europe: Introduction and Framework", *International Organization*, Vol. 59, No. 4, 2005.

Cho, Lee-Jay, Chang-Jae Lee, "Building a Northeast Asian Economic Community", KIEP Research Paper, Conference Proceeding 15 – 02, December 30, 2015.

Cook, Karen and Russell Hardin, "Norms of Cooperativeness and Networks of Trust", in M. Hechter and K. D. Opp eds., *Social Norms*, New York: Russell Sage Foundation, 2001.

Cook, Karen and Toshio Yamagishi, et al., "Trust Building via Risk Taking: A Cross-Societal Experiment", *Social Psychology Quarterly*, Vol. 68, No. 2,

2005.

Cooter, Robert, "Economic Analysis of Internalized Norms", *Virginia Law Review*, Vol. 86, 2000.

Cox, Michael, "Empire by Denial? Debating US Power", *Security Dialogue*, Vol. 34, No. 2, 2004.

Das, T. K. and Binsheng Teng, "The Risk-Based View of Trust: A Conceptual Framework", *Journal of Business and Psychology*, Vol. 19, No. 1, 2004.

Delhey, J. and K. Newton, "Predicting Cross-national Levels of Social Trust: Global Pattern or Nordic Exceptionalism?", *European Sociological Review*, No. 21, 2005.

Deutsch, Morton, "Trust and Suspicion", *The Journal of Conflict Resolution*, Vol. 2, No. 4, 1958.

DiCicco, Jonathan M. and Jack S. Levy, "Power Shifts and Problem Shifts: The Evolution of the Power Transition Research Program", *Journal of Conflict Resolution*, Vol. 43, No. 6, 1999.

Dolan, R. J., "Emotion, Cognition, and Behavior", *Science*, Vol. 298, No. 5596, 2002.

Elster, Jon, "Social Norms and Economic Theory", *Journal of Economic Perspectives*, Vol. 3, 1989.

Fearon, James D., "Signaling Foreign Policy Interests: Tying Hands Versus Sinking Costs", *The Journal of Conflict Resolution*, Vol. 41, No. 1, 1997.

Foot, Rosemary, "Asia's Cooperation and Governance: The Role of East Asian Regional Organizations in Regional Governance: Constraints and Contributions", *Japanese Journal of Political Science*, Vol. 13, No. 1, 2012.

Friedberg, Aaron, "Competing with China", *Survival*, Vol. 60, No. 3, 2018.

Friedberg, Aaron, "Hegemony with Chinese Characteristics", *National Interests*, No. 114, 2011.

Friedberg, Aaron, "The Future of US-China Relations: Is Conflict Inevitable?", *International Security*, Vol. 30, No. 2, 2005.

Frost, Frank, "Australia's Proposal for an 'Asia-Pacific Community': Issues and Prospects", Research Paper of Parliament of Australia, Department of Parliamentary Services, December 1, 2009.

Gehring, Thomas and Sebastian Oberthür, "The Causal Mechanisms of Interaction between International Institutions", *European Journal of International Relations*, Vol. 15, No. 1, 2009.

Gintis, Herbert, Eric Alden Smith and Samuel Bowles, "Costly Signaling and Cooperation", *Journal of Theoretical Biology*, Vol. 213, No. 1, 2001.

Granovetter, Mark, "Economic Action and Social Structure: The Problem of Embeddedness", *American Journal of Sociology*, Vol. 91, No. 3, 1985.

Grieco, J. M., "Anarchy and the Limits of Cooperation: A Realist Critique of the Newest Liberal Institutionalism", *International Organization*, Vol. 42, No. 3, 1998.

Gulati, Ranjay and Harbir Singh, "The Architecture of Cooperation: Managing Coordination Costs and Appropriation Concerns in Strategic Alliances", *Administrative Science Quarterly*, Vol. 43, No. 4, 1998.

Haas, Ernst B., "International Integration: The European and the Universal Process", *International Organization*, Vol. 15, Issue 3, 1961.

Haas, Ernst B. and Philippe C. Schmitter, "Economics and Differential Patterns of Political Integration: Projections about Unity in Latin America", *International Organization*, Vol. 18, No. 4, 1964.

Haas, P. M., "Do Regimes Matter? Epistemic Communities and Mediterranean Pollution Control", *International Organization*, Vol. 43, No. 3, 1989.

Hardin, Russell, "The Street-level Epistemology of Trust", *Politics and Society*, No. 21, 1992.

Harrison, R. J., "Book Review: The Functional Theory of Politics", *Journal of International Studies*, Vol. 5, No. 2, 1976.

He, Kai and Huiyun Feng, "Debating China's Assertiveness: Taking China's Power and Interests Seriously", *International Politics*, Vol. 49, No. 5, 2012.

Head, Naomi, "Transforming Conflict: Trust, Empathy, and Dialogue", *International Journal of Peace Studies*, Vol. 17, No. 2, 2012.

Hemmer, Christopher and Peter J. Katzenstein, "Why is There No NATO in Asia? Collective Identity, Regionalism, and the Origins of Multilateralism", *International Organization*, Vol. 56, No. 3, 2002.

Hettne, Björn and Fredrik Söderbaum, "Theorising the Rise of Regionness", *New Political Economy*, Vol. 5, No. 3, 2000.

Hoffman, Aaron M., "A Conceptualization of Trust in International Cooperation", *European Journal of International Relations*, Vol. 8, No. 3, 2002.

Hoffman, Aaron M., "The Structural Causes of Trusting Relationships: Why Rivals Do Not Overcome Suspicion Step by Step?", *Political Science Quarterly*, Vol. 122, No. 2, 2007.

Hosmer, L. T., "Trust: The connecting link between organizational theory and philosophical ethics", *Academy of Management Review*, Vol. 20, No. 2, 1995.

Huang, Haitao, "The Role of Trust in China-ASEAN Relations", *International Journal of China Studies*, Vol. 8, No. 1, 2017.

Hudson, Valerie M., "Foreign Policy Analysis: Actor-Specific Theory and the Ground of International Relations", *Foreign Policy Analysis*, Vol. 1, No. 1, 2010.

Hudson, Valerie M. and Christopher S. Vore, "Foreign Policy Analysis Yesterday, Today and Tomorrow", *Mershon International Studies Review*, Vol. 29, No. 2, 1995.

Ikenberry, J., "The Future of International Leadership", *Political Science Quarterly*, Vol. 111, No. 3, 1996.

Insko, Chester A., et al., "Interindividual-Intergroup Discontinuity as a Function of Trust and Categorization: The Paradox of Expected Cooperation", *Journal of Personality and Social Psychology*, Vol. 88, No. 2, 2005.

Irvine, Roger, "The Formative Years of ASEAN: 1967 – 1975", in A. Boinowski ed. , *Understanding ASEAN*, St. Martin's Press, 1982.

Izard, Carroll E. , "Emotion Theory and Research: Highlights, Unanswered Questions, and Emerging Issues", *Annual Review of Psychology*, Vol. 60, 2009.

Jeffery, Renee, "Evaluating the 'China Threat': Power Transition Theory, the Successor-state Image, and the Dangers of Historical Analogies", *Australian Journal of International Affairs*, Vol. 63, No. 2, 2009.

Jervis, Robert, "Realism, Neo-liberalism, and Cooperation: Understanding the Debate", *International Security*, Vol. 24, No. 1, 1999.

Ji, Young Choi, "East Asianism vs. Asian-Pacificism: The Contested Process of Formation of a Regional Identity in Asia", *Paper for the ISA Annual Convention*, May 1–5, 2005, Honolulu, Hawaii.

Johnston, Alaster Iain, "How New and Assertive is China's New Assertiveness?", *International Security*, Vol. 37, No. 4, 2013.

Kahler, Miles, "Rationality in International Relations", *International Organization*, Vol. 52, No. 4, 1998.

Kahler, Miles, "Regional Institutions in an Era of Globalization and Crisis: Asia in Comparative Context", APSA 2010 Annual Meeting Paper.

Kahneman, Daniel and Amos Tversky, "Prospect Theory: An Analysis of Decisions Under Risk", in *Handbook of the Fundamentals of Financial Decision Making*, Singapore: World Scientific, 2013.

Katzenstein, Peter J. , "Regionalism in Comparative Perspective", *Cooperation and Conflict*, Vol. 31, No. 2, 1996.

Kawai, Masahiro and Ganeshan Wignaraja, "ASEAN +3 or ASEAN +6: Which Way Forward?", ADB Institute Discussion Paper, No. 77, September 2007.

Kelman, Herbert C. , "Building Trust among Enemies: The Cantral Challenge for International Conflict Resolution", *International Journal of Intercultural Relations*, Vol. 29, 2005.

Kindleberger, Charles P. , "Dominance and Leadership in the International Economy: Exploitation, Public Goods and Free Riders", *International Studies Quarterly*, Vol. 25, No. 2, June 1981.

Kindleberger, Charles P., "International Public Goods Without International Government", *The American Economic Review*, Vol. 76, No. 1, March 1986.

Kojima, Sueo, "Alternative Export-Oriented Development Strategies in Greater China", *China Newsletter*, Vol. 113, 1994.

Kuik, Cheng-Chwee, "Hedging in Post-Pandemic Asia: What, How and Why?", *The ASEAN Forum*, May-June 2020, Vol. 8, No. 3.

Kuik, Cheng-Chwee, "Opening a Strategic Pandora's Jar? US-China Uncertainties and the Three Wandering Genies in Southeast Asia", *National Commentaries of the ASEAN Forum*, July 2, 2018.

Kydd, Andrew H., "Game Theory and the Spiral Model", *World Politics*, Vol. 49, No. 3, April 1997.

Kydd, Andrew H., "Learning Together, Growing Apart: Global Warming, Energy Policy and International Trust", *Energy Policy*, Vol. 38, 2010.

Kydd, Andrew H., "Trust Building, Trust Breaking: The Dilemma of NATO Enlargement", *International Organization*, Vol. 55, No. 4, The Rational Design of International Institutions, 2001.

Kydd, Andrew H., "Trust, Reassurance and Cooperation", *International Organization*, Vol. 54, No. 2, Spring 2000.

Lane, Christel and Reihard Bachmann, "The Social Constitution of Trust: Supplier Relations in Britain and Germany", *Organization Studies*, Vol. 17, No. 3, 1996.

Law, David S. and Mila Versteeg, "The Declining Influence of the United States Constitution", *New York University Law Review*, Vol. 87, No. 3, 2012.

Lawler, Edward J. and Jeongkoo Yoon, "Network Structure and Emotion in Exchange Relations", *American Sociological Review*, Vol. 63, No. 6, 1998.

Lazarus, R. S., "Thoughts on the Relations Between Emotion and Cognition", *American Psychologist*, Vol. 37, No. 9, 1982.

Lewis, J. David, Portland Oregon and Andrew Weigert, "Trust as a Social Reality", *Social Forces*, Vol. 63, No. 4, 1985.

Liff, Adam P. and G. John Ikenberry, "Racing toward Tragedy? China's Rise, Military Competition in the Asia-Pacific, and the Security Dilemma", *International Security*, Vol. 39, No. 2, 2014.

Lorenz, Detlev, "Regionalization versus Regionalism: Problems of Change in the World Economy", *Intereconomics*, January/February 1991.

Mansfield, Edward D. and Helen V. Milner, "The New Wave of Regionalism", *International Organization*, Vol. 53, No. 3, 1999.

Mcdermott, Rose, "The Feeling of Rationality: The Meaning of Neuroscientific Advances for Political Science", *Perspectives on Politics*, Vol. 2, No. 4, 2004.

Michel, Torsten, "Time to Get Emotional: Phronetic Reflections on the Concept of Trust in International Relations", *European Journal of International Relations*, Vol. 19, No. 4, 2012.

Milner, Helen, "International Theories of Cooperation among Nations: Strengths and Weaknesses", *World Politics*, Vol. 44, No. 3, 1992.

Molm, Linda D., et al., "Risk and Trust in Social Exchange: An Experimental Test of a Classical Proposition", *American Journal of Sociology*, Vol. 105, No. 5, 2000.

Montgomery, Evan Braden, "Breaking Out of the Security Dilemma-Realism, Reassurance, and the Problem of Uncertainty", *International Security*, Vol. 31, No. 2, 2006.

Morrison, Elizabeth W. and Sandra L. Robinson, "When Employees Feel Betrayed: A Model of How Psychological Contract Violation Develops", *Academy of Management Review*, Vol. 22, No. 1, 1997.

Mueller, John, "War Has Almost Ceased to Exist: An Assessment", *Political Science Quarterly*, Vol. 124, No. 2, 2009.

Nair, Deepak, "Regionalism in the Asia Pacific/East Asia: A Frustrated Regionalism?", *Contemporary Southeast Asia*, Vol. 31, No. 1, 2008.

Narine, Shaun, "ASEAN and ARF: The Limits of the 'ASEAN Way'", *Asian Survey*, Vol. 37, No. 10, 1997.

Newton, Kenneth, "Trust, Social Capital, Civil Society, and Democracy", *International Political Science Review*, Vol. 22, No. 2, 2001.

Nowak, Martin A., "Five Rules for the Evolution of Cooperation", *Science*, Vol. 314, Issue 5805, 2006.

Nowak, Martin A. and K. Sigmund, "Evolution of Indirect Reciprocity", *Nature*, Vol. 437, 2005.

Nowak, Martin A. and K. Sigmund, "Tit-for-tat in Heterogeneous Populations", *Nature*, Vol. 355, 1992.

Nye, Joseph S., "Comparative Regional Integration: Concept and Measurement", *International Organization*, Vol. 22, No. 4, Autumn 1968.

Nye, Joseph S., "Comparing Common Markets: A Revised Neo-Functionalist Model", *International Organization*, Vol. 24, No. 4, 1970.

Nye, Joseph S., "Patterns and Catalysts in Regional Integration", *International Organization*, Vol. 19, No. 4, Autumn 1965.

Osgood, Charles, "Suggestions for Winning the Real War with Communism", *Journal of Conflict Resolution*, Vol. 3, No. 4, 1959.

Pfeiffer, Thomas, et al., "Evolution of Cooperation by Generalized Reciprocity", *Biological Sciences*, Vol. 272, No. 1568, 2005.

Platte, Erika, "Japan-China Trade: Performance and Prospects", *Hitotsubashi Journal of Economics*, Vol. 32, No. 2, 1991.

Pouliot, Vincent, "The Logic of Practicality: A Theory of Practice of Security Communities", *International Organization*, Vol. 62, Spring 2008.

Powell, Walter W., "Trust-Based Forms of Governance", in Roderick M. Kramer and Tom R. Tyler, eds., *Trust in Organizations: Frontiers of Theory and Research*, Thousand Oaks: Sage, 1996.

Putnam, R., "Diplomacy and Domestic Politics: The Logic of Two-Level Games", *International Organization*, Vol. 42, No. 3, 1988.

Putnam, R., "Tuning in, Tuning out: the Strange Disappearance of Social

Capital in America", *Politics and Political Science*, Vol. 28, No. 4, 1995.

Rathbun, Brian C., "Before Hegemony: Generalized Trust and the Creation and Design of International Security Organizations", *International Organization*, Vol. 65, No. 2, 2011.

Rathbun, Brian C., "The 'Magnificent Fraud': Trust, International Cooperation and the Hidden Domestic Politics of American Multilateralism after World War II", *International Studies Quarterly*, Vol. 55, No. 1, 2011.

Raustiala, Kal and David G. Victor, "The Regime Complex for Plant Genetic Resources", *International Organization*, Vol. 58, No. 2, 2004.

Richardson, John B., "Sovereignty: EU Experience and EU Policy", *Chicago Journal of International Law*, Fall 2000.

Robinson, S., "Trust and the Breach of the Psychological Contract", *Administrative Science Quarterly*, Vol. 41, No. 4, 1996.

Rosen, Stephen P., "An Empire, If You Can Keep It", *The National Interest*, No. 71, Spring 2003.

Rosenau, James N., "Comparative Foreign Policy: Fad, Fantasy or Field", *International Studies Quarterly*, Vol. 12, No. 3, 1968.

Rosendal, G. Kristin, "Impacts of Overlapping International Regimes: The Case of Biodiversity", *Global Governance*, Vol. 7, No. 1, 2001.

Rousseau, Denise M., "Psychological and implied contracts in organizations", *Employee Responsibilities and Rights Journal*, Vol. 2, 1989.

Rousseau, D. M., S. B. Sitkin, R. S. Burt, et al., "Not So Different Afterall: A Cross-discipline view of trust", *Academy of Management Review*, Vol. 23, No. 3, 1998.

Ruzicka, Jan and Nicholas J. Wheeler, "The Puzzle of Trusting Relationships in the Nuclear Non-Proliferation Treaty", *International Affairs*, Vol. 86, No. 1, 2010.

Sabel, Charles F., "Studied Trust: Building New Forms of Cooperation in a Volatile Economy", *Human Relations*, Vol. 46, No. 9, 1993.

Schopler, John, et al., "Individual-Group Discontinuity as a Function of Fear and Greed", *Journal of Personality and Social Psychology*, Vol. 19, No. 4, 1993.

Shim, Jae-hoon and Robert Delfs, "Block Politics", *Far Eastern Economic Review*, November 28, 1991.

Snidal, Duncan, "Rational Choice and International Relations", in Walter Carlsnaes, et al. eds., *Handbook of International Relations*, London: Sage Publications, 2002.

Stubbs, Richard, "ASEAN Plus Three: Emerging East Asian Regionalism?", *Asian Survey*, Vol. 42, No. 3, 2002.

Sunstein, Cass, "Social Norms and Social Roles", *Columbia Law Review*, Vol. 96, 1996.

Tanaka, Hitoshi, "East Asian Community Building: Toward an East Asia Security Forum", *East Asia Insights*, Vol. 2, No. 2, 2007.

Tang, Shiping and Evan Braden Montgomery, "Uncertainty and Reassurance in International Politics", *International Security*, Vol. 32, No. 1, 2007.

Tang, Shiping, "Social Evolution of International Politics: From Mearsheimer to Jervis", *European Journal of International Relations*, Vol. 16, No. 1, 2010.

Terada, Takashi, "Constructing an 'East Asian' Concept and Growing Regional Identity: From EAEC to ASEAN + 3", *The Pacific Review*, Vol. 16, No. 2, 2003.

Thye, Shane R., Jeongkoo Yoon and Edward J. Lawler, "The Theory of Relational Cohesion: Review of a Research Program", *Advances in Group Processes*, Vol. 19, 2002.

Trivers, Robert L., "The Evolution of Reciprocal Altruism", *The Quarterly Review of Biology*, Vol. 46, No. 1, 1971.

Turnley, William H., Mark C. Bolino, Scott W. Lester, et al., "The Impact of Psychological Contract Fulfillment on the Performance of In-Role and Organizational Citizenship Behaviors", *Journal of Management*, Vol. 29, No. 2, 2003.

Urata, Shujiro, "Free Trade Agreements and Patterns of Trade in East Asia from the 1990s and 2010s", *East Asian Community Review*, Vol. 1, 2018.

Uslaner, Eric M., "Producing and Consuming Trust", *Political Science Quarterly*, No. 115, 2000.

Uzzi, Brain, "Social Structure and Competition in Interfirm Networks: The Paradox of Embeddedness", *Administrative Science Quarterly*, Vol. 42, 1997.

Vatikiotis, Michael, "The Morning AFTA: ASEAN Takes Tentative Step towards Free-Trade Area", *Far Eastern Economic Review*, October 24, 1991.

Webber, Douglas, "The Regional Integration That Didn't Happen: Cooperation Without Integration in Early Twenty-first Century East Asia", *The Pacific Review*, Vol. 23, No. 3, 2010.

Webber, Douglas, "Two Funerals and A Wedding? The Ups and Downs of Regionalism in East Asia and Asia-Pacific After the Asian Crisis", *The Pacific Review*, Vol. 14, No. 3, 2001.

Wesley, Michael, "Asia's New Age of Instability", *The National Interest*, No. 122, 2012.

Wheeler, Nicholas J., "Nuclear Abolition: Trust-Building's Greatest Challenge?", Research Paper commissioned by the International Commission on Nuclear Non-proliferation and Disarmament, Sep. 2009.

Wilkes, Rima, "Rethinking the Decline in Trust: A comparison of Black and White Americans", *Social Science Research*, No. 40, 2011.

Wilkinson, David, "Unipolarity without Hegemony", in Davis B. Bobrow, ed., *Prospects for International Relations: Conjectures about the Next Millennium*, Special Issue of International Studies Review, 1999.

Williamson, Oliver E., "Calculativeness, Trust and Economic Organization", *Journal of Law Economics*, No. 34, 1993.

Williamson, Oliver E., "Credible Commitments: Using Hostages to Support Exchange", *American Economic Review*, Vol. 73, No. 4, 1983.

Williamson, Oliver E., "Transaction Cost Economics: The Governance of Contractual Relations", *Journal of Law and Economics*, No. 22, 1979.

Yahuda, Michael, "China's New Assertiveness in the South China Sea", *Journal of Contemporary China*, Vol. 22, No. 81, 2013.

Yamagishi, Toshio and Midori Yamagishi, "Trust and Commitment in the United States and Japan", *Motivation and Emotion*, Vol. 18, No. 2, 1994.

Yamagishi, Toshio, Karen S. Cook and Motoki Watabe, "Uncertainty, Trust, and Commitment Formation in the United States and Japan", *The American Journal of Sociology*, Vol. 104, No. 1, 1994.

Young, Oran R., "Institutional Linkages in International Society: Polar Perspectives", *Global Governance*, Vol. 2, No. 1, 1996.

Zucker, G. Lynne, "Production of Trust, Institutional Sources of Economic Structure, 1840–1920", *Research in Organizational Behavior*, Vol. 8, 1986.

六 网络及报纸文献

《2013年中日关系舆论调查研究报告》，中国日报网，http://www.chinadaily.com.cn/hqzx/2013-08/05/content_16872036.htm，2013年8月5日。

《RCEP：谈判加速冲刺 昭示人心向"合"》，新华网，http://www.xinhuanet.com/world/2019-10/18/c_1125121866.htm，2019年10月18日。

《RCEP签署带来全球最大自贸区，各国对多边主义投出信任票》，澎湃新闻，https://www.thepaper.cn/newsDetail_forward_9996916，2020年11月15日。

《RCEP首次领导人会议发表联合声明：加紧努力2018年结束谈判》，中新网，http://www.chinanews.com/cj/2017/11-15/8377558.shtml，2017年11月15日。

《财政部：RCEP协定顺利签署 货物贸易自由化成果丰硕》，央广网，https://baijiahao.baidu.com/s?id=1683488568477795916&wfr=spider&for=pc，2020年11月16日。

《东亚共同体构想不应沦为纸上谈兵》，《朝鲜日报》，https://news.ifeng.com/opinion/world/200910/1008_6440_1378635.shtml，2009年10

月 8 日。

国际货币基金组织：《世界经济展望》，https：//www.imf.org/zh/Publications/WEO/Issues/2020/04/14/weo-april-2020，2020 年 4 月。

黄文炜等：《周边国家对华心态新调查》，《国际先驱导报》，http://www.banyuetan.org/chcontent/sz/hqkd/2014224/94581.shtml，2014 年 2 月 21 日。

《鸠山强调东亚共同体构想 表示无意与美国疏离》，中国新闻网，https://www.chinanews.com/gj/gj-yt/news/2009/09-17/1870552.shtml，2009 年 9 月 17 日。

《李克强：RCEP 的签署是多边主义和自由贸易的胜利》，中国政府网，https://finance.sina.com.cn/china/2020-11-15/doc-iiznctke1529420.shtml，2020 年 11 月 15 日。

《李克强出席第二次 RCEP 领导人会议》，人民网，http://fta.mofcom.gov.cn/article/rcep/rcepgfgd/201811/39364_1.html，2018 年 11 月 15 日。

《南海各方行为宣言》，中华人民共和国外交部，https://www.mfa.gov.cn/nanhai/chn/zcfg/200303/t20030304_8523439，2002 年 11 月 4 日。

《〈区域全面经济伙伴关系协定〉（RCEP）第十轮谈判在韩国釜山举行》，中国自由贸易区服务网，http://fta.mofcom.gov.cn/article/rcep/rcepnews/201510/28975_1.html，2015 年 10 月 23 日。

《特朗普在越南 APEC 工商领导人峰会上的发言（中英对照）》，澎湃新闻 https://www.thepaper.cn/newsDetail_forward_1859213，2017 年 11 月 13 日。

《温家宝在中日韩领导人记者会上强调：深化合作，共克时艰》，《人民日报》2008 年 12 月 14 日第 3 版。

吴志成：《推动全球共同发展 打造多边合作典范》，《光明日报》2020 年 7 月 31 日第 12 版。

《习近平：搞好中美关系是中美两个大国对世界的应有担当》，环球网，https://china.huanqiu.com/article/9CaKrnK0qpF，2017 年 2 月 11 日。

张梦旭等：《彭斯"檄文"演讲，美国真要走"新冷战"之路？》，环球网，https://m.huanqiu.com/article/9CaKrnKdqmQ，2018 年 10 月 9 日。

郑永年：《贸易摩擦升级，中美新冷战真的要来了吗？》，凤凰网，https：//known.ifeng.com/c/7wURSOik88G，2018年8月2日。

《中华人民共和国与东盟国家领导人联合宣言》，《人民日报》2003年10月10日第7版。

《中华人民共和国与东盟国家首脑会晤联合声明 面向二十一世纪的中国—东盟合作》，《人民日报》1997年12月17日第6版。

《中日韩三国合作秘书处秘书长李钟宪在第九届10＋3媒体合作研讨会上的致辞》，人民网，http：//media.people.com.cn/n1/2018/1029/c14677－30367567.html，2018年10月29日。

《中日韩推进三方合作联合宣言》，人民网（日本版），http：//japan.people.com.cn/2003/10/8/2003108101405.htm，2003年10月8日。

"ASEAN Framework for Regional Comprehensive Economic Partnership", June 12, 2012, https：//asean.org/？static＿post＝asean-framework-for-regional-comprehensive-economic-partnershi.

"ASEAN Has to Be in the Driving Seat", *Jakarta Post*, November 26, 2004.

"Association of Southeast Asian Nation", Ministry of Foreign Affairs, Brunei Darusalam, https：//www.mfa.gov.bn/Pages/association-of-southeast-asian-nation-（asean）.aspx.

Bergsten, C. Fred, "Embedding Pacific Asia in the Asia Pacific：The Global Impact of An East Asian Community", Speech at the Japan National Press Club, Tokyo, September 2, 2005.

Bradsher, Keith and Cao Li, "China Threatens New Tariffs on MYM60 Billion of U.S. Goods", *The New York Times*, August 3, 2018.

Brilliant, Myron, Murray Hiebert, Robert Reis and Jeremie Waterman, "Economic Opportunities and Challenges in East Asia Facing the Obama Administration", the US Chamber of Commerce, 2009.

Chairman's Statement of the 1st East Asia Summit, Kuala Lumpur, Malaysis, December 14, 2005, ASEAN Documents Series 2005, http：//www.aseansec.org/ADS－2005.pdf.

Chairman's Statement of the 8th ASEAN＋3 Summit, Vientiane, November 29,

2004, ASEAN Secretariat.

Chairman's Statement: The First Meeting of the ASEAN Regional Forum, July 25, 1994, Bangkok.

"Chinese Port Project Could Land Myanmar in Debt Trap", *The Straits Times*, May 13, 2018.

Chongkittavorn, Kavi, "The Future of ASEAN and East Asia", *The Korea Herald*, December 6, 2005.

Cossa, Ralph A., "The East Asia Summit: Should Washington Be Concerned?", PacNet, No. 54B, Pacific Forum CSIS, http://www.csis.org/media/csis/pubs/paco554b.pdf.

EAVG, *Toward an East Asian Community: Region of Peace, Prosperity and Progress*, East Asia Vision Group Report, 2001.

Erken, Hugo, Philip Marey and Maartje Wijffelaars, "Empty Threats: Why Trump's Protectionist Policies Would Mean Disaster for the US", *CEPR Policy Portal*, August 15, 2017.

Glaser, Bonnie S. and Gregory Poling, "Vanishing borders in the South China Sea", Foreign Affairs, June 5, 2018, https://www.foreignaffairs.com/articles/china/2018-06-05/vanishing-borders-south-china-sea.

Gresser, Edward, "The Emerging Asian Union? China Trade, Asian Investment, and A New Competitive Challenge", *Policy Report*, Progressive Policy Institute, 2004, https://www.ndol.org/ndol_ci_kaid_108_subid_127_contentid_252629.html.

Johnson, Keith and Elias Groll, "It's No Longer Just a Trade War Between the U.S. and China", *Bloomberg News*, Oct 4, 2018.

Joint Leaders' Statement on the Regional Comprehensive Economic Partnership (RCEP) Negotiations, November 14, 2018, Singapore.

Kamil, Anis, "ASEAN Ideas to Rid out Economic Woes", *New Straits Times*, December 18, 1997.

Kassim, Yang Razali, "Reconfigured ASEAN Will Make Presence Felt in Asia-Pacific", *Business Times*, July 25, 1995.

Kuala Lumpur Declaration on the East Asia Summit, Kuala Lumpur, Malaysia, December 14, 2005, ASEAN Documents Series 2005.

Kuriyama, Takakazu, "Reconciliation—Challenges to the Japanese Diplomacy", *Gaikou Foramu*, January-February 2006.

Kurlantzick, Joshua, "Pax Asia-Pacifica? East Asian Integration and Its Implications for the United States", *The Washington Quarterly*, Summer 2007.

Le, Hong Hiep, "The Belt and Road Initiative in Vietnam: Challenges and Prospects", *ISEAS Perspective*, March 29, 2018.

Lee, Jaehyon, "Korea's New Southern Policy: Motivations of 'Peace Cooperation' and Implications for the Korean Peninsula", Issue Briefs, the ASAN Institute for Policy Studies, June 21, 2019, http://en.asaninst.org/contents/koreas-new-southern-policy-motivations-of-peace-cooperation-and-implications-for-the-korean-peninsula/.

Lee, Kirn Chew, "PM Tells ASEAN: Stay Cohesive to be Counted", *The Straits Times*, July 24, 1993.

"Lessons From China's Successful Battle With Covid-19: China Daily", *The Straits Times*, April 27, 2020.

Medeiros, Evan S., *China's International Behavior: Activism, Opportunism, and Diversification*, the RAND Corporation, 2009, https://www.rand.org/pubs/monographs/MG850.html.

Meinhof, Marius, "Othering the Virus", *Discovery Society*, March 21, 2020.

Mohamad, Datuk Seri DR Mahathir Mohamad, "Building the East Asian Community: The Way Forward", *New Straits Times*, August 5, 2003.

"Moon Jae-in's Keynote Speech at the Korea-Indonesia Business Forum", November 9, 2017, http://www.korea.net/NewsFocus/policies/view?articleId=151092.

Nanto, Dick K., "East Asian Regional Architecture: New Economic and Security Arrangements and US Policy", CRS Report for Congress, Order Code RL33653, January 4, 2008.

"National Security Strategy of the United States of America", The White House of the United States, December 2017.

Oba, Mie, "The Implications of India's RCEP Withdrawal", *The Diplomat*, November 14, 2019.

Office of the United States Trade Representative, "2017 Trade Policy Agenda and 2016 Annual Report", March 2017.

Perlez, Jane, "Pence's China Speech Seen as Portent of 'New Cold War'", *The New York Times*, Oct 5, 2018.

Rajah, Roland, "American Trade Policy Returns to Aggressive Unilateralism", The Lowy Institute, April 9, 2018, https://www.lowyinstitute.org/the-interpreter/american-trade-policy-returns-aggressive-unilateralism.

Sapiie, Marguerite Afra, "Indonesia wants ASEAN to take central role in developing Indo-Pacific cooperation", *The Jakarta Post*, April 29, 2018.

The ASEAN Declaration (Bangkok Declaration), Bangkok, August 8, 1967.

The Declaration of ASEAN Concord, Bali, Indonesia, February 24, 1976.

"The Second Regional Comprehensive Economic Partnership (RCEP) Ministerial Meeting", *Joint Media Statement*, August 27, 2014, Nay Pyi Taw, Myanmar.

Treaty of Amity and Cooperation in Southeast Asia, Bali, Indonesia, February 24, 1976.

United Nations, *World Economic Situation and Prospects* 2020, January 16, 2020.

Wagner, Daniel, "China's Coronavirus Success Shows up Poor Pandemic Preparedness in the Rest of the World", *South China Morning Post*, April 9, 2020.

Wu, Jing, "Measuring the Chinese Economic Impact of COVID-19", China Business Knowledge, March 19, 2020.

Yong, Charissa, "Singapore will not join Indo-Pacific bloc for now: Vivian", *The Straits Times*, May 15, 2018.

Zabeshima, Keizo, "Summits of East Asian Unity", *The Japan Times*, July 12, 2004.

后　记

我关注、研究国家间信任与合作问题已五年有余。但我对这一问题的研究兴趣最初源于我赴美、英留学的两段宝贵经历和在中国社会科学院国际合作局工作期间的一些收获和感悟。由于我本、硕期间学习了7年国际政治/国际关系专业，深受西方国际关系主流理论学派的影响，我曾经一直根深蒂固地认为利益、权力、制度等物质性因素决定了国家间合作的建立和破坏。然而，当我真正踏出国门，并在一线参与策划和推进各类中外交流与合作项目时，我开始越来越强烈地感觉到人与人之间、机构与机构之间、国家与国家之间的信任对于建立、维持和增强国际合作的重要性和必要性。由于"信任"这个因素长期未在西方国际关系主流理论学派中得到应有的重视，国内也鲜有学者专门针对国家间信任与合作问题进行比较深入的理论和政策研究，因而我在学习和工作中产生的一系列困惑一直难以得到有效的解答。更重要的是，我意识到国际关系学界大部分研究往往更关注如何避免/解决国家间冲突、如何应对国家间竞争，而对于"国家之间如何建立、维持和增强合作"这一重要问题的研究仍有很大空间。这也进一步激发了我的好奇心和探索欲，以及助力我国国际关系理论创新的使命感。在这一背景下，我开始逐渐将自己的视线转移到国家间信任与合作问题上来，并从国际关系学进一步拓展到了经济学、社会学、心理学、组织管理学等，希望能够通过阅读更多其他学科的相关文献，早日找到一个令自己满意的答案。

我最终下定决心将国家间信任与东亚区域经济合作作为我的主要研究

方向之一，首先需要感谢我的博士生导师王玉主研究员。记得在 2018 年的一次出差途中，我无意间谈起我对这个问题的一些困惑和想法时，王老师基于多年来参与东亚区域经济合作研究和实践的丰富经验，敏锐地觉察到这是一个非常值得深入研究的理论难题和东亚成员亟须解决的现实问题。于是，在王老师的启发和鼓励下，我真正开启了探索这一问题的学术征程。此后的几年中，我陆续在国内外发表了几篇相关的学术论文，申报了亚研中心课题项目，并以此为题完成了我的博士学位论文，从而为本书的写作奠定了重要基础。

当然，虽然我对这个问题有强烈的研究兴趣，但具体开展研究的过程却并非一帆风顺。我也曾因为时间精力不够、参考文献不足、研究难度过大等原因而多次想过放弃。因此，最终能够坚持下来开展这项研究，并形成这项阶段性成果，还需要感谢过去这几年来指点和帮助、关心和鼓励过我的每一位良师挚友。

其一，特别感谢中国社会科学院文学研究所的各位领导和同事们。尤其特别感谢我在学术道路上的"贵人"刘跃进老师。是他让我看到了中国传统文化这座"大山"中的更多美景，让我坚定了以问题为导向、努力打破学科界限、走出思维定势的信心和决心，并让我领会了中国学者应有"会当凌绝顶，一览众山小"的气概和"位卑不敢忘忧国"的使命。也特别感谢张伯江、安德明、李超、曹维平、张媛、刘枫雪、铁琉、张晓琴、张艺等老师和小伙伴们一直以来对我的关心和支持、鼓励和帮助（所里还有太多想感谢的老师和小伙伴，都已记在心里，就不在此一一列举了）。在文学所工作期间，由于我一边攻读博士学位、完成各项科研任务，一边主管所里的外事工作，因而经常会出现精力不够、应接不暇的情况，自己也有时会因此产生焦虑情绪。所里各位领导和同事总是能给予我最大的支持、理解和包容，并尽可能地配合我的工作，帮我排忧解难，这真的让我特别感激，也感觉特别幸福。是这些可爱又善良的人们让我看到了信任与合作的力量，让我在极其繁忙的学习和工作之余仍留下了许多美好的回忆，也让我对文学所产生了更多留恋和不舍。虽然此时此刻我已调离文学所，但在文学所工作的这段经历将会是我人生中最宝贵的财富之一。

其二，特别感谢世界经济与政治研究所的各位领导、老师和前辈们。

尤其特别感谢我学术道路上的"灯塔"和"伯乐"张宇燕老师。在中国社科院工作和求学的这 10 年中，张老师渊博的学识、睿智的思想、一丝不苟的精神、谦逊平和的态度与海纳百川的胸怀一直深深地感染和激励着我，指引我一路前行。我虽不是千里马，但也是张老师的鼓励和支持使我得以坚持初心，在迷茫时重新找到了自己，找到了"组织"。2022 年，我终于如愿调入世经政所外交政策研究室。承蒙张宇燕老师、姚枝仲老师、邹治波老师、冯维江老师等所领导的信任与栽培，也特别感谢肖河、袁正清、徐进、杨原、徐秀军、肖立晟、东艳等诸位老师和前辈的指点和帮助，我获得了很多学习与锻炼的宝贵机会，研究能力和综合素质得到了较为快速和全面的提升。入所一年多以来，我也进一步深化了对国家间信任与东亚区域经济合作的思考，并对书稿内容反复进行了多次删改、修订和完善，终于使其得以付梓出版。经历了漫长的"曲线救国"后，我越来越庆幸自己能够回到国际片专心从事国际问题研究工作，也越来越为自己能够成为世经政所这个大家庭的一员而感到骄傲和自豪。

其三，特别感谢曾为我授业解惑的各位任课老师，以及发表论文、撰写和出版拙著时指点和帮助过我的各位编辑老师们。尤其感谢中国社科院亚太与全球战略研究院的李向阳老师、张国春老师、朴光姬老师、叶海林老师、高程老师、沈铭辉老师、张中元老师、王晓蓉老师、吴兆礼老师、毛悦老师；研究生院的王华老师、邱立伟老师、张志国老师；美国所的赵梅老师、魏红霞老师；情报院的赵江林老师、王立强老师、王雪冬老师；北京大学国际关系学院的王逸舟老师、范士明老师、翟崑老师、王正毅老师、李寒梅老师、张小明老师；南开大学的韩昭颖老师、吴志成老师、王翠文老师、任锋老师、刘丰老师、霍特老师、黄海涛老师；对外经贸大学的桑百川老师、庄芮老师、竺彩华老师；复旦大学的宋国友老师、韦宗友老师；南京大学的朱锋老师；广东外语外贸大学的陈寒溪老师；《国际问题研究》编辑部的赵青海老师、肖莹莹老师；《太平洋学报》编辑部的贡杨老师；以及 John Beaton、Lee-Jay Cho、O. A. Westad、Nicholas Wheeler、Kuik Cheng-Chwee、Larissa Muriel Versloot、Hayley Walker 等多位外籍专家学者对我的指点和帮助。特别感谢院科研局和中国社会科学出版社的各位领导、老师，以及各位评审专家的大力支持，让本书有幸获得了院创新工程学术出版资助,并得以顺利出版。此外,衷心感谢本书的责任编辑张玥老师,她出色的编辑工作为本书增色不少,也为拙著早日顺利出版做了大量辛苦工作。

其四,特别感谢学习和工作中关心和支持、指点和帮助过我的其他领导、老师、同学和朋友们。尤其感谢中国社会科学院国际合作局王镭局长,以及贾俐、吴伯龙、金香、李斌、李初雨、徐琼、刘泉平等"启蒙老师"对我工作上的指点和帮助。谢谢我多年的挚友和学习的榜样——安徽师范大学的梁仁志教授、哈佛大学的熊文涛博士,以及李嗜成等同门兄弟姐妹对我学术上的支持和鼓励、指点和帮助。谢谢贺杨、张盛楠、陈明灼、乔敏健、张建岗、秦一、王震、王莎莎、王洪映、赵惠、杨燕鸣、舒远、阳露、田文杰、崔亚乔、陈子恪、李佩麟、邰帅、赵晨硕、胡默然、王龙、王燕等好友一直以来的关心和支持。能够结交到这些志同道合的朋友一直是我觉得最幸运的事情之一。

最后,特别感谢我的家人对我无条件的信任与爱护。感谢我的先生李聪,他不仅在我最彷徨的时候推了我一把,让我鼓起勇气走出了跨专业考博这艰难的一步,也总是在我脆弱疲惫的时候做我最坚强的后盾,在我工作遇到困难、研究遇到瓶颈时给我最多的鼓励和最大的支持。庆幸此生与君同偕手,惟愿余生共白头。感谢我的爷爷奶奶、爸爸妈妈,以及各位亲人对我的养育之恩和爱护之情。他们对我无私的爱不仅塑造了我活泼开朗、自信乐观的性格,也为我提升信任他人的能力和意愿奠定了坚实的基础。是他们的支持和鼓励让我可以安心地徜徉于知识的海洋,追逐自己的梦想,探寻人生的意义与价值。

总之,感谢这一路帮助过我的每一个人,也感谢那个一直"在路上"的自己。路漫漫其修远兮,吾将上下而求索。未来我将继续怀着一颗感恩的心,努力做出更多更好的研究,并让自己变成更加"值得信任"、更加愿意且有能力去信任和帮助他人的合作者。